校企合作双元开发新形态信息化系列教材
高等职业教育汽车技术类技能型人才培养活页式教材

新能源汽车电气设备构造与维修

（活页式）

主　编　熊继芬　林世明　刘　港
副主编　倪炳林　孔泽慧　罗婷劼

西南交通大学出版社
·成　都·

内容简介

本书选取新能源汽车电气设备检修中的真实案例，以典型工作任务为导向；根据职业能力要求，结合“1+X”证书技能标准，理论联系实际，符合双元育人的职业教育方式。全书包括6个模块：新能源汽车电气维修基础知识、新能源汽车低压电源系统检修、新能源汽车照明与信号系统检修、新能源汽车仪表与报警系统检修、新能源汽车辅助电气系统检修、新能源汽车空调系统检修。

本书内容根据学生的认知规律，由浅入深，符合职业技能学习规律，可作为职业院校新能源汽车维修类相关专业教材，也可以作为有意从事新能源汽车检修人员的指导用书，还可供新能源汽车相关人员参考。

图书在版编目（CIP）数据

新能源汽车电气设备构造与维修 ：活页式 / 熊继芬，林世明，刘港主编. -- 成都 ：西南交通大学出版社，2023.11（2025.8 重印）

校企合作双元开发新形态信息化系列教材　高等职业教育汽车技术类技能型人才培养活页式教材

ISBN 978-7-5643-9599-5

Ⅰ. ①新…　Ⅱ. ①熊…　②林…　③刘…　Ⅲ. ①新能源-汽车-电气系统-维修-高等职业教育-教材　Ⅳ. ①U469.720.7

中国国家版本馆 CIP 数据核字（2023）第 227182 号

校企合作双元开发新形态信息化系列教材

高等职业教育汽车技术类技能型人才培养活页式教材

Xinnengyuan Qiche Dianqi Shebei Gouzao yu Weixiu（Huoye Shi）

新能源汽车电气设备构造与维修（活页式）

主编　熊继芬　林世明　刘　港

责任编辑　何明飞

封面设计　何东琳设计工作室

出版发行　西南交通大学出版社

（四川省成都市金牛区二环路北一段 111 号

西南交通大学创新大厦 21 楼）

邮政编码　610031

营销部电话　028-87600564　028-87600533

网址　http://www.xnjdcbs.com

印刷　四川玖艺呈现印刷有限公司

成品尺寸　185 mm × 260 mm

印张　14.5

字数　347 千

版次　2023 年 11 月第 1 版

印次　2025 年 8 月第 2 次

定价　44.00 元

书号　ISBN 978-7-5643-9599-5

课件咨询电话：028-81435775

前言 PREFACE

在习近平新时代中国特色社会主义思想指导下，我国坚持创新、协调、绿色、开放、共享的发展理念，以深化供给侧结构性改革为主线，坚持电动化、网联化、智能化发展方向，深入实施发展新能源汽车国家战略，以融合创新为重点，突破关键核心技术，提升产业基础能力，构建新型产业生态，完善基础设施体系，优化产业发展环境，推动我国新能源汽车产业高质量可持续发展，加快建设汽车强国。

随着技术的不断成熟和价格的逐渐下降，新能源汽车的市场需求将会进一步扩大。2023 年上半年新能源汽车产销分别完成了 378.8 万辆和 374.7 万辆，同比分别增长 42.4% 和 44.1%。从市场占有率来看，新能源汽车销量占全部汽车销量的比重已经达到 28.3%，比 2022 年提升了 2.7 个百分点。从保有量来看，截至 2023 年 6 月底，全国新能源汽车保有量超过 1620 万辆。新能源汽车产销量、市场占有率、保有量均创历史新高。随我国新能源汽车市场规模开始呈现井喷式扩张，新能源汽车产销量实现快速增长，新能源汽车后市场亟需大量销售、维修、服务人才。

本书根据职业院校项目化教学以及“1+X”新能源汽车装调与测试技能证书培训需要编写而成，具有校企合作双元开发，新形态活页式，“教、学、做”一体，课证融通等特色。在考虑学生知识发展和技能需求的基础上，本书打破了以讲授知识为主线的传统教学方式和学习方法，将知识点、技能点、经验点深度融合，嵌入教学项目中，以项目任务方式在课堂上引导学生完成技能和知识的学习，同时讲解相关的必要知识点，通过设置技能训练任务让学生综合能力得以提升，辅以知识强化和实战训练对该任务涉及的知识和技能点进行巩固。每个项目的设计遵循职业院校学生的认知规律，从结构组成认知开始，然后进行技术分析阐述相应工作原理，最后通过完成实际操作任务训练故障诊断及维修操作的技能。

本书采用“项目导向、任务驱动”架构，按照活页式新形态教材理念编写，以适应新能源汽车行业新的发展形势，并配套开发有涵盖 1+X 新能源汽车装调与测试考证培训视频在内的信息化教学资源，用以激发学生的学习兴趣，培养高水平的新能源汽车维修及服务人才。本书适用于高职以及中职的新能源汽车技术、新能源汽车检测与维修技术、汽车智能技术、汽车检测与维修技术等专业。

本书重点讲解新能源汽车电气设备检测和维修涉及的知识点和技能点，根据新能源汽车电气设备系统检修实际工作中的技术要求，分解为 6 个项目：新能源汽车电气维修基础知识、新能源汽车低压电源系统检修、新能源汽车照明与信号系统检修、新能源汽车仪表与报警系统检修、新能源汽车辅助电气系统检修、新能源汽车空调系统检修。教材主要选取当前职业院校教学中使用较多的新能源汽车车型——比亚迪 E5、大众 ID4 等作为范例进行讲解，使项目化教学更加易于实施。通过完成教材项目任务，学生可具备完成常见新能源汽车电气系统故障诊断及维修操作的水平。

本教材参考学时为 72 学时，其中建议教师讲授 36 学时，学生实训 36 学时，学时分配可参见下表：

项目	课程内容	学时分配	
		讲授	实训
项目一	新能源汽车电气维修基础知识	6	6
项目二	新能源汽车低压电源系统检修	6	6
项目三	新能源汽车照明与信号系统检修	6	6
项目四	新能源汽车仪表与报警系统检修	6	6
项目五	新能源汽车辅助电气系统检修	6	6
项目六	新能源汽车空调系统检修	6	6
课时小计		36	36
总课时合计		72	

本书由广西机电职业技术学院熊继芬、林世明、刘港任主编，倪炳林、孔泽慧、罗婷劼任副主编，杨启发、吴定勇、何勇、吴慧等参与编写，编写期间得到了广西汽车集团、广西玉柴机器股份有限公司、上汽通用五菱汽车股份有限公司等校企合作企业的大力支持。另外，本书还参考了部分国内著作、汽车厂家的培训手册及其他文献资料，在此一并向有关作者及汽车厂家表示最真诚的感谢。

鉴于编者水平有限，时间仓促，书中难免存在不妥与疏漏之处，敬请读者批评指正。

编　者

2023 年 7 月

二维码目录

LIST OF QR CODE

目录 CONTENTS

项目一

新能源汽车电气维修基础知识

任务一 新能源汽车电路识读

任务导入

<table>
<tr><td colspan="2">任务名称</td><td colspan="4">新能源汽车电路识读</td></tr>
<tr><td>姓 名</td><td></td><td>班 级</td><td></td><td>成 绩</td><td></td></tr>
<tr><td>组 别</td><td></td><td>组 长</td><td></td><td>场 地</td><td></td></tr>
<tr><td>日 期</td><td></td><td>学 时</td><td></td><td>指导教师</td><td></td></tr>
<tr><td rowspan="3">任务目标</td><td>知识目标</td><td colspan="4">1.掌握新能源汽车的电路图各标识的含义；
2.掌握新能源汽车完整电路图的查找方法</td></tr>
<tr><td>能力目标</td><td colspan="4">1.能根据电路图在实车上查找对应的零部件所在位置；
2.能根据新能源汽车实车上的电器元件等找到其对应的电路图；
3.能绘制电器设备或模块的完整电路图</td></tr>
<tr><td>素质目标</td><td colspan="4">1. 树立安全意识；
2. 培养 6S 现场管理意识；
3. 严格执行行业规范，培养职业素养；
4. 树立团队协作意识</td></tr>
<tr><td>情景案例</td><td colspan="5">一辆比亚迪 E5 新能源汽车大灯发生故障，需要借助车辆电路图对其进行检修，最终明确故障点以便实施维修。通过电路图识读可以帮助我们了解各种元器件连接情况，掌握各用电设备的控制原理，有助于正确分析和排除故障，这是进行维修作业的前提。特别是各品牌车辆的电路图绘制没有统一标准，需要掌握部分品牌电路图读识方法以后举一反三</td></tr>
</table>

知识讲解

目前，汽车电路原理图绘制并没有统一的标准，不同车型电路图要根据各厂家的编码规则来读识。要对新能源汽车电气进行检修，除了识别基础元器件外，还需要读懂不同厂家的电路图，才能事半功倍完成检修工作，提高工作效率。本任务以比亚迪、大众两个品牌为例，讲解新能源汽车电路原理图各器件的编码规则、识读要点及局部电路的识读方法。

一、比亚迪新能源汽车电路图读识

1. 比亚迪电路图编码规则

汽车电路由电源、导线（线束）、插接器、电路保护装置、开关、继电器、配电盒及用电设备等基本元素组成。

1）导线类型

纯电动汽车的导线一般分为高压导线（橙色线束）与低压导线两种，均采用多芯铜质软线。高压导线一般用橙色波纹管包扎，如图 1-1-1 所示；低压导线一般按用途分为普通线、屏蔽线、双绞线等三种，在电路中的具体标识见表 1-1-1。

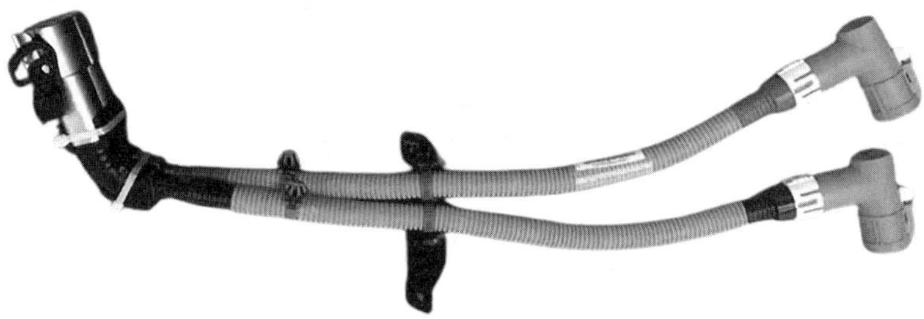

图 1-1-1　高压导线示意

表 1-1-1　低压线束

类型	作用	实　物	比亚迪电路图标识
普通线	一般线路的连接	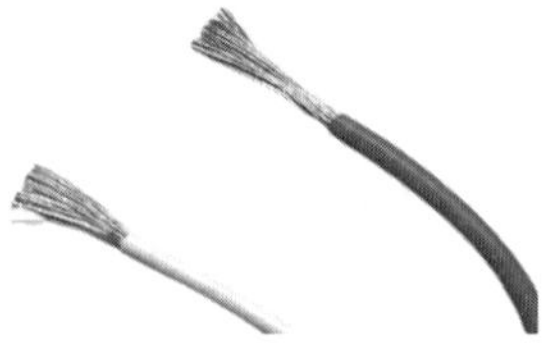	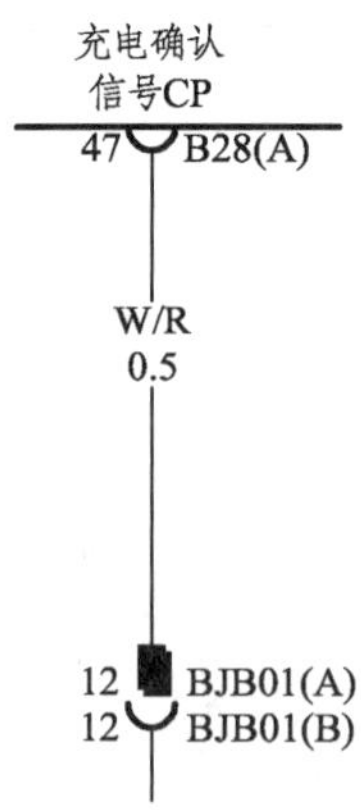

<table>
<tr><th>类型</th><th>作用</th><th>实　物</th><th>比亚迪电路图标识</th></tr>
<tr><td>屏蔽线</td><td>减少外电磁场对电源或通信线路的影响，防止信号传输失真，需接地</td><td></td><td>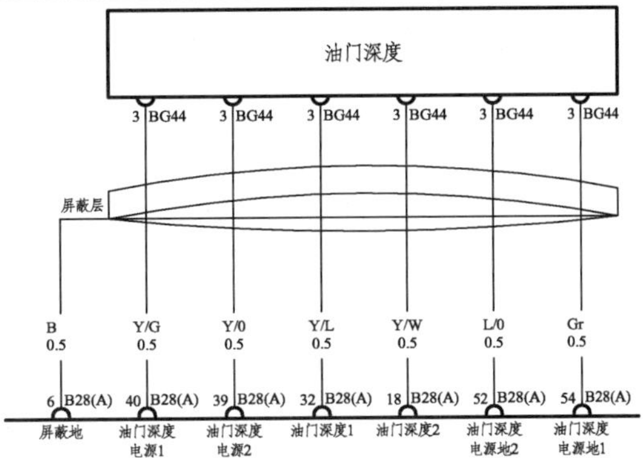
</td></tr>
<tr><td>双绞线</td><td>各模块间通信线，抗干扰能力强</td><td></td><td>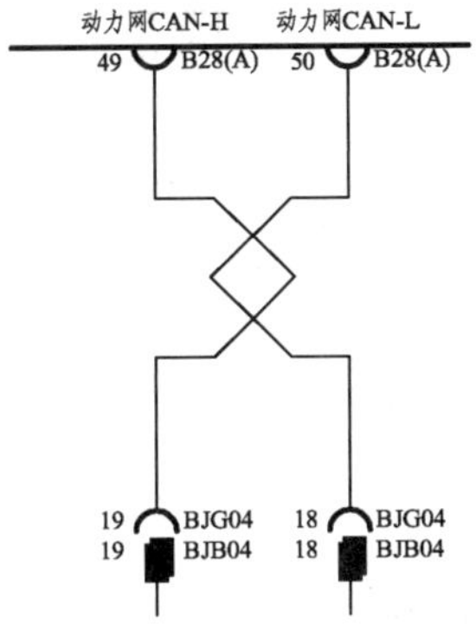
</td></tr>
</table>

2）线色、线径

为便于汽车电路的简化标识和直观，比亚迪 E5 电动汽车低压用导线颜色表示方法与日系车相似，一般按表 1-1-2 规定的颜色简写来识读。双色线的颜色由表 1-1-2 规定的两种颜色配合组成，主色所占比例大，辅助色所占比例小，在实际电路标注时主色在前，辅色在后。如图 1-1- 2 中“L/R”表示蓝红色的双色线，并且蓝色占比大，为底色，红色占比小，为辅色。在导线颜色标注的下方表示导线截面积（mm^2），图中“0.3”表示截面积为 0.3 mm^2 的导线。

表 1-1-2 导线颜色含义

颜色	黑	棕	绿	灰	蓝	橙	粉	红	紫	白	黄
字母	B	Br	G	Gr	L	O	P	R	V	W	Y

3）编码规则

比亚迪电动汽车插接器、保险、继电器等元素编码有对应的编码规则，掌握编码规则便于电路图查找和读识。

（1）插接器编码。

一般由 3 部分组成，分别是位置代码、类别代码、顺序代码，如图 1-1-3 所示。

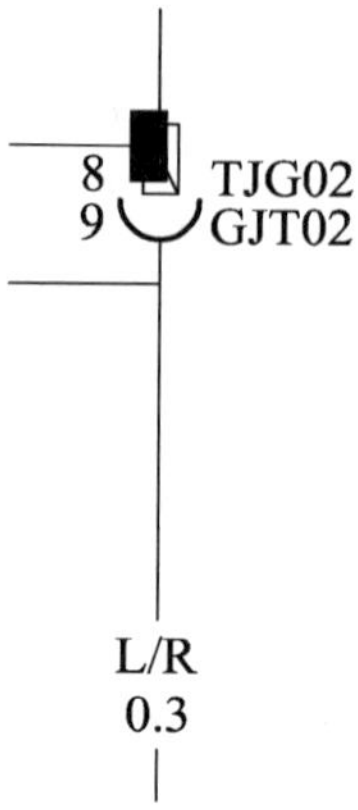

图 1-1-2　导线标注示意图

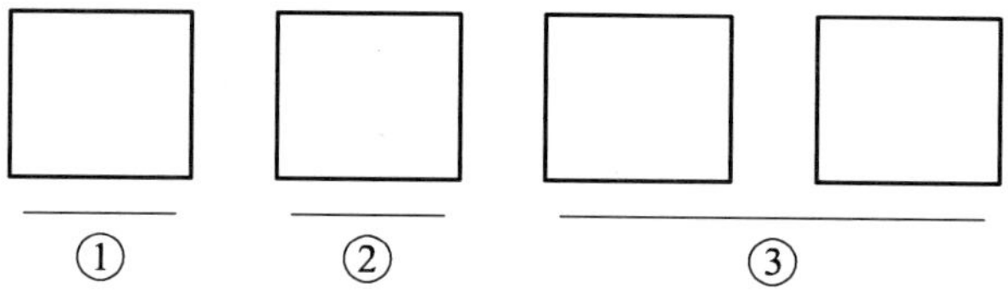

图 1-1-3　插接器编码

① 位置代码，也是线束代码，见表 1-1-3。

表 1-1-3　线束位置编码

线束名称	装配位置	线束编码
前舱线束	前舱	B
仪表板线束 Ⅰ	仪表台	G
仪表板线束 Ⅱ	管梁	Gb
地板线束	底板	K
顶棚线束	顶棚	P
左前门线束	左前门	T
右前门线束	右前门	U
左后门线束	左后门	V
由后门线束	由后门	W

② 类别代码：用以表示配电盒、对接件，电器件上的接插件此代码省略。对接件用字母“J”表示，配电盒类别代码表示见表 1-1-4。

表 1-1-4　配电盒类别编码

配电盒名称	装配位置	编码
前舱主配电盒	驾驶席侧	1
仪表板主配电盒	驾驶席侧	2
前舱副配电盒	副驾驶席侧	3
仪表板副配电盒	副驾驶席侧	4

③ 顺序代码：采用大写字母 A、B、C、D、E、F……或 01、02、03、04、05……表示，分为以下两种情况。

a）该回路元素如果是配电盒上的接插件，此位代码采用 A、B、C、D、E、F……，该位置与接插件所插配电盒的插口位置代号一致。

b）其他回路元素按所在线束的空间位置依次编号 01、02、03、04、05……

例如：

仪表板线束上接电器件的接插件：G05。

仪表板线束上的对接接插件：GJ01。

仪表板线束上的接配电盒的接插件：G2A。

（2）保险编码，如图 1-1-4 所示。

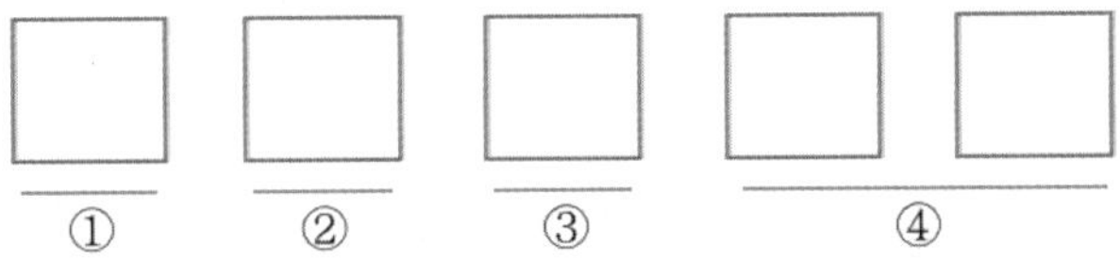

图 1-1-4　保险编码

① 类别代码：统一用 F 表示，为保险丝英文“fuse”的首字母。

② 位置代码：配电盒处用数字表示；外挂保险同接插件编码。

③ 分隔代码：用“/”表示。

④ 排序代码：用 1、2、3……表示，按照配电盒的保险插槽保险的顺序号进行排列。

例如：电路图上编码 F1/18 表示前舱主配电盒内 18 号位上的保险。

（3）继电器编码，如图 1-1-5 所示。

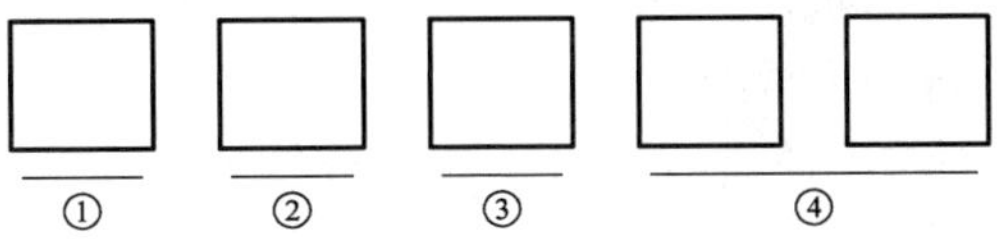

图 1-1-5　继电器编码

① 类别代码：元器件内置不可拆卸继电器的采用 Ki 表示、其余采用 K 表示。

② 位置代码：配电盒处用数字表示；外挂继电器同接插件编码。

③ 分隔代码：用“-”表示。

④ 排序代码：用 1、2、3……表示。

例如：电路图上编码为 KB-3 表示前舱外挂继电器盒内 3 号位的继电器。

4）插接器针脚定义

普通型插接器将自锁方向朝上，插接器的插头针脚按从左到右，从上到下进行对应编号；插接器的插座针脚按从右到左，从上到下进行对应编号，如图 1-1-6 所示。混合型插接器的中央部分插孔每个均需标明编号，如图 1-1-7 所示。

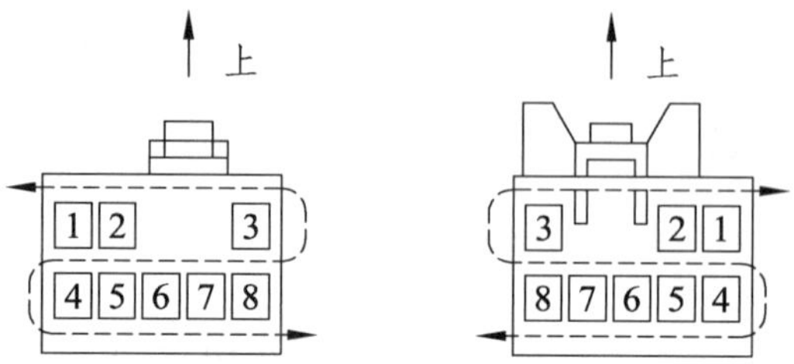

图 1-1-6　普通型插接器针脚

图 1-1-7　混合型插接器针脚

2. 比亚迪电路图读识方法

以室外灯系统局部电路图讲解电路图读识方法，如图 1-1-6 所示。

（1）如果一个系统内容较多，线路需要用多页表示时，用  表示线路起点， 表示线路到达点，一张图中有一条以上的线路转入下页，则会在符号顶端标注连续点的线束编号。如 

表示该线束（B1E/7）在本页电路图上未能完全展示，接入 RCM 模块的 B1H/3 线束，需在电路图上找到 B1H/3 线束位置，即 

为线束 B1E/7 的连续点，在电路图上就是 B1H/3 线束，说明 B1E/7 和 B1H/3 两者是同一根连接在一起的线，线束的颜色和横截面积都一样。

（2）保险。如 F1/10 为前雾灯保险，在前舱主配电盒内 10 号位上，最大允许的电流为 20 A。

（3）继电器。如 K1-4 位前雾灯继电器，在前舱主配电盒内 4 号位上的可拆卸继电器。

（4）针脚号。如 7 表示某插接器上的 7 号针脚，针脚号定义详见插接器电路图。

（5）插接器编号。如 B1E 为插接器编号，而一般用 B1E/7 表示 B1E 插接器上 7 号针脚或该插接器上 7 号位上的线束。

（6）线束颜色。如 Y/R 表示黄红色，黄色为主色，红色为辅色。

（7）线束截面积。导线的截面积越大，代表导体的截面积越大，电阻就越小，所能承受的电流也越大。如 1.25 表示线束截面积为 1.25 mm^2。

（8）部件名称。如图 1-1-8 中的右前雾灯，一般会在部件旁标注中文名称。

（9）接地点编号，如 Eb08 表示前舱线束 8#搭铁点。

（10）模块。即控制单元或常说的电脑板。

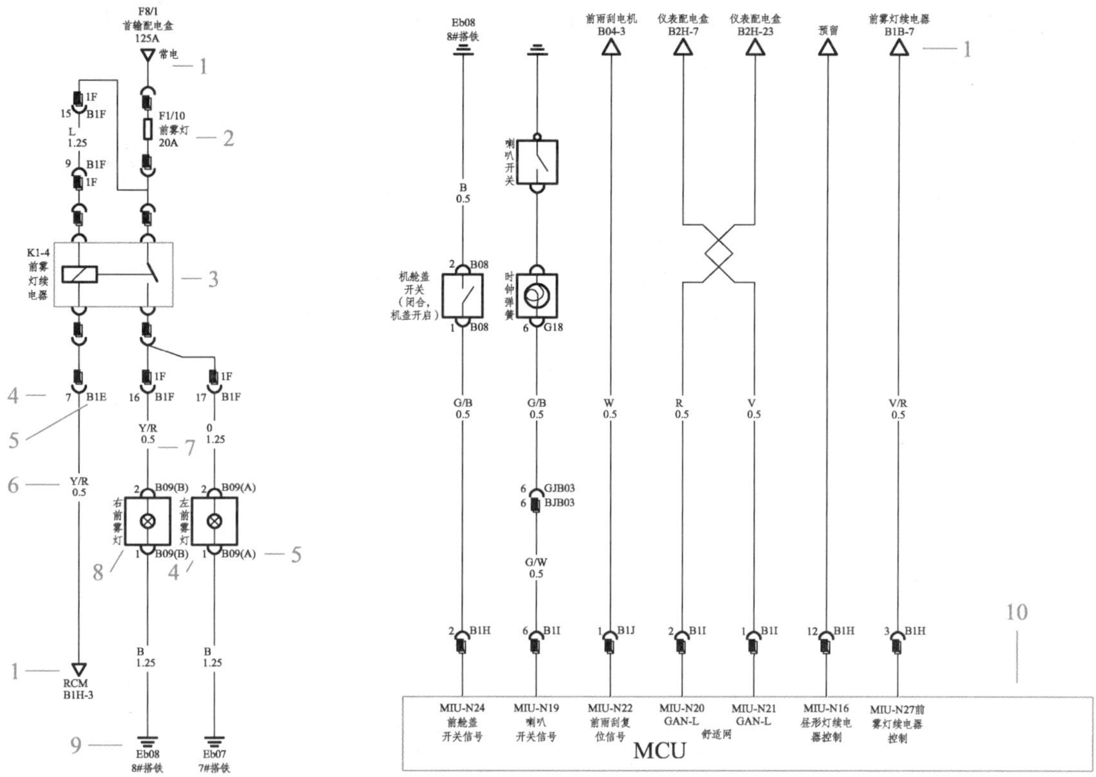

图 1-1-8　室外灯系统局部电路图

3. 比亚迪电路图查找方法

要进行车辆维修，必须将配套电路图和实车结合起来，通过电路图找到实车上的部件、线束等具体位置进行维修，或者确定实车上故障点后找到相应部位的电路图进一步检测。

1）运用电路图查找实车元器件位置

（1）保险、继电器查找。直接根据维修手册中保险、继电器编号示意图对照实车查看即可，如图 1-1-9 所示。

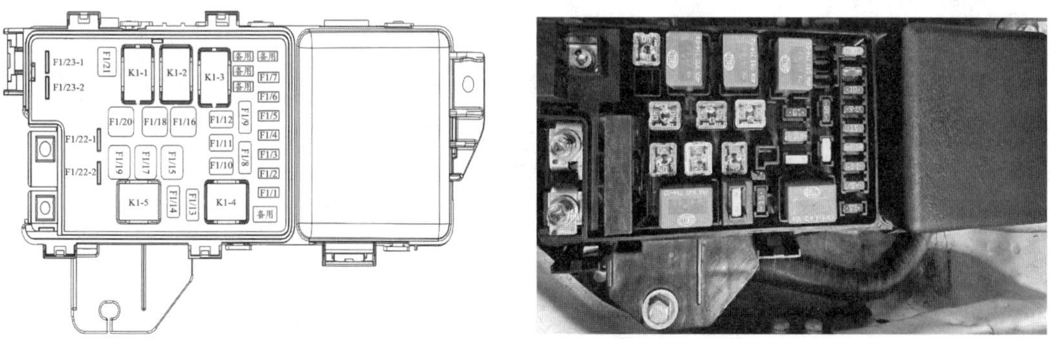

图 1-1-9　比亚迪 E5 保险、继电器示意图

（2）插接器。如要查找插接器 B28（A）在实车上的位置，先根据线束布置图找到 B28（A）在图中的位置（见图 1-1-10），其在前舱线束左侧，但由于实车上同位置的插接器很多，此时还无法在实车前舱左侧准确找到该插接器，需要借助插接器示意图确定插接器的形状和针脚数量。B28（A）有 64 个针脚，形状如图 1-1-11 所示，这样可以根据以上信息在实车前舱左侧拔下插接器和电路图进行对照，如对应上则完成查找。如果相近位置两个插接器的形状和针脚数量相同则还需要借助插接器上的线束颜色来进一步确定。如此时可以在电路图上找到某一根线束标注的颜色，再到疑似的插接上找到对应针脚号上的线束对比，若颜色一致，则说明插接器找对了，为了确保准确性，建议多找几根线束对比颜色。例如：先根据插接器 B28（A）所在的电路图（见图 1-1-12 所示）找到某一根线束，如电路图中 B28（A）/1 和 B28（A）/4 两根线的颜色均为 W/R，即白红色，则对应在疑似的实物插接器上找到 1 号位和 4 号位上的线束，若均为白红色，则该插接器为 B28（A）。

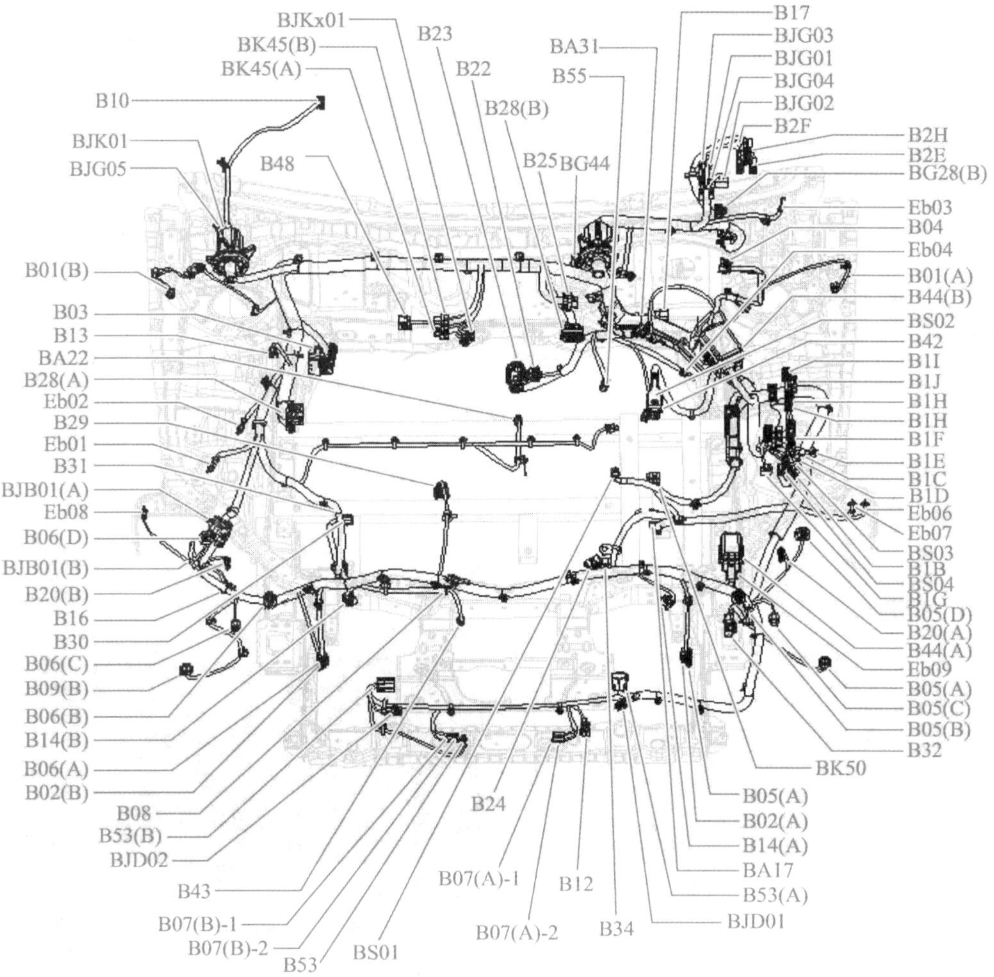

图 1-1-10　前舱线束布置

（3）线束查找。线束查找需要借助插接器，如要查找 B28（A）/4 在实车上的位置，需要先根据插接器查找方法找到插接器的实际位置，再通过插接器示意图找到 4 号位为右侧第

2 列第 3 个孔，那么这个孔上的线束是否和电路图中的 W/R（白红色）颜色一致，若是则查找正确。

（4）模块查找。线束查找依然需要借助插接器，如要在实车上查找高压电控总成中的 VTOG 模块，先在电路图上找到 VTOG 模块（见图 1-1-12），模块上的插接器为 B28（A），接下来按照插接器查找方法先找到接器 B28（A）在实车上的位置，由于插接器直接插在模块上，则插接器插接的对象即为模块或模块所在位置。

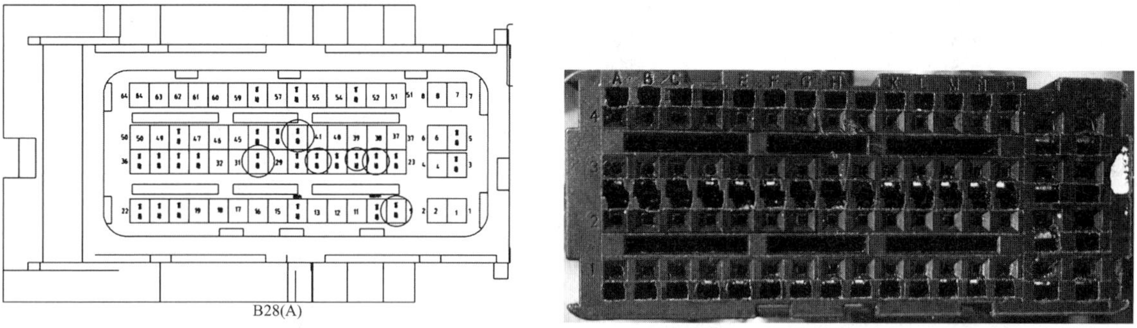

图 1-1-11　插接器 B28（A）示意图

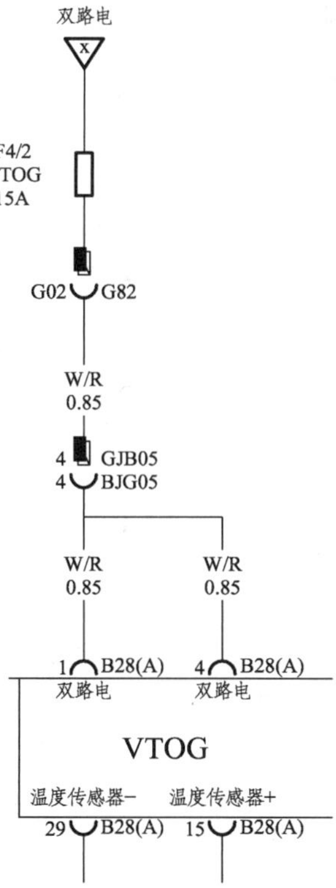

图 1-1-12　插接器 B28（A）、模块 VTOG 局部电路图

2）通过实物查找对应电路图

查找方法与运用电路图查找实车元器件位置相反，其中插接器的查找非常关键，找到插接器就能找到模块和线束。需要灵活运用线束布置图、插接器示意图、电路图准确定位对象，为检测维修做准备。

二、大众新能源汽车电路图读识

1．大众新能源汽车电路图含义

大众电路图大致分为上中下三部分，上部分是电源或者控制单元，中间部分是用电设备和中间装置以及之间的连接线路，最底部是搭铁部分。

大众汽车的电气系统大多数由电控单元控制，控制原理比较复杂，控制回路比较多，电路图大多一页显示不全，有的电气系统可能多达几十页。因此，查阅电路图应从具体想了解的用电设备出发，然后逆着电流的方向，找到中间连接装置，如控制单元、开关、保险、继电器。如此才能找到完整的系统电路。

下面以大众 ID4 汽车为例详细讲解电路图的读识方法，如图 1-1-13 所示。

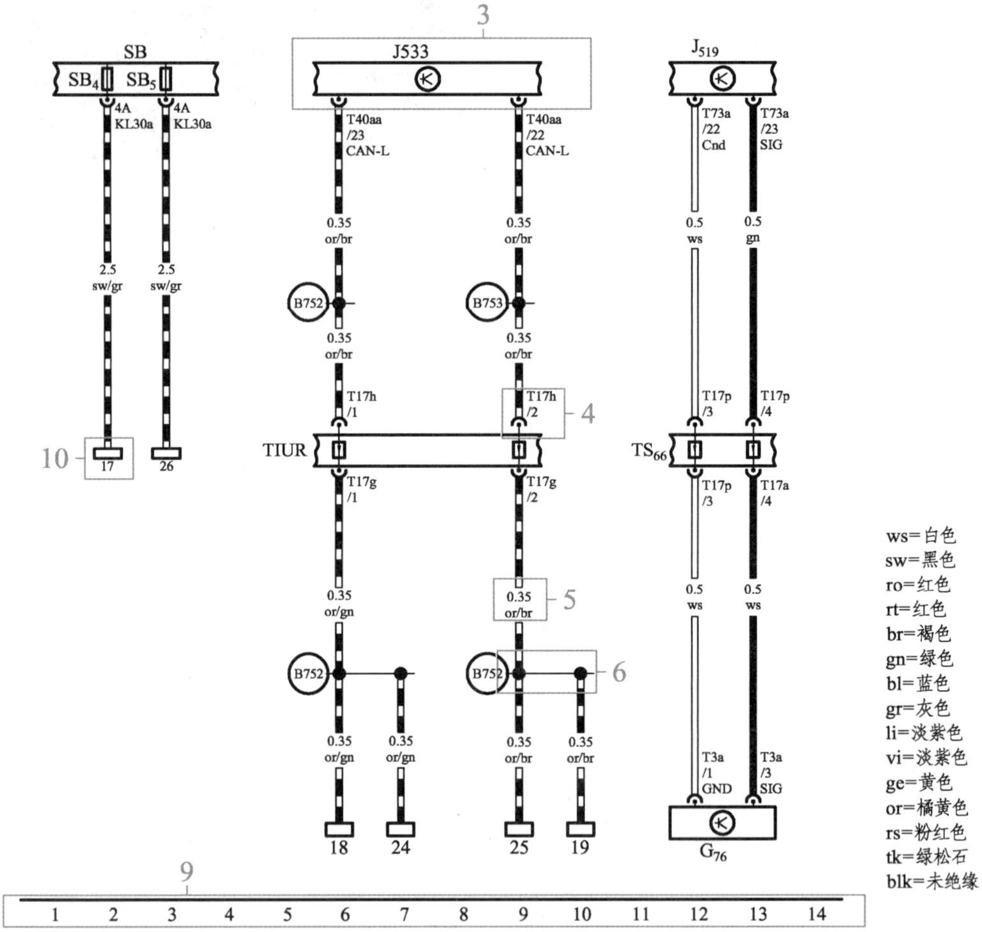

G76—左后汽车高度传感器；J519—车载电网控制单元；J533—数据总线诊断接口；SB—保险丝架 B；SB4—保险丝架 B 上的保险丝 4；SB5—保险丝架 B 上的保险丝 5；T3a—3 芯插头连接，黑色；T17a，T17g，T17h，T17p—17 芯插头连接；T40aa—40 芯插头连接；T73a—73 芯插头连接，黑色；TIUR—车内的下部右侧连接位置；TS66—底盘后部连接位置；B108—连接 1（扩展 CAN 总线，High），在主导线束中；B109—连接 1（扩展 CAN 总线，Low），在主导线束中；B752—连接 2（显示与操作系统 CAN 总线，High）；B753—连接 2（显示与操作系统 CAN 总线，Low）；*—见发动机舱内保险丝所适用的电路图；*2—见舒适/便捷系统 CAN 总线数据总线联网的适用电路图。

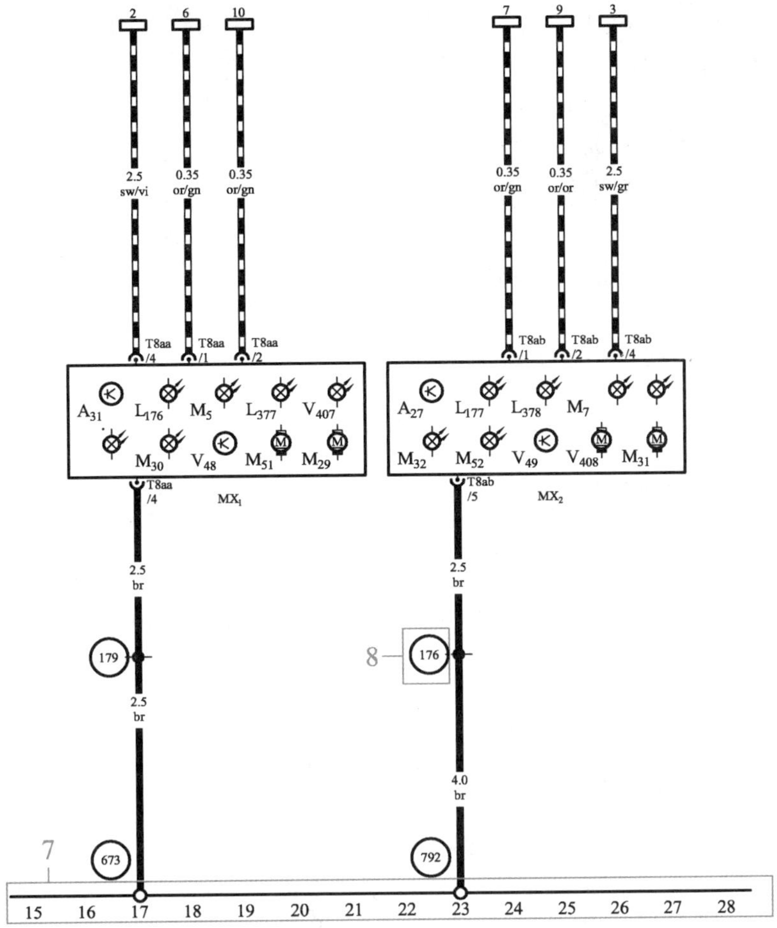

A27—右侧 LED 大灯模块化电源 1；A31—左侧 LED 大灯模块化电源 1；L176—日间行车灯和驻车示宽灯左侧 LED 模块；L177—日间行车灯和驻车示宽灯右侧 LED 模块；L377—日间行车灯左侧 LED 模块；L378—日间行车灯右侧 LED 模块；MX1—左前大灯；MX2—右前大灯；M5—左前转向信号灯灯泡；M7—右前转向信号灯灯泡；M29—左侧近光灯灯泡；M30—左侧远光灯灯泡；M31—右侧近光灯灯泡；M32—右侧远光灯灯泡；M51—左侧静态弯道灯；M52—右侧静态弯道灯；T8aa，T8ab—8 芯插头连接；V48—左侧大灯照明距离调节伺服电机；V49—右侧大灯照明距离调节伺服电机；V407—左侧大灯风扇；V408—右侧大灯风扇；176—接地连接，在右侧大灯导线束中；179—接地连接，在左侧大灯导线束中；673—左前纵梁上的接地点 3；792—右前轮罩内的接地点；*—也作为 LED 型号规格。

图 1-1-13　大众 ID4 大灯局部电路图

（1）电路图编号。如 77/2 表示电路图中的第 77 个模块，该模块的第 2 页。同一用电设备的电路图一般不会跨模块。

（2）元器件的名称、编号及对应注解。如该页电路图为左后汽车高度传感器，车载电网控制单元，数据总线诊断接口，保险丝架 B 电路图，其中涉及的标号都有对应的注解。电路图读识过程中一定要认真对照注解了解每个标识的含义。

（3）元器件。电路图中一般用灰色框加注解表示对应的元器件。如 J533 表示数据总线诊断接口，SB 表示保险丝架 B 等。

（4）插接器及针脚号。如 T17h/2，其中“T”为插接器符号，所有插接器都以“T”开头；“17”表示该插接器上的针脚数量；“h”表示插接器代号；“2”表示针脚号，即该插接器上的 2 号针脚；“/”为插接器和针脚号的分隔符。

（5）线束横截面积和颜色。如 0.35 表示线束横截面积为 0.35 mm^2；“or/br”表示橙褐色（或橙棕色），为双单线，橙色为主色，褐色为辅色，具体颜色注释见电路图。双色线用两种颜色表示，单色线用一种颜色表示，在大众新能源汽车电路图中一般橙色单色线表示高压线束线路，其他表示低压线束，一般不将单色线橙色用于低压线束。一般德系车电路图中，褐色（或棕色）线通常为搭铁线。

（6）线束绞接点。两根或多根线束绞接在一起。

（7）接地线。可以理解为车身。

（8）接地点编号。用一个圆圈加数字表示，如 (176) 表示 176 号接地点。

（9）地址栏。用于标识每根线束的地址，即每根线束都有对应的序号，方便查找断线去处。

（10）断线处。表示地址为“2”的线束在该页电路图上没有完全展示，需要到地址为“17”的地方查找其去处，表示地址 2 和地址 17 的线束为同一根线，如图 1-1-14 所示。

注：电路图中◀符号表示接前一页，▶符号表示接下一页，图 1-1-13 和图 1-1-14 中未呈现该符号。

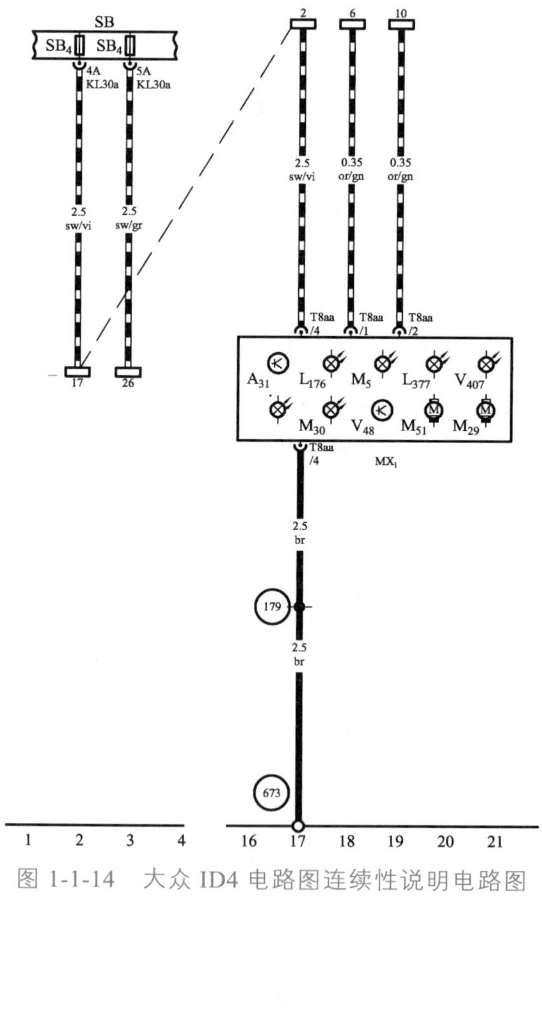

图 1-1-14　大众 ID4 电路图连续性说明电路图

2．大众新能源汽车电路图查找方法

大众 ID4 整车电器趋向于模块化，整车电路图突出系统的概念，以系统来进行布局，同一个系统电路图是连续的，但涉及几个系统共用的设备和电气元件不重复显示。因此，在进行 ID4 电路的识读之前，首先要掌握这个系统的电路简图，即要掌握该系统的控制原理和简图，不然容易漏掉。各系统电路图可根据电路图目录查找。

（1）保险、继电器查找。直接根据维修手册中保险、继电器编号示意图对照实车查看即可，如图 1-1-15 所示。

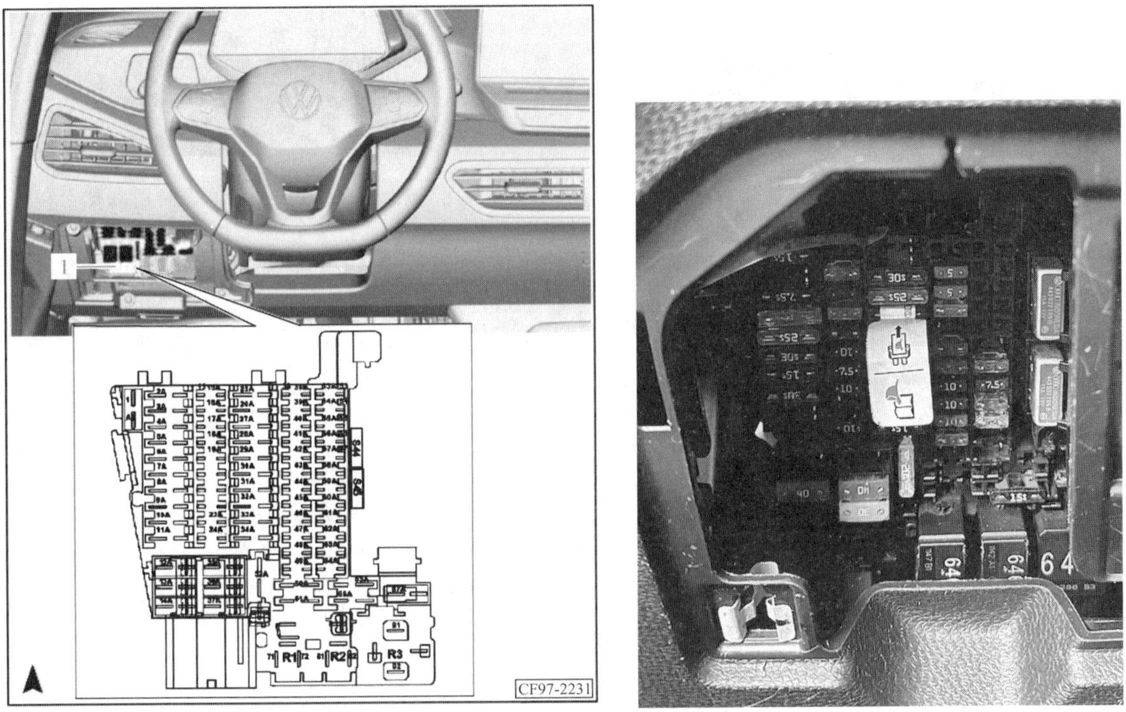

图 1-1-15　大众 ID4 保险、继电器示意图

（2）插接器。如要查找插接器 T40aa 在实车上的位置，可以直接根据模块及插接器位置图对照实车位置查找。同时，位置图上也有插接器的电路图，可以对应查找各针脚号的位置。若未能找到插接器位置图，则可以根据插接器连接的元器件间接找到实车上的插接器，如 T8ab 插接器没有对应位置图，则先在全车电路图中搜索到 T8ab（见图 1-1-16），其插接在 MX2 由前大灯上，可以在实车右前大灯后方找到疑似插接器拔出，根据电路图看出该插接器上只连接了 4 根线，观察实物插接器上是否有 4 根线。为进一步确认插接器是否正确，选择电路图中橙绿线束 T8ab/1 与实物插接器上的 1 号针脚上连接的线束进行对比，若颜色一致则查找正确。注意，若没有插接器针脚号电路图，可以根据实物插接器上标注的数字确定针脚号，如图 1-1-17 所示，插接器线束端边缘标注了数字，单数编号在一侧，双数编号在另一侧。

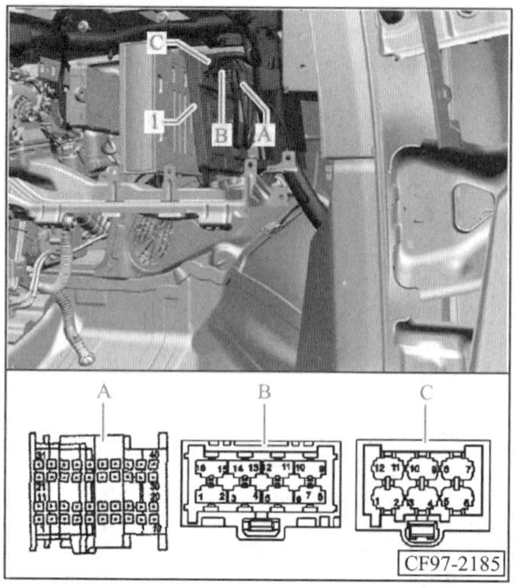

图 1-1-16　大众 ID4 模块及插接器位置图

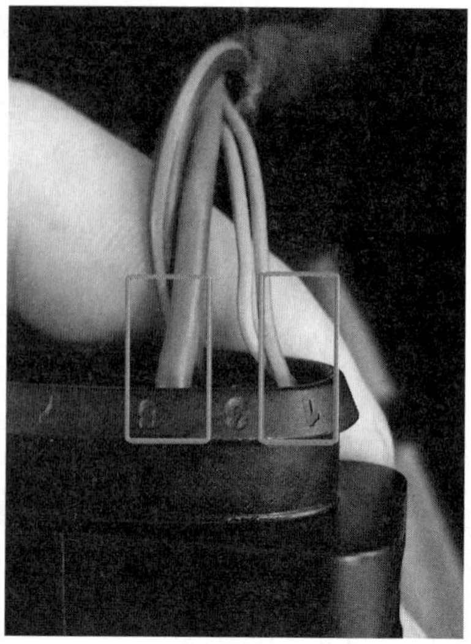

图 1-1-17　大众 ID4 插接器实物

（3）线束查找。线束查找需要先找到线束所连接的插接器，如要查找 T8ab/5 在实车上的位置，按“（2）插接器”查找方法找到插接器 T8ab，然后在实物插接器（见图 1-1-17）的标识上找到针脚号 5 的位置，该位置上连接的线束即为 T8ab/5，可以再进一步检验，根据实物上的棕色线束对照电路图中线束 T8ab/5 的颜色“br”，同样为棕色，则查找正确。

（4）模块查找。模块的查找方法比较简单，直接在控制单元位置图中搜索要查找的模块即可，如在实车上查找 J533 模块，则搜索得出图 1-1-16 所示的位置图，可以根据显示的三维图非常明确地找到 J533 在实车中的具体位置。若资料中没有给出模块的位置图，则可以根据模块上所连接的插接器间接找到模块的位置，即先找到插接器，插接器所连接的模块即为查找的模块，插接器的具体查找方法见“（2）插接器”。

同理，若要根据实物查找电路则按上述方法逆向进行。

任务实施

一、任务准备

（1）穿好工作服、绝缘鞋。
（2）比亚迪 E5 和大众 ID4 新能源汽车电路图。
（3）比亚迪 E5 和大众 ID4 新能源汽车整车。
（4）双柱式举升机。

二、任务实施过程

根据现场针对电气元件设置的故障，完成表 1-1-5。

表 1-1-5　新能源汽车电气元件实施工单

<table>
<tr><td colspan="5">1. 准备工作</td></tr>
<tr><td colspan="3">设置隔离栏</td><td>□ 是</td><td>□ 否</td></tr>
<tr><td colspan="3">放置安全警示牌</td><td>□ 是</td><td>□ 否</td></tr>
<tr><td colspan="3">检查灭火器</td><td>□ 是</td><td>□ 否</td></tr>
<tr><td colspan="3">检查个人防护用品</td><td>□ 是</td><td>□ 否</td></tr>
<tr><td colspan="3">检查测量工具</td><td>□ 是</td><td>□ 否</td></tr>
<tr><td colspan="3">放置车轮挡块</td><td>□ 是</td><td>□ 否</td></tr>
<tr><td colspan="3">安装翼子板布和驾驶室内防护套装</td><td>□ 是</td><td>□ 否</td></tr>
<tr><td colspan="5">2. 车辆基本信息采集</td></tr>
<tr><td rowspan="2">记录车辆信息</td><td>品牌</td><td></td><td>动力电池工作电压</td><td></td></tr>
<tr><td>VIN 码</td><td></td><td>驱动电机型号</td><td></td></tr>
<tr><td rowspan="2">车辆基本检查</td><td colspan="2">辅助蓄电池电压：__________ V</td><td>□ 正常</td><td>□ 异常</td></tr>
<tr><td colspan="2">高压部件安装及连接器连接情况</td><td>□ 正常</td><td>□ 异常</td></tr>
<tr><td colspan="5">3. 电气元件查找</td></tr>
<tr><td colspan="5">1. 分组在比亚迪 E5 和大众 ID4 新能源实车上找到以下部件，并在实物上粘贴上标签。
蓄电池、保险丝盒、前照灯、高位刹车灯、雨刮器、车门升降器、音响、安全气囊、仪表
2. 任意选择上述一个系统完成完整电路图绘制。

3. 根据电路图找到上述电气元件上所有的插接器名称。
保险丝盒：____________________；车门升降器：____________________
前照灯：____________________；音响：____________________
高位刹车灯：____________________；安全气囊：____________________
雨刮器：____________________；仪表：____________________</td></tr>
</table>

<table>
<tr><td colspan="2">4. 在比亚迪 E5 上找到插接器 B09（B）的位置，插接器的含义是什么，2 号针脚上线束的什么含义？

5. 在大众 ID4 上找到插接器 T8g 的位置，插接器的含义是什么，3 号针脚上线束有什么含义？</td></tr>
<tr><td colspan="2">4. 场地恢复</td></tr>
<tr><td>复位工具、仪器</td><td>□ 是　□ 否</td></tr>
<tr><td>恢复翼子板布和驾驶室内防护套装</td><td>□ 是　□ 否</td></tr>
<tr><td>恢复车轮挡块</td><td>□ 是　□ 否</td></tr>
<tr><td>清洁工作场地</td><td>□ 是　□ 否</td></tr>
<tr><td>恢复安全警示牌</td><td>□ 是　□ 否</td></tr>
<tr><td>恢复隔离栏</td><td>□ 是　□ 否</td></tr>
</table>

强化提升

结合教材相关内容、网络文字资料、视频资源，完成表 1-1-6。

表 1-1-6　资讯与决策工单

班级：________________	日期：________年______月______日
姓名：________________	学号：____________________

1. 知识强化

（1）请在下图中根据比亚迪车型插接器的编码规则将针脚号补充完整。

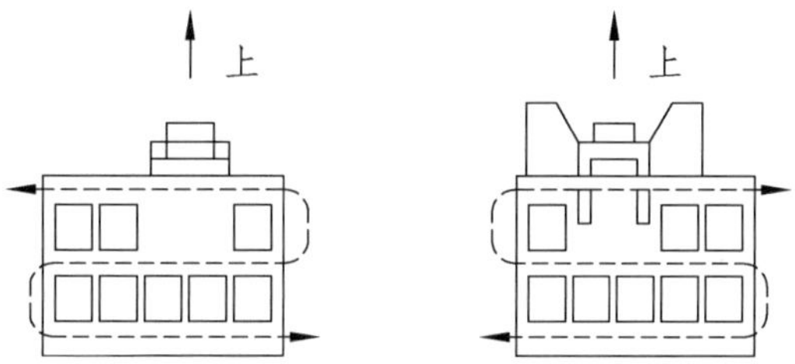

（2）双绞线的作用：____________________。

（3）大众 ID4 汽车是一款______________（纯电动/混合动力）汽车。

（4）大众 ID4 电路图中棕色线束一般表示________（什么类型的线）。

（5）导线截面积单位是____________。

（6）双色导线的表示方法中，符号“/”前表示________，符号“/”后表示________。

（7）

标识中该线束与____________线束是同一根线。

（8）电路图中 B/R2.5 的具体含义____________________________________。

（9）德系车电路图中最下端的一排数字表示__________。

（10）比亚迪 E5 和大众 ID4 的电路图读识方法____________（是/不是）一样。

（11）大众 ID4 电路图右上角的编号 30/5 表示____________________________，同一个电气设备的电路图__________（可以/不可以）跨模块绘制。

（12）根据电路图回答下列问题。

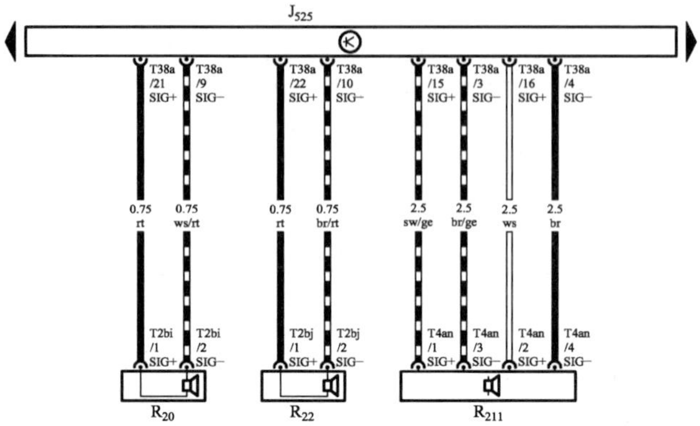

J525—数字式声音处理系统控制单元
R20—左前高音扬声器
R22—右前高音扬声器
R211—重低音
T2bi—2 芯插头连接，黑色
T2bj—2 芯插头连接，黑色
T4an—4 芯插头连接，黑色
T38a—38 芯插头连接，黑色

① 电路图中的元器件有哪几个，请分别写出来________________________________。

② R22 上连接了________根线束，分别是________________________________。

③ 图中 J525 的作用是____。

④ R20 的正极线束颜色是________________，线束截面积是________________。

⑤ R22 上的插接器是____________________，J525 上的插接器是____________________。

⑥ 符号◀的含义是________________。

⑦ 双柱式举升机的正确使用步骤：

____

____

____

____

____

续表

2. 实战训练 （1）所需资料、工具。   （2）小组成员分工。   （3）任务计划。

任务考评

考核内容		考核评分		
项目	内容	配分	得分	批注
工作准备（30%）	能够正确理解工作任务内容、范围及工作指令	5		
	能够查阅汽车维修手册，填写车辆基本信息	5		
	能够正确穿戴防护及劳保用品	5		
	准备工作场地，能够识别工作场所的安全隐患	5		
	能够正确使用双柱式举升机举升车辆	10		
实施程序（50%）	正确在比亚迪 E5 和大众 ID4 汽车上找到实物电气元件	10		
	正确绘制比亚迪 E5 或大众 ID4 汽车一个电气系统电路图	10		
	正确找到比亚迪 E5 和大众 ID4 汽车电气元件上所有插接器名称	10		
	正确找到比亚迪 E5 插接器 B09（B）的位置	5		
	正确描述比亚迪 E5 插接器 B09（B）的含义	5		
	正确找到大众 ID4 插接器 T8g 的位置	5		
	正确描述大众 ID4 插接器 T8g 的含义	5		
完工清理（20%）	车辆复位	5		
	工位清洁垃圾、清洁和整理工作区域	5		
	全程规范操作，无工具或零件跌落	5		
	作业工单填写规范，字迹工整	5		
考核评语		考核成绩		
	考核人员 | | 日期 | 年 月 日			

续表

组内学生互评				
评价项目	评价内容			得分
	优秀（90～100分）	良好（80～89分）	加油（0～79分）	
沟通交流能力	能够有效地运用多种交流形式	基本能运用多种交流形式	很难运用多种交流形式	
合作交往能力	尊重他人，能与他人良好合作交流	基本上能做到与他人合作交流	不能与他人良好地合作交流	
观察事物能力	观察能力强，细致全面，观察深刻	按要求观察，能发现事物一些特征	无观察目的，不能把握事物特征	
动手操作能力	能积极主动按项目指引完成操作	能按要求完成操作	不能完成操作	
想象创造能力	能够有拓展性地完成工作任务	能够想到新的方式完成任务	按照课本要求完成基本工作	
小组评语	评价人签字：　　　　年　月　日		互评成绩	

企业导师评价			
评价项目	评价内容	评价成绩	备注
工作准备	任务领会、资讯查询、器材准备	□A □B □C □D □E	
知识储备	系统认知、原理分析、技术参数	□A □B □C □D □E	
计划决策	任务分析、任务流程、实施方案	□A □B □C □D □E	
任务实施	专业能力、沟通能力、实施结果	□A □B □C □D □E	
职业道德	纪律素养、安全卫生、器材维护	□A □B □C □D □E	
其他评价			
导师签字：		日期：　　　　年　月　日	

注：在选项“□”里打“√”，其中A为90～100分；B为80～89分；C为70～79分；D为60～69分；E不合格。

任务二 电气元件识别与检测

任务导入

<table>
<tr><td colspan="2">任务名称</td><td colspan="4">电气元件识别与检测</td></tr>
<tr><td>姓　名</td><td></td><td>班　级</td><td></td><td>成　绩</td><td></td></tr>
<tr><td>组　别</td><td></td><td>组　长</td><td></td><td>场　地</td><td></td></tr>
<tr><td>日　期</td><td></td><td>学　时</td><td></td><td>指导教师</td><td></td></tr>
<tr><td rowspan="3">任务目标</td><td>知识目标</td><td colspan="4">1. 掌握新能源汽车保险、继电器的结构；
2. 掌握新能源汽车保险、继电器的工作原理</td></tr>
<tr><td>能力目标</td><td colspan="4">1. 能运用正确的检测方法对保险、继电器进行检测；
2. 能判断保险、继电器的好坏并进行更换</td></tr>
<tr><td>素质目标</td><td colspan="4">1. 树立安全意识；
2. 培养 6S 现场管理意识；
3. 严格执行行业规范，培养职业素养；
4. 树立团队协作意识</td></tr>
<tr><td>情景案例</td><td colspan="5">电气元件是新能源汽车电路的基本组成部分，当电路异常或者故障时，电流可能会不断升高损坏电路中的元器件，甚至烧毁电路发生火灾，掌握电子元器件检测技术是电路故障检修的关键。电路故障检修的最后一环是确定所怀疑的元器件是否真的存在问题，需要通过检测来完成，这是汽车检测维修的关键</td></tr>
</table>

知识讲解

汽车电路中基础的电气元件包含线束、插接器、熔断器、继电器、开关等。

线束属于电气设备的重要组成部分，由导体和绝缘外壳组成。导体是能够导电的材料，如铜、铝和铅。汽车中用到的线束通常是金属线，用来连接电器和电子设备，以便将电流从一个装置传递到另一个装置。汽车电路中导线有不同的颜色和粗细，允许通过的电流大小也不同，具体含义见新能源汽车电路图读识详解。

插接器是一种连接分线束与分线束之间、线束与用电设备之间、线束与开关之间的电器装置，又称连接器。因为插接器连接可靠、检修方便，所以在汽车上被广泛使用。插接器不能松动、腐蚀，为保证插接器的可靠连接，其上都有锁紧装置，而且为了避免安装中出现差错，插接器还制成不同的规格、形状。

开关的作用是接通和断开电路，也就是对电路进行开和关。它是一个电子元件，接通之后，允许电流通过开关，可以根据用户使用需求切断电流和打开电流。

熔断器在汽车的电路出现电流异常，且升高到一定程度时，可以自动熔断以切断电流，起到保护汽车电路安全的作用，保护汽车的电路和车内的用电器等，减少汽车的维修费用。汽车的熔断器就是汽车的保险丝，是汽车电路中不可忽视的部分。

继电器是通过控制低压线路的电流，从而控制高压线路的电流，即通过低压控制高压的原理，是一种电流开关起着对汽车电气设备自动调节、安全保护、转换电路等作用。

一、熔断器

汽车保险装置一般串联在电路上游，可及时地切断电路下游由于电路短路、超负荷等引发的过电流，是保护构成汽车电路的导线、用电设备、装置等免遭火灾等事故损害的重要部件。熔断器俗称保险丝、保险片，串联在所保护的电路中，保险丝有两个重要的工作参数，一个是工作电压，另一个是额定电流。

1. 熔断器的分类

熔断器按照电压分为高压熔断器（见图 1-2-1）和低压熔断器（见图 1-2-2），其中，高压熔断器一般安装在电池包的内部或者高压配电盒内。

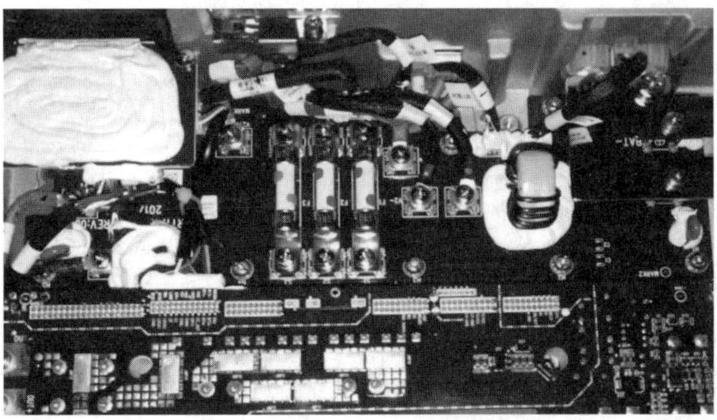

图 1-2-1　高压熔断器

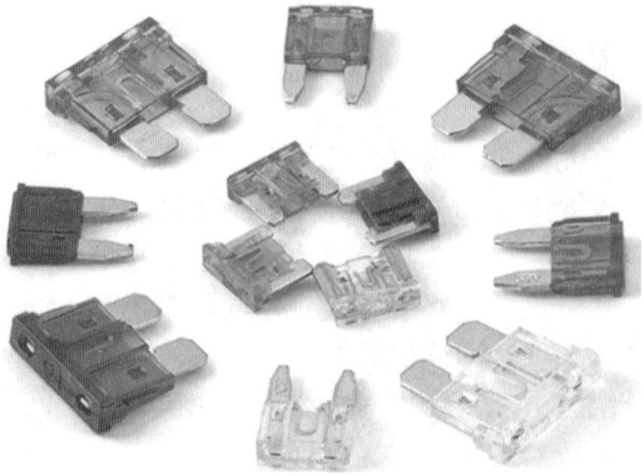

图 1-2-2　低压熔断器

熔断器按照形状结构分为插片式熔断器、螺栓式熔断器、管式熔断器，方形熔断器。

1）插片式熔断器

插片式熔断器（见图 1-2-3），一般安装在仪表盘附近或发动机罩下面的熔断器盒内，常与继电器组装在一起，构成全车电路的中央接线盒。保险顶端标注的数字表示熔断值额定电流，单位是安培（A），10 代表 10 A，20 代表 20 A，插片式熔断器额定工作电流一般为 2 ~ 80 A。根据颜色的不同，可以很清楚地区分不同插片式熔断器熔断电流的大小，见表 1-2-1。

图 1-2-3　插片式熔断器

表 1-2-1　保险型号及颜色

额定电流/A	颜色
3	紫
5	棕黄
7.5	褐
10	红
15	蓝
20	黄
25	本色
30	绿

插片式熔断器属于快熔型熔断器，它比普通导线的熔点低，主要由熔体、电极和支撑架三部分组成（见图 1-2-4）。其中支架壳体为透明，易于观察熔体是否断裂。

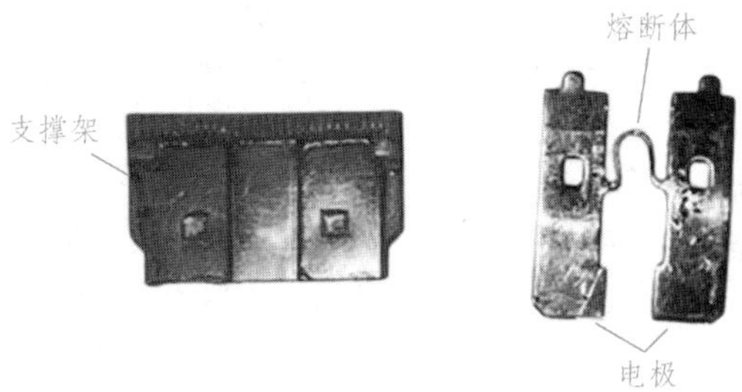

图 1-2-4　插片式熔断器结构

2）螺栓式熔断器

汽车螺栓式保险是用螺丝安装的（见图 1-2-5），其螺栓固定式设计可为大电流线路提供保护，两侧的孔用于安装螺栓，紧固熔断器，并将其可靠接入电路。

图 1-2-5　螺栓式熔断器

3）管式熔断器

管式熔断器主要由熔体、安装熔体的熔管和熔座三部分组成，如图 1-2-6 所示。熔体是熔断器的主要部分，起短路保护作用。常做成丝状或片状。在小电流电路中，常用铅锡合金和锌等低熔点金属做成圆截面熔丝；在大电流电路中则用银、铜等较高熔点的金属做成薄片，便于灭弧。熔管是保护熔体的外壳，用耐热绝缘材料制成，在熔体熔断时兼有灭弧作用。熔座是熔断器的底座，作用是固定熔管和外接引线。

图 1-2-6　管式熔断器结构

4）方形熔断器

方形熔断器（见图 1-2-7）的特点是接触紧密，不易出现虚接。一般安装在前舱保险盒内，可直接通过观察窗观察其好坏无须取下测量。

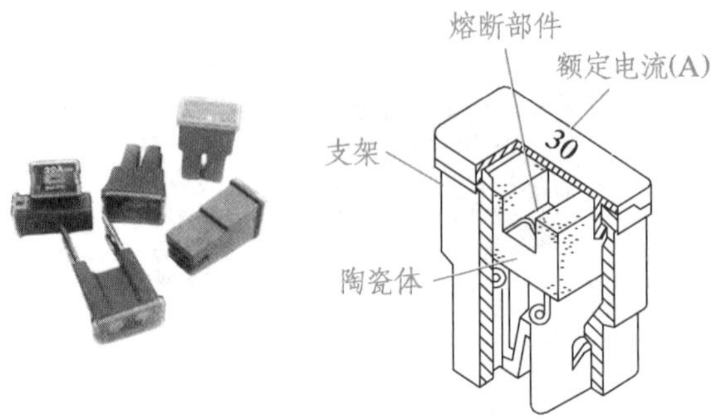

图 1-2-7　方形熔断器结构

2．熔断器的工作原理

保险丝是一种热能响应装置，它是对导线保护的元件。保险丝具有一定电阻，在流过电流时导体会发热，随着时间增加发热量增加，电流与电阻也增加了产热速度，保险丝的构造与其安装决定了散热速度。

（1）产热速度 < 散热速度，保险丝是不会熔断的。

（2）产热速度 = 散热速度，在相当长时间内也不会熔断。

（3）产热速度 > 散热速度，热量聚集，当温度达到保险丝的熔点以上保险丝会发生熔断。

3．熔断器的检测

熔断器的检测方法有以下几种：

（1）拔出熔断器，通过观察窗查看熔体是否熔断。

（2）拔出熔断器，通过万用表欧姆挡测量熔断器检测点 1 两端的电阻值，若阻值约为 0 Ω，则熔断器正常，若阻值为无穷大，则熔断器断路。

（3）不拔下熔断器，打开点火开关至“ON”挡，用万用表电压挡分别测量检测点 2 是否有 12 V 电压，如图 1-2-8 所示。若一端有电压，一端没有电压，则熔断器断路；若两端都有电压，则一般情况下熔断器正常，除非熔断器下游有断脚的情况（由于熔断器下游断脚，导致电流经过熔断体后不能通过下游的电极脚传导至用电设备，此仍为熔断器故障）。

注意：拔插熔断器前一定要将车辆下电，断开蓄电池负极，在不带电状态下拔插。

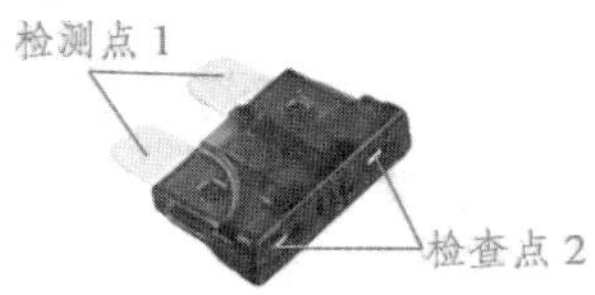

图 1-2-8　熔断器检测示意

二、继电器

1．继电器分类

新能源汽车中有低压和高压两种继电器。其中，低压继电器（见图 1-2-9）连接于低压线路中，其额定电压一般为 12 V；高压继电器（见图 1-2-10）连接于高压线路中，通常又叫接触器，用于主正线路、主负线路、交流充电线路、直流充电线路、预充线路等连接，分别为主正接触器、主负接触器、交流充电接触器、直流充电接触器、预充接触器等。

图 1-2-9　低压继电器

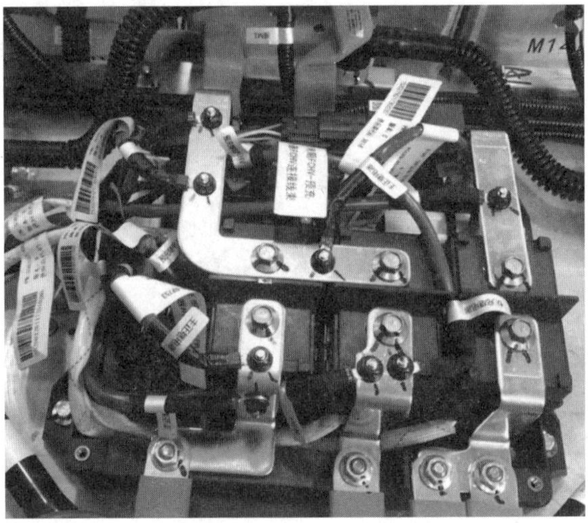

图 1-2-10　高压继电器

2. 继电器结构及工作原理

1）结　构

继电器主要由衔铁、触点、弹簧、电磁铁等组成。

2）继电器的工作原理（以高压继电器为例）

新能源汽车高压继电器线圈端连接 12 V 低压控制电路, 在整车控制过程中一般由电脑板控制。如图 1-2-11 所示，触点端连接高压工作电路，电路中有高压电源及高压用电设备。当闭合开关 S，电磁铁通电，产生电磁效应，衔铁会在电磁吸力的作用下使触点吸合，此时高压工作电路接通；当断开开关 S, 电磁铁断点失去电磁吸力，在弹簧的作用力下使衔铁复位，高压工作电路切断。触电吸合、断开的动作使高压工作电路接通或者断开，达到低电压、弱电流控制高电压、强电流电路的作用。

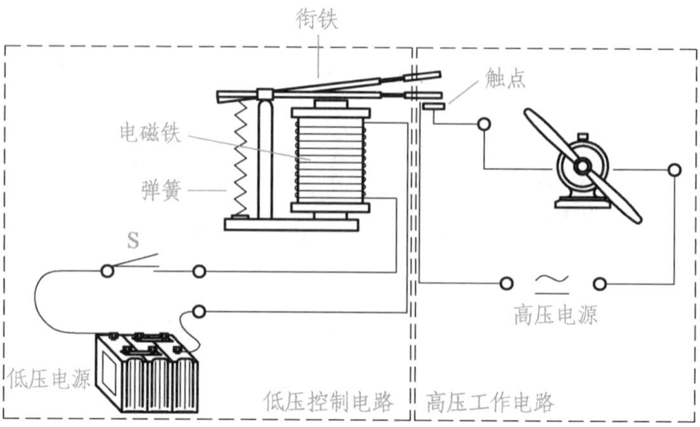

图 1-2-11　高压继电器结构及工作原理

3．继电器检测

继电器检测需要准备的检测工具有万用表、转接线、蓄电池，分别对线圈端和触点进行检修。以图 1-2-12 所示的汽车用继电器为例进行检测，其为常开型继电器，线圈端为 85、86 端子，触点端为 30、87 号端子，具体检测步骤见表 1-2-2。

图 1-2-12　汽车用继电器

表 1-2-2　继电器检测步骤

序号	检测对象	检测方法	标准参数	检测示意图	结论
1	线圈电阻	用万用表电阻挡测量线圈端 85、86 号端子电阻值，为 85 Ω	约为 100 Ω 左右	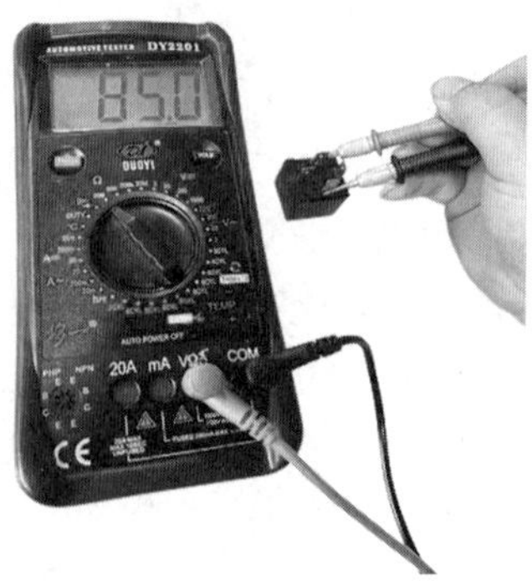	继电器线圈正常

续表

序号	检测对象	检测方法	标准参数	检测示意图	结论
2	线圈电阻	用转接线连接线圈端 85、86 号端子，给线圈端通 12 V 电，会听到触点吸合的“嗒”一声。在通电状态下，用万用表电阻挡测量触点 30、87 号端子电阻值，约为 0 Ω	约为 0 Ω		继电器线圈通电状态下触点吸合正常，继电器正常

任务实施

一、任务准备

（1）绝缘工具套装。
（2）万用表、故障诊断仪、转接线。
（3）比亚迪 E5 和大众 ID4 新能源汽车电路图。
（4）比亚迪 E5 和大众 ID4 新能源汽车维修手册。
（5）比亚迪 E5 和大众 ID4 新能源汽车整车。
（6）双柱式举升机。

二、任务实施过程

根据现场针对电气元件设置的故障，完成表 1-2-3。

表 1-2-3　新能源汽车电器元件故障诊断工单

1. 准备工作		
设置隔离栏	□ 是	□ 否
放置安全警示牌	□ 是	□ 否
检查灭火器	□ 是	□ 否
检查个人防护用品	□ 是	□ 否
检查测量工具	□ 是	□ 否
放置车轮挡块	□ 是	□ 否
安装翼子板布和驾驶室内防护套装	□ 是	□ 否

续表

<table>
<tr><td colspan="6">2. 车辆基本信息采集</td></tr>
<tr><td rowspan="2">记录车辆信息</td><td>品牌</td><td></td><td>动力电池工作电压</td><td colspan="2"></td></tr>
<tr><td>VIN 码</td><td></td><td>驱动电机型号</td><td colspan="2"></td></tr>
<tr><td rowspan="2">车辆基本检查</td><td colspan="2">辅助蓄电池电压：________ V</td><td colspan="3">□ 正常　　□ 异常</td></tr>
<tr><td colspan="2">高压部件安装及连接器连接情况：</td><td colspan="3">□ 正常　　□ 异常</td></tr>
<tr><td colspan="6">3. 确认故障现象</td></tr>
<tr><td colspan="2">故障现象初步判定</td><td colspan="4"></td></tr>
<tr><td colspan="6">4. 读取故障相关信息</td></tr>
<tr><td colspan="2">数据流</td><td colspan="4"></td></tr>
<tr><td colspan="2">故障码</td><td colspan="4"></td></tr>
<tr><td colspan="6">5. 分析故障范围</td></tr>
<tr><td colspan="6"></td></tr>
<tr><td colspan="6">6. 绘制相关电路图</td></tr>
<tr><td colspan="6"></td></tr>
<tr><td colspan="6">7. 故障测量</td></tr>
<tr><td>序号</td><td>测量对象</td><td>测量条件</td><td>实测值</td><td>标准值</td><td>结论</td></tr>
<tr><td>1</td><td></td><td></td><td></td><td></td><td></td></tr>
<tr><td>2</td><td></td><td></td><td></td><td></td><td></td></tr>
<tr><td>3</td><td></td><td></td><td></td><td></td><td></td></tr>
<tr><td>4</td><td></td><td></td><td></td><td></td><td></td></tr>
<tr><td colspan="6">8. 确定故障点</td></tr>
<tr><td colspan="6"></td></tr>
</table>

续表

9. 故障恢复	
相关用电设备是否能正常工作	□ 是　　□ 否
车辆是否能高压上电	□ 是　　□ 否
10. 场地恢复	
复位工具、仪器	□ 是　　□ 否
恢复翼子板布和驾驶室内防护套装	□ 是　　□ 否
恢复车轮挡块	□ 是　　□ 否
清洁工作场地	□ 是　　□ 否
恢复安全警示牌	□ 是　　□ 否
恢复隔离栏	□ 是　　□ 否

强化提升

结合教材相关内容、网络文字资料、视频资源，完成表 1-2-4。

表 1-2-4　资讯与决策工单

班级：____________	日期：______年____月____日
姓名：____________	学号：____________

1. 知识强化

（1）新能源汽车的高压继电器又被称为__________，它是______控制__________（低压/高压）的电气元件，低压电的供电一般来自__________，电压______V。

（2）汽车电路中基础的电气元件包含______、______、______、______、______等。

（3）小电流控制大电流的元器件是__________。

（4）熔断器在电路中的连接方法是__________（串联/并联）。

（5）保险丝有两个重要的工作参数，分别是__________和__________。

（6）按照电压类型分类，熔断器可以分为__________和__________。

（7）按照形状结构分类，熔断器可以分为______、______、______、______等。

（8）高压熔断器在新能源汽车上的位置一般为____。

（9）保险丝上标识的数字表示__________，颜色表示__________。

（10）请简述熔断器的检测方法____。

（11）继电器按照电压类型分类可以分为__________和__________。

（12）高压接触器在新能源汽车上的位置一般为____。

（13）需要给继电器的__________供电，继电器才能工作，__________连接的是工作电路，__________连接的是控制电路。（线圈端/触点端）

（14）高压继电器工作电路用的是__________电源，控制电路用的是______电源。（高压/低压）

（15）新能源汽车上常用的继电器控制电路供电电源电压一般为______ V。

（16）请简述继电器的检测方法____。

续表

2. 实战训练 （1）所需资料、工具。   （2）小组成员分工。   （3）任务计划。

任务考评

<table>
<tr><th colspan="2">考核内容</th><th colspan="3">考核评分</th></tr>
<tr><th>项目</th><th>内容</th><th>配分</th><th>得分</th><th>批注</th></tr>
<tr><td rowspan="5">工作准备（30%）</td><td>能够正确理解工作任务内容、范围及工作指令</td><td>5</td><td></td><td></td></tr>
<tr><td>能够查阅汽车维修手册，填写车辆基本信息</td><td>5</td><td></td><td></td></tr>
<tr><td>能够正确穿戴防护及劳保用品</td><td>5</td><td></td><td></td></tr>
<tr><td>准备工作场地，能够识别工作场所的安全隐患</td><td>5</td><td></td><td></td></tr>
<tr><td>准备任务所需的工具和检具</td><td>10</td><td></td><td></td></tr>
<tr><td rowspan="7">实施程序（50%）</td><td>正确采集车辆信息</td><td>5</td><td></td><td></td></tr>
<tr><td>正确确认故障现象</td><td>10</td><td></td><td></td></tr>
<tr><td>正确读取故障信息</td><td>5</td><td></td><td></td></tr>
<tr><td>正确分析故障范围</td><td>5</td><td></td><td></td></tr>
<tr><td>正确绘制相关电路图</td><td>10</td><td></td><td></td></tr>
<tr><td>正确进行故障测量</td><td>10</td><td></td><td></td></tr>
<tr><td>正确确定故障点并排除</td><td>5</td><td></td><td></td></tr>
<tr><td rowspan="4">完工清理（20%）</td><td>车辆复位</td><td>5</td><td></td><td></td></tr>
<tr><td>工位清洁垃圾、清洁和整理工作区域</td><td>5</td><td></td><td></td></tr>
<tr><td>全程规范操作，无工具或零件跌落</td><td>5</td><td></td><td></td></tr>
<tr><td>作业工单填写规范，字迹工整</td><td>5</td><td></td><td></td></tr>
<tr><td rowspan="2">考核评语</td><td></td><td rowspan="2">考核成绩</td><td colspan="2" rowspan="2"></td></tr>
<tr><td>考核人员　　　　日期　　　　年　月　日</td></tr>
</table>

续表

组内学生互评				
评价项目	评价内容			得分
	优秀（90～100分）	良好（80～89分）	加油（0～79分）	
沟通交流能力	能够有效地运用多种交流形式	基本能运用多种交流形式	很难运用多种交流形式	
合作交往能力	尊重他人，能与他人良好合作交流	基本上能做到与他人合作交流	不能与他人良好地合作交流	
观察事物能力	观察能力强，细致全面，观察深刻	按要求观察，能发现事物一些特征	无观察目的，不能把握事物特征	
动手操作能力	能积极主动按项目指引完成操作	能按要求完成操作	不能完成操作	
想象创造能力	能够有拓展性地完成工作任务	能够想到新的方式完成任务	按照课本要求完成基本工作	
小组评语	评价人签字：　　　　年　月　日		互评成绩	

企业导师评价			
评价项目	评价内容	评价成绩	备注
工作准备	任务领会、资讯查询、器材准备	□A □B □C □D □E	
知识储备	系统认知、原理分析、技术参数	□A □B □C □D □E	
计划决策	任务分析、任务流程、实施方案	□A □B □C □D □E	
任务实施	专业能力、沟通能力、实施结果	□A □B □C □D □E	
职业道德	纪律素养、安全卫生、器材维护	□A □B □C □D □E	
其他评价			
导师签字：		日期：　　　年　月　日	

注：在选项“□”里打“√”，其中A为90～100分；B为80～89分；C为70～79分；D为60～69分；E不合格。

项目二

新能源汽车低压电源系统认知及检修

任务一 新能源汽车低压电源系统认知

任务导入

<table>
<tr><td colspan="2">任务名称</td><td colspan="4">新能源汽车低压电源认知</td></tr>
<tr><td>姓 名</td><td></td><td>班 级</td><td></td><td>成 绩</td><td></td></tr>
<tr><td>组 别</td><td></td><td>组 长</td><td></td><td>场 地</td><td></td></tr>
<tr><td>日 期</td><td></td><td>学 时</td><td></td><td>指导教师</td><td></td></tr>
<tr><td rowspan="3">任务目标</td><td>知识目标</td><td colspan="4">1. 掌握新能源汽车低压蓄电池系统的结构工作原理；
2. 掌握新能源汽车低压蓄电池系统重要部件的结构及其工作原理</td></tr>
<tr><td>能力目标</td><td colspan="4">1. 能阐述新能源汽车低压蓄电池的结构和工作原理；
2. 能在实车上找到低压蓄电池及其相关电气元件；
3. 能对车辆进行外接充电</td></tr>
<tr><td>素质目标</td><td colspan="4">1. 树立安全意识；
2. 培养 6S 现场管理意识；
3. 严格执行行业规范，培养职业素养；
4. 树立团队协作意识</td></tr>
<tr><td>情景案例</td><td colspan="5">一位用户发现新能源汽车比亚迪 E5 前舱的蓄电池上除了正负极的连接线束外还有低压插接器，这个低压插接器上的线束有什么作用？为什么和其他传统燃油车的蓄电池不同？同时，车上已经有动力电池了，为什么还需要低压蓄电池？这两种电池有什么区别？</td></tr>
</table>

知识讲解

新能源汽车上有两个电源，一个是动力电池高压电源，一个是 12 V 蓄电池低压电源。动力电池是提供车辆行驶能量的唯一来源，但是动力电池输出的高压电并不能直接为汽车内的电气系统供电。通过低压电源系统，动力电池的高压电能转化为各个电气系统所需的工作电压，这样才能确保整个车辆正常运行。同时，根据前一项目所学的内容可知，新能源汽车要正常高压上电，确保高压电能对外输出，对应的高压接触器必须工作，而高压接触器的控制电路需要低压电源供电。

一、低压电源系统结构及工作原理

低压电源系统主要有低压蓄电池、DC-DC 转换器、低压配电盒、低压蓄电池等组成。

传统燃油车上唯一的电源就是低压蓄电池，发动机未启动时，由低压蓄电池为汽车电气系统供电。发动机启动后，由发动机带动发电机工作，发电机给低压蓄电池充电，同时为车上电气系统供电。对于新能源汽车而言，车辆不上电时，同样由低压蓄电池为汽车电气系统供电；车辆上电后，由 DC-DC 转换器将动力电池输出的高压电转换为低压直流电给低压蓄电池充电，同时为车上电气系统供电。不仅在新能源汽车上电状态下，还在充电状态下，DC-DC 转换器也会工作，给辅助蓄电池充电。

低压电源系统一般布置于新能源汽车前舱，如图 2-1-1 所示，低压电源与 DC-DC 低压输出端并联，通过正极保险盒为整车低压电器提供 13.8 V 电源，配电结构如图 2-1-2 所示。

图 2-1-1　比亚迪 E5 前舱低压电源布置

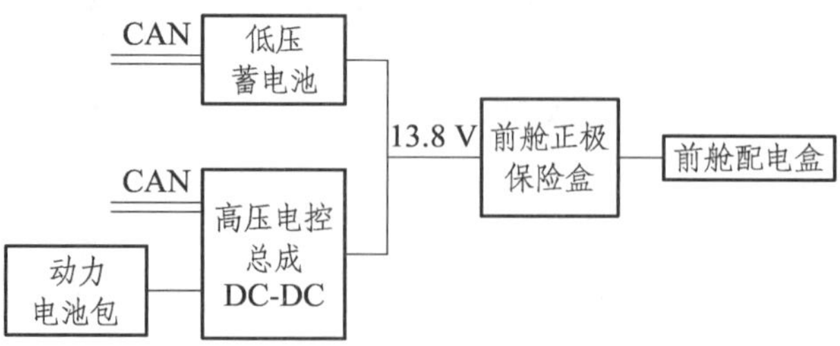

图 2-1-2　比亚迪 E5 低压电源配电

二、低压电源系统各部件结构及工作原理

1．DC-DC 转换器

直流-直流转换器（DC-to-DC converter）也称为 DC-DC 转换器，是电能转换的电路或装置，可以将直流（DC）电源转换为不同电压的直流（或近似直流）电源。新能源汽车上 DC-DC 装置的作用就是将动力电池输出的高压直流电转换为 14V 左右的低压直流电，相当于传统燃油车上的发电机。

1）DC-DC 转换器结构

DC-DC 转换器的外观如图 2-1-3 所示，它主要有 4 个接口，从左到右依次为高压输入端、低压控制端、低压输出正极、低压输出负极。它的内部主要由主电路、驱动模块和控制模块三部分组成。其中，高压输入端的 A 脚为电源负极，B 脚为电源正极，中间两个端子为高压互锁短接端子。低压控制端的 A 脚为控制电路电源正兼使能（直流 12 V 启动，0～1 V 关机），B 脚为电源状态信号输出（故障线，故障 12 V 高电平，正常低电平），C 脚为控制电路电源负。为了提高整车布置的简洁化、合理化，有些车辆将 DC-DC 转换器和其他部件集成在一起。

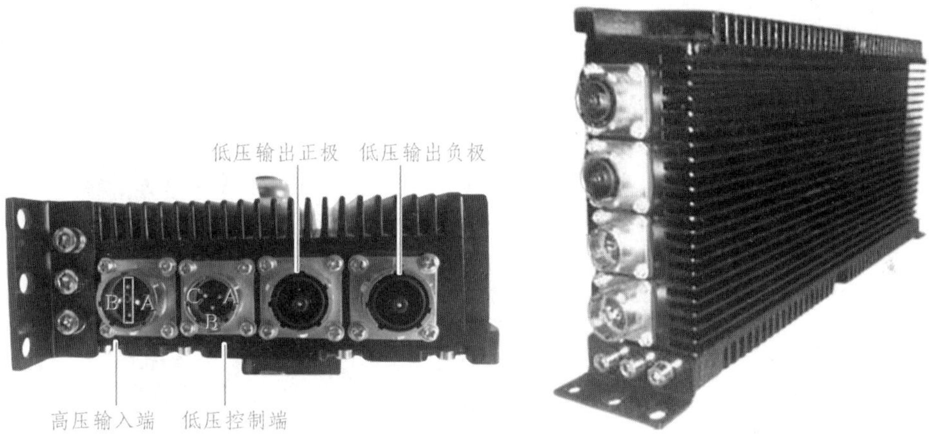

图 2-1-3　DC-DC 结构

2）DC-DC 转换器工作原理

DC-DC 转换器中关键的元件是 IGBT（绝缘栅双极型晶体管），是由 GTR（双极型三极管）和 MOS（绝缘栅型场效应管）组成的复合全控型电压驱动式功率半导体器件，具有驱动功率小而饱和压降低的优点。IGBT 在电路中相当于一个数字开关作用，是通过加正向栅极电压形成沟道，给 PNP 晶体管提供基极电流，使 IGBT 导通。反之，加反向栅极电压消除沟道，切断基极电流，使 IGBT 关断。IGBT 元件符号如图 2-1-4 所示。

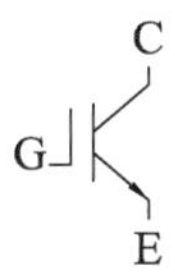

图 2-1-4　IGBT 元件符号

3）DC-DC 转换器工作过程

DC-DC 转换器的核心部件是变压器，变压器变压转换过程中的工作电流必须为交流电，所以，其转换过程为高压直流电→高压交流电→低压交流电→低压直流电。

如图 2-1-5 所示，当整车控制器 VCU 控制 IGBT2 和 IGBT3 导通时，动力电池组件电流从正极流经 IGBT2 至变压器初级绕组上端，向下流过初级绕组，经 IGBT3 到动力电池组件负极，完成回路。

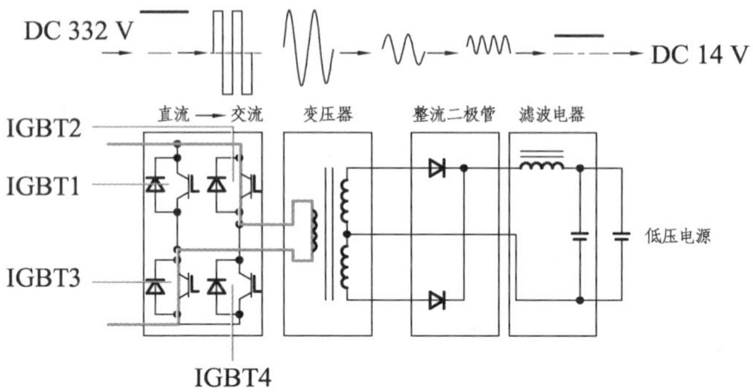

图 2-1-5　DC-DC 转换器工作过程（一）

DC-DC 绝缘电阻测量

如图 2-1-6 所示，当整车控制器 VCU 控制 IGBT1 和 IGBT4 导通时，动力电池组件电流从正极流经 IGBT1 至变压器初级绕组下端，向上流过初级绕组，经 IGBT4 到动力电池组件负极，完成回路。

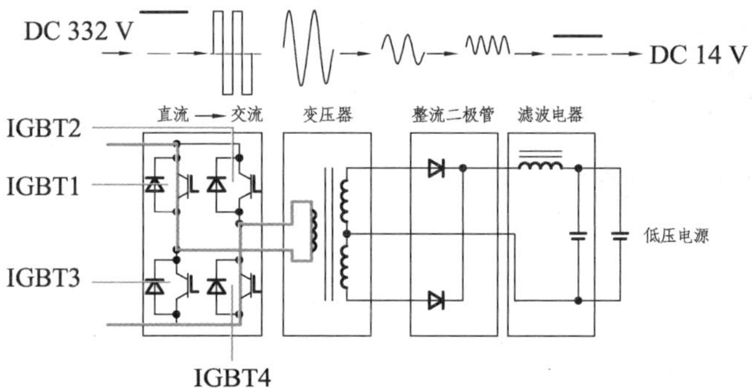

图 2-1-6　DC-DC 转换器工作过程（二）

更换 DC-DC 转换器

4）DC-DC 转换器工作条件

（1）高压输入范围为 DC 290 ~ 420 V。

（2）低压使能输出范围为 DC 9 ~ 14 V。

5）DC-DC 是否工作的判断方法

（1）保证整车线束正常连接的情况下，上电前使用万用表测量低压蓄电池端电压，并记录（一般为 11 ~ 12.8 V）。

（2）整车上电，继续读取万用表数值，查看变化情况，如果数值为 13.8 ~ 14 V，判断为 DC-DC 转换器工作，反之，则不工作，需检查相关线路及元件。

2．低压蓄电池结构及原理

低压辅助蓄电池是一种将化学能直接转化成电能的装置（见图 2-1-7），并且可以通过可逆的化学反应实现再充电。它是汽车电气系统的直接电力来源，无论是传统燃油汽车，还是新能源汽车，都离不开它。

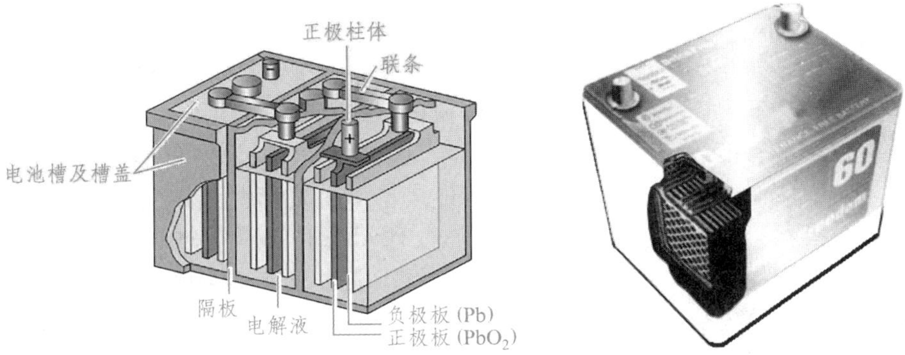

图 2-1-7　低压辅助蓄电池结构

新能源汽车低压蓄电池通常有铅酸蓄电池和锂离子电池两类。铅酸蓄电池在充满电的情况下可以长时间保持内部化学物质的活性，但是完全放电后，如果不及时充足电，铅酸蓄电池内的活性物质会很快失去活性，使内部产生不可逆的化学变化。所以铅酸蓄电池在保存时应充足电，若长时间不用，还要定期为其补电。铅酸蓄电池在安全性、低成本、回收再利用、温度稳定性等方面都非常成熟，所以当前铅酸电池依旧是汽车品类的首选。

1）低压蓄电池的结构

新能源汽车中的铅酸蓄电池通常由 6 个铅酸蓄电池单体串联成，每个电池单体能提供 2 V 的电压。铅酸蓄电池的充放电次数为 200 ~ 300 次，额定使用寿命约为 3 年。

铅酸蓄电池都会标注代表其属性的编码，如 6-QWLZ-70 的含义如下：

6——6 个单体电池；Q——汽车用蓄电池；W——免维护型蓄电池；70——额定容量为 70 A · h。

它的内部由正极柱、负极柱、连条、隔板、电解液、正极板、负极板等组成（见图 2-1-7）。

（1）极板（板栅）：经过化学处理后，正、负极板上形成各自的活性物质，正极的活性物质是 PbO_2，负极的活性物质是海绵铅，在成流过程中，负极被氧化，正极被还原，负极板一般为深灰色，正极板为暗棕色。

（2）隔板：隔板有水隔板、玻璃纤维隔板、微孔橡胶隔、塑料隔板等。隔板的作用是储存电解液，提供气体通道，使正、负极间的距离缩到最小而互不短路。隔板可以防上极板的弯曲和变形，防止活性物质的脱落。要起到这些作用，就要求隔板具有多孔性、耐酸、不易变形、绝缘性能要好，并且有良好的亲水性及足够的机械强度。

（3）电解液：铅酸蓄电池均采用硫酸电解质，是电化学反应产生的必需条件。对于胶体蓄电池，还需要添加胶体，以便与硫酸凝胶形成胶体电解质，此时硫酸不仅是反应电解质，还是胶体所需的凝胶剂。一定浓度的硫酸配比一定浓度的硅凝胶，即成为软固体状的硅胶电解质。碱性蓄电池的电解液是 22% ~ 40% 浓度的氢氧化钾溶液。

（4）电池槽及槽盖：电池槽及槽盖构成了蓄电池外壳，它为整体结构，材料一般为橡胶或工程塑料，如 PVC 或 ABS。壳内由隔壁分成三格或六格互不相通的单格；其底部有突起的肋条，用来放置极板组；肋条间的空隙用来堆放从极板上脱落下来的活性物质，以防止极板短路。槽的厚度及材料直接影响到电池是否鼓胀变形。

其从外部看结构及标识包括正极接线柱、负极接线柱、通气孔、内置密度计观察窗及说明、使用注意标识、型号规格标识（见图 2-1-8）。通气孔是为了保证蓄电池在过充电时产生的气体能及时排出，防止蓄电池因气体无法排出而发生爆炸，因此在日常维护中应注意疏通通气孔，防止脏物堵塞。内置密度计（也叫作充电状态指示器）内装有一颗能反光的绿色塑料小球，随着电解液密度改变浮升的高度会发生变化，从观察孔中可以看到代表不同状态的颜色，反映当前蓄电池电量情况。如图 2-1-9（a）所示电解液密度高于 1.26 或电量高于 65% 时，小球浮起，指示器显示绿色；如图 2-1-9（b）所示当电量低于 65% 时，小球下沉，指示器显示黑色，表明需要充电；如图 2-1-9（c）所示当电解液液面较低时，指示器显示无色或浅黄色，该蓄电池应该更换。

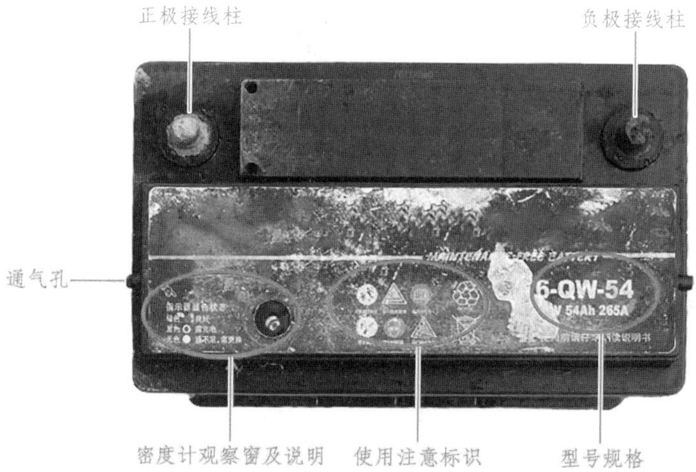

图 2-1-8　低压辅助蓄电池外部标识

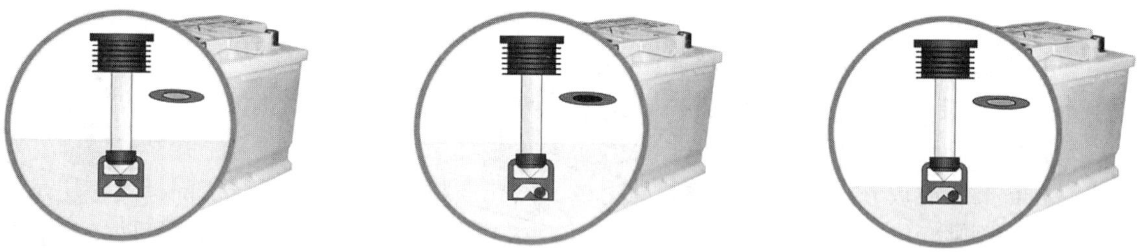

（a）　（b）　（c）

图 2-1-9　内置密度计含义示意

大众 ID4 原车低压蓄电池和其他蓄电池的状态显示不同，如图 2-1-10 所示，观察窗显示为黑色表示蓄电池状态良好，显示为淡黄色表示蓄电池不能继续使用，需要更换。

图 2-1-10　大众 ID4 低压蓄电池

2）低压蓄电池的工作原理

低压蓄电池的充放电过程就是化学能和电能之间的转化。当蓄电池将化学能转化为电能并向外供电时为放电过程；当蓄电池与外界直流电源连接而将电能转化为化学能储存起来时为充电过程。蓄电池中，由还原态物质构成的电极为负极。由氧化态物质构成的电极为正极。当外电路接近两极时，氧化还原反应就在电极上进行，电极上的活性物质就分别被氧化还原了，从而释放出电能。放电之后，若有反方向电流流入电池时，就可以使两极活性物质回复到原来的化学状态。这种可重复使用的电池，称为二次电池或蓄电池，充放电具有可逆性。

放电时，正极板上的 PbO_2 和负极板上的 Pb 都与电解液中的 H_2SO_4 发生反应，生成硫酸铅（$PbSO_4$），沉积在正、负极板上。此时，电解液中的 H_2SO_4 不断减少，密度也随之下降。蓄电池放电完毕的特征是单格电池电压降到放电终止电压；电解液密度降到最小许可值。反应化学方程式如下：

$$PbO_2 + 2H_2SO_4 + Pb \underset{\text{充电}}{\overset{\text{放电}}{\rightleftharpoons}} PbSO_4 + 2H_2O$$

3）低压蓄电池的充电

蓄电池是直流电源，必须用直流电源对其进行充电。连接方式是充电电源的正极接蓄电池的正极，充电电源的负极接蓄电池的负极。遵循先连接正极再连接负极，先拆卸负极再拆卸正极的原则。

如果蓄电池无电，DC-DC 转换器无法正常工作，车辆无法高压上电，不能将高压直流电转换成低压直流电给蓄电池充电，这种情况下需要外接充电设备给蓄电池充电。目前，多采用非车载充电机，如图 2-1-11 所示。当使用充电机为低压，蓄电池充电的过程中，整车无故障的情况下可以高压上电启动车辆，此时 DC-DC 转换器将开始工作，若断开外接充电机供电，则车辆将继续由 DC-DC 转换器转换的 14 V 左右的低压电供电并同时为低压蓄电池充电。

还可以使用搭电线（见图 2-1-12）将其他车辆上的低压蓄电池并联在被施救车辆的低压蓄电池上为其充电。12 V 低压蓄电池搭电线通常使用 $2.0 \times 2.5\ mm^2$ 的纯铜国标线，$16\ mm^2$

铜线就可以。注意连接时不要把正负极接反以及正负极短路。依然遵循先连接正极再连接负极，先拆卸负极再拆卸正极的原则，搭接好后启动施救车辆开始充电。车辆在启动瞬间，切忌接触搭电线和蓄电池。

汽车低压蓄电池搭电的注意事项：

（1）检查被救施救车辆的低压电源电压，确保被施救车辆的电压与其相等。一般汽车蓄电池的电压是 12 V，卡车、客车的蓄电池电压是 24 V，也有两个 12 V 电池组合的情况。

（2）检查两车电瓶是否漏液、开裂、损坏。如果电池不正常，不要接线，以防发生危险。

（3）将红色电缆夹在施救车辆的蓄电池正极端子上，另一个夹在被救车辆的正极端子上；黑色线夹夹在施救车辆的蓄电池负极端子上，另一个夹在被救车辆的负极端子上，如图 2-1-13 所示。

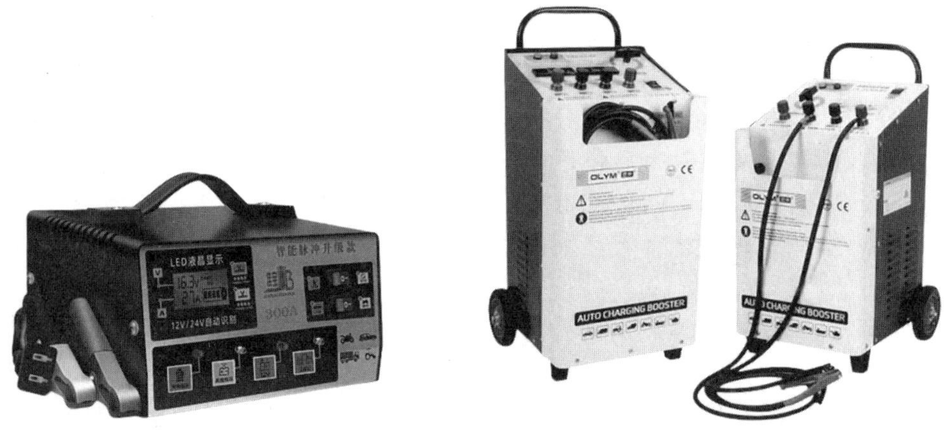

图 2-1-11　非车载充电机

图 2-1-12　汽车搭电线

图 2-1-13　车辆搭电连接

3．低压蓄电池检测

除了使用观察窗判断蓄电池的状态以外，对于没有观察窗的蓄电池可以使用蓄电池检测仪对其状态进行检修，在确保蓄电池电压正常的情况下，可以按照表 2-1-1 的步骤进行测量。

表 2-1-1　低压蓄电池检测

序号	步骤	操作要点	操作示意图
1	连接蓄电池检测仪	将蓄电池检测仪正极（负极）连接到蓄电池正极（负极）	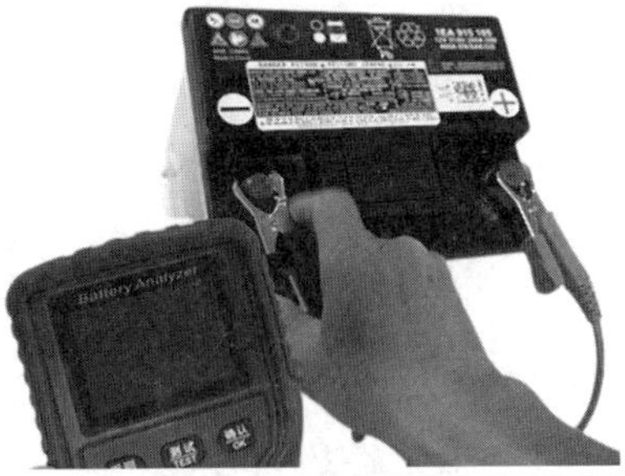
2	蓄电池检测仪开机，选择电压	根据蓄电池型号选择 12 V 电压	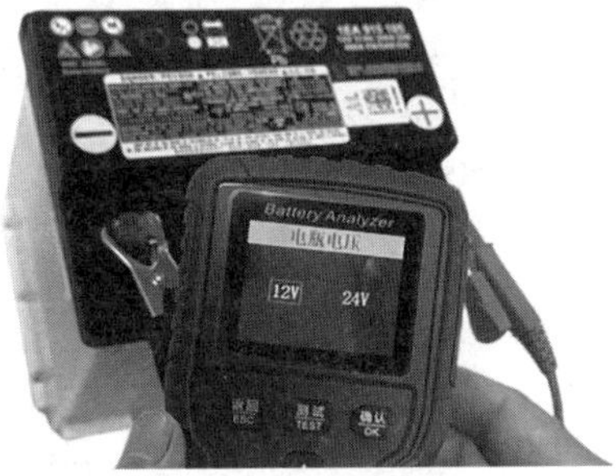
3	进入测试	功能：选择“电池测试” 蓄电池类型：选择“普通标准电瓶” 测试模式：选择“专业测试” 电池容量：输入“50 A · h”（根据电池型号为 51 A · h，该测试仪有 50 A · h 和 55 A · h，选择“50 A · h”挡位）	
4	读取测试结果	蓄电池良好，需充电 电压：12.22 V 内阻：3.91 mΩ 额定容量：50 A · h 冷启动电流 CCA 值：732CCA 寿命：100% 充电量：37%（电量不足，需充电）	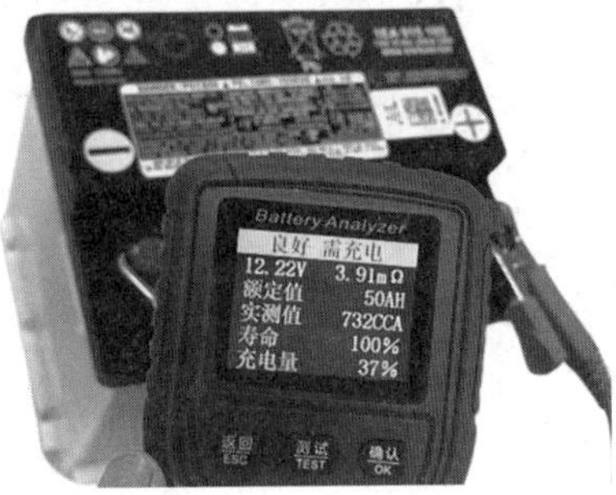

任务实施

一、任务准备

（1）绝缘工具套装。
（2）万用表、故障诊断仪、转接线、搭电线。
（3）比亚迪 E5 和大众 ID4 新能源汽车电路图。
（4）比亚迪 E5 和大众 ID4 新能源汽车维修手册。
（5）比亚迪 E5 和大众 ID4 新能源汽车整车。

二、任务实施过程

根据现场实操任务，完成表 2-1-2。

表 2-1-2　新能源低压电源充电操作工单

<table>
<tr><td colspan="5">1. 准备工作</td></tr>
<tr><td colspan="3">设置隔离栏</td><td colspan="2">□ 是　　□ 否</td></tr>
<tr><td colspan="3">放置安全警示牌</td><td colspan="2">□ 是　　□ 否</td></tr>
<tr><td colspan="3">检查灭火器</td><td colspan="2">□ 是　　□ 否</td></tr>
<tr><td colspan="3">检查个人防护用品</td><td colspan="2">□ 是　　□ 否</td></tr>
<tr><td colspan="3">检查测量工具</td><td colspan="2">□ 是　　□ 否</td></tr>
<tr><td colspan="3">放置车轮挡块</td><td colspan="2">□ 是　　□ 否</td></tr>
<tr><td colspan="3">安装翼子板布和驾驶室内防护套装</td><td colspan="2">□ 是　　□ 否</td></tr>
<tr><td colspan="5">2. 车辆基本信息采集</td></tr>
<tr><td rowspan="2">记录车辆信息</td><td>品牌</td><td></td><td>动力电池工作电压</td><td></td></tr>
<tr><td>VIN 码</td><td></td><td>驱动电机型号</td><td></td></tr>
<tr><td rowspan="2">车辆基本检查</td><td colspan="2">辅助蓄电池电压：________ V</td><td colspan="2">□ 正常　　□ 异常</td></tr>
<tr><td colspan="2">高压部件安装及连接器连接情况：</td><td colspan="2">□ 正常　　□ 异常</td></tr>
<tr><td colspan="5">3. DC-DC 转换器为低压蓄电池充电</td></tr>
<tr><td colspan="5">DC-DC 转换器为低压蓄电池充的操作步骤：

充电状态确认：<table>
<tr><td>测量对象</td><td>充电前</td><td>充电后</td><td>结论</td></tr>
<tr><td>蓄电池电压</td><td></td><td></td><td>□ 正常　　□ 异常</td></tr>
</table></td></tr>
</table>

续表

4. 外接充电机为低压蓄电池充电
外接充电机为低压蓄电池充的操作步骤：   充电状态确认：

测量对象	充电前	充电后	结论
蓄电池电压			□ 正常　□ 异常

5. 其他车辆搭电为低压蓄电池充电
其他车辆搭电为低压蓄电池充的操作步骤：   充电状态确认：

测量对象	充电前	充电后	结论
蓄电池电压			□ 正常　□ 异常

6. 场地恢复	
复位工具、仪器	□ 是　□ 否
恢复翼子板布和驾驶室内防护套装	□ 是　□ 否
恢复车轮挡块	□ 是　□ 否
清洁工作场地	□ 是　□ 否
恢复安全警示牌	□ 是　□ 否
恢复隔离栏	□ 是　□ 否

强化提升

结合教材相关内容、网络文字资料、视频资源，完成表 2-1-3。

表 2-1-3　资讯与决策工单

班级：________________	日期：________年______月______日
姓名：________________	学号：________________

1. 知识强化

（1）新能源汽车上的电源有________个，分别是________________。

（2）新能源汽车的低压电源系统主要由________、________、________、________组成。

（3）新能源汽车的低压电源系统的作用是____。

（4）DC-DC 转换器连接在________和________之间，其作用是________________________________。

（5）请在下图中填写 DC-DC 转换器各连接口的名称，并标出其连接口上各端子的含义。

高压输入端 A：________B：________

低压输入端 A：________B：________

（6）DC-DC 转换器中关键的元件是________，其相当于________。

（7）DC-DC 转换器工作电流必须为交流电，因此其电流转换的过程是：

________→________→________→________。

（8）铅酸蓄电池能为电气系统提供________V 的电压，它通常是由________个铅酸蓄电池单体串联成的，每个电池单体能提供________V 的电压。

（9）请在下图中填写铅酸蓄电池内部结构各组成部分的名称。

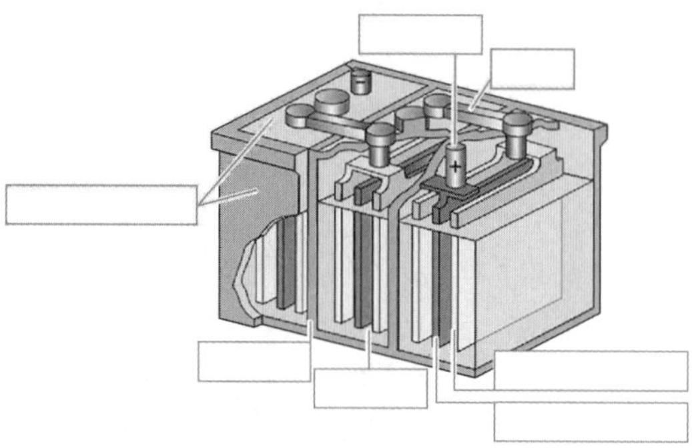

续表

（10）内置密度计中的绿色小球随电解液密度改变浮升的高度会发生变化，从观察孔中可以看到代表不同状态的颜色，绿色表示：____________________。

黑色表示：____________________。

浅色或无色表示：____________________。

（11）新能源汽车上 DC-DC 转换器不工作时，可用__________给低压蓄电池充电。

（12）12 V 低压蓄电池搭电线一般用__________平方粗细的线缆。

（13）汽车低压蓄电池搭电的注意事项：____________________

____

____

____

____

____________________。

2. 实战训练

（1）所需资料、工具。

（2）小组成员分工。

（3）任务计划。

任务考评

<table>
<tr><td colspan="2">考核内容</td><td colspan="3">考核评分</td></tr>
<tr><td>项目</td><td>内容</td><td>配分</td><td>得分</td><td>批注</td></tr>
<tr><td rowspan="5">工作准备（30%）</td><td>能够正确理解工作任务内容、范围及工作指令</td><td>5</td><td></td><td></td></tr>
<tr><td>能够查阅汽车维修手册，填写车辆基本信息</td><td>5</td><td></td><td></td></tr>
<tr><td>能够正确穿戴防护及劳保用品</td><td>5</td><td></td><td></td></tr>
<tr><td>准备工作场地，能够识别工作场所的安全隐患</td><td>5</td><td></td><td></td></tr>
<tr><td>准备任务所需的工具和检具</td><td>10</td><td></td><td></td></tr>
<tr><td rowspan="7">实施程序（50%）</td><td>正确采集车辆信息</td><td>5</td><td></td><td></td></tr>
<tr><td>正确完成 DC-DC 转换器为低压蓄电池充电</td><td>10</td><td></td><td></td></tr>
<tr><td>正确测量蓄电池充电前后电压</td><td>5</td><td></td><td></td></tr>
<tr><td>正确完成外接充电机为低压蓄电池充电</td><td>10</td><td></td><td></td></tr>
<tr><td>正确测量蓄电池充电前后电压</td><td>5</td><td></td><td></td></tr>
<tr><td>正确完成其他车辆搭电为低压蓄电池充电</td><td>10</td><td></td><td></td></tr>
<tr><td>正确测量蓄电池充电前后电压</td><td>5</td><td></td><td></td></tr>
<tr><td rowspan="4">完工清理（20%）</td><td>车辆复位</td><td>5</td><td></td><td></td></tr>
<tr><td>工位清洁垃圾、清洁和整理工作区域</td><td>5</td><td></td><td></td></tr>
<tr><td>全程规范操作，无工具或零件跌落</td><td>5</td><td></td><td></td></tr>
<tr><td>作业工单填写规范，字迹工整</td><td>5</td><td></td><td></td></tr>
<tr><td rowspan="2">考核评语</td><td></td><td rowspan="2">考核成绩</td><td colspan="2" rowspan="2"></td></tr>
<tr><td>考核人员 ____ 日期 年 月 日</td></tr>
</table>

续表

组内学生互评				
评价项目	评价内容			得分
	优秀（90～100分）	良好（80～89分）	加油（0～79分）	
沟通交流能力	能够有效地运用多种交流形式	基本能运用多种交流形式	很难运用多种交流形式	
合作交往能力	尊重他人，能与他人良好合作交流	基本上能做到与他人合作交流	不能与他人良好地合作交流	
观察事物能力	观察能力强，细致全面，观察深刻	按要求观察，能发现事物一些特征	无观察目的，不能把握事物特征	
动手操作能力	能积极主动按项目指引完成操作	能按要求完成操作	不能完成操作	
想象创造能力	能够有拓展性地完成工作任务	能够想到新的方式完成任务	按照课本要求完成基本工作	
小组评语	评价人签字：　　　　年　月　日		互评成绩	

企业导师评价			
评价项目	评价内容	评价成绩	备注
工作准备	任务领会、资讯查询、器材准备	□A □B □C □D □E	
知识储备	系统认知、原理分析、技术参数	□A □B □C □D □E	
计划决策	任务分析、任务流程、实施方案	□A □B □C □D □E	
任务实施	专业能力、沟通能力、实施结果	□A □B □C □D □E	
职业道德	纪律素养、安全卫生、器材维护	□A □B □C □D □E	
其他评价			
导师签字：		日期：　　年　月　日	

注：在选项“□”里打“√”，其中A为90～100分；B为80～89分；C为70～79分；D为60～69分；E不合格。

任务二 新能源汽车低压电源系统检修

任务导入

<table>
<tr><td colspan="2">任务名称</td><td colspan="4">新能源汽车低压电源系统检修</td></tr>
<tr><td colspan="2">姓 名</td><td></td><td>班 级</td><td></td><td>成 绩</td><td></td></tr>
<tr><td colspan="2">组 别</td><td></td><td>组 长</td><td></td><td>场 地</td><td></td></tr>
<tr><td colspan="2">日 期</td><td></td><td>学 时</td><td></td><td>指导教师</td><td></td></tr>
<tr><td rowspan="3">任务目标</td><td>知识目标</td><td colspan="5">1. 掌握新能源汽车低压电源系统基本控制电路；
2. 掌握新能源汽车低压电源系统的控制原理</td></tr>
<tr><td>能力目标</td><td colspan="5">1. 能分析新能源汽车低压电源系统基本控制电路；
2. 能对新能源汽车低压电源系统进行检修</td></tr>
<tr><td>素质目标</td><td colspan="5">1. 树立安全意识；
2. 培养 6S 现场管理意识；
3. 严格执行行业规范，培养职业素养；
4. 树立团队协作意识</td></tr>
<tr><td>情景案例</td><td colspan="6">一辆新能源汽车无法上电，用电设备也无法工作，客户怀疑是动力电池故障。经过 4S 店维修人员检测，发现是由于低压蓄电池连接松动导致的故障。可见，不仅仅是动力电池，低压蓄电池的作用也是不容忽视的。为何新能源汽车在低压蓄电池供电不足的情况下无法正常上电？4S 店维修人员是如何判断出来的？</td></tr>
</table>

知识讲解

一、低压电源系统控制原理

比亚迪 E5 低压蓄电池又称低压启动铁电池（见图 2-2-1），它和传统燃油车的低压蓄电池不一样，其内部包含电池管理器（低压电源 BMS），通过通信口和整车模块交换信息，有电压、电流和温度监测功能，存在异常状态会触发故障报警功能。当铁电池故障报警时，仪表上故障指示灯点亮，同时显示“请检查低压电池系统”。比亚迪 E5 低压启动铁电池内部结构包括电池组、电池组连接片、低压 BMS 模块、采样线、正极接线柱、负极接线柱等，如图 2-2-2 所示。

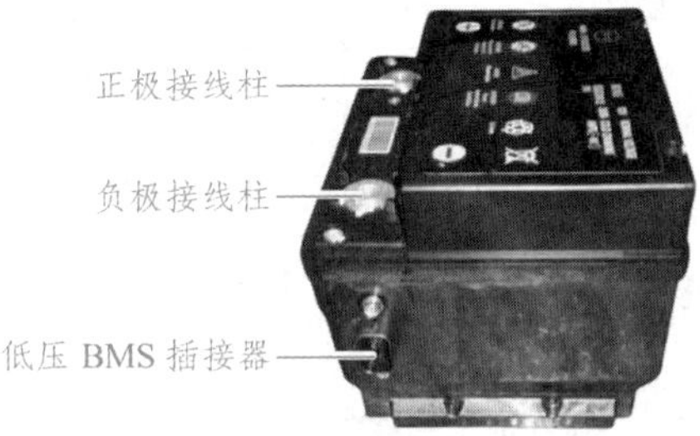

图 2-2-1　比亚迪 E5 低压启动铁电池示意

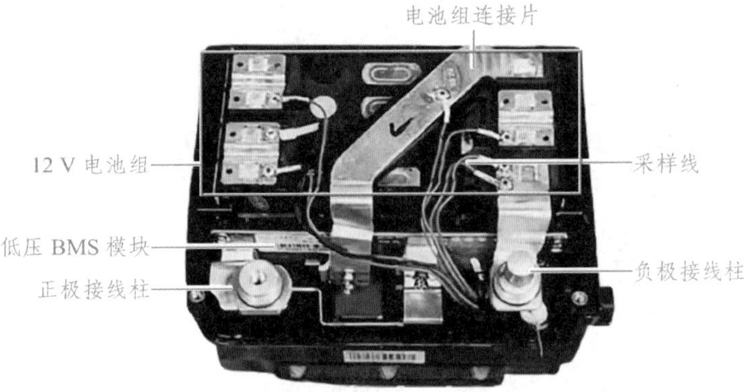

图 2-2-2　比亚迪 E5 低压启动铁电池内部结构

低压启动铁电池配置 BMS 系统能实现以下功能：

（1）车辆拥有智能充电模式，当低压电池检测到电量偏低时，在安全条件满足的情况下，通过动力电池给启动电池充电。

（2）低压电池休眠、唤醒功能：当车辆长期存放后，启动电池可能已进入休眠状态，智能钥匙将无法实现遥控寻车及车辆解锁功能。此时，只需将智能钥匙靠近左前车门附近，按下左前门把手的微动开关，即会唤醒低压电池。

1．比亚迪 E5 低压电源电路分析

根据比亚迪 E5 低压电源电路（见图 2-2-3），低压 BMS 插接器上只连接了 3 根线束（见图 2-2-4）BK50/6 为车辆低功率唤醒机械开关，即左前门把手上的微动开关（见图 2-2-5）。

低压电池处于休眠状态时，正极柱不接通，此时测量蓄电池两端电压为 0 V，通过左前门微动开关拉低电压，低压 BMS 接通 MOS 管，正极柱接通，蓄电池两端电压为 12 V。能正常还是唤醒的电池，在负极和唤醒线之间有 12 V 电压（即 BK50/6 与负极之间电压为 12 V）若无, 则可能是内部低压BMS 损坏。BK50/1、BK50/3 分别通过车辆动力网的 CAN-H 和 CAN-L 与整车模块进行通讯。

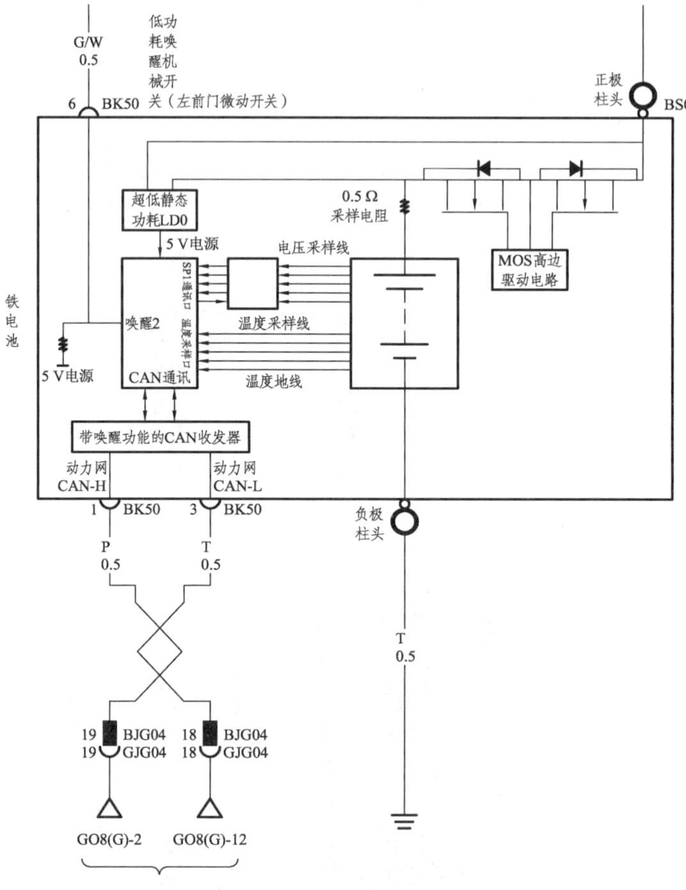

图 2-2-3　比亚迪 E5 低压电源电路图

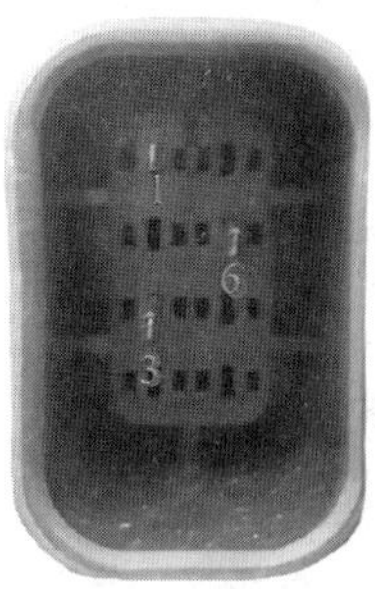

图 2-2-4　比亚迪 E5 低压 BMS 插接器

图 2-2-5　比亚迪 E5 低功率唤醒机械开关

2．比亚迪 E5 低压电源工作原理

该启动型铁电池有“正常”“休眠”“超低功耗”“低电压保护”等工作模式。各种工作模式能够自主切换，不影响工作性能。当铁电池电量低于设计值时，如果条件满足（前舱盖关闭，电源开关处于“OFF”挡位），能够主动触发“智能充电”功能，可以由动力电池经过DC-DC转换器进行充电。如果智能充电失效，铁电池有可能切断整车电源。这种情况下可尝试持续按下左前门微动开关激活铁电池，再启动车辆至“OK”挡，给铁电池充电。铁电池需要与整车进行通信，才能正常使用。当电路连接正常，触发左前门微动开关或按下遥控钥匙车门解锁按键，铁电池内部管理器控制铁电池正极端输出电流，为车身各电路模块供电。实际上触发左前门微动开关或按下遥控钥匙车门解锁按键都是给 BK50/6 一个拉低信号。若蓄电池严重亏电，以上方法都不能唤醒低压蓄电池，可在 BK50 连接完好的状态下，直接将BK50/6 搭铁，此时正极柱导通，能使用外接充电设备为蓄电池充电，同时车上其他用电设备也能正常工作。注意在睡眠状态下是无法对该蓄电池充电的。

二、比亚迪低压电源系统检修

一辆 2017 款比亚迪 E5 纯电动车，行驶里程 174 km，按压遥控钥匙，无法解锁车门，只能使用机械钥匙打开驾驶室车门。进入驾驶室后踩下制动踏板，按下电源开关无法高压上电。仪表无任何指示灯点亮，车门状态指示灯也不亮，判断全车均无电，如图 2-2-6 所示。

图 2-2-6 比亚迪 E5 全车无电

故障分析：E5 纯电动车无法上电启动，主要有以下原因：① 启动型铁电池电压过低；② 动力电池电量不足；③ 低压控制电路故障。

故障检测：根据铁电池工作原理，先对铁电池进行检查。正负极连接导线牢固，CAN-L线束插头无虚接。使用数字万用表测试铁电池电压为 0 V 左右，远远低于工作电压。使用另一个蓄电池搭接后，车辆顺利上电，仪表灯点亮，显示动力电池剩余电量 95%，满足行驶需要。将搭接备用电池拆卸，检测高压控制总成 DC 端子输出电压 13.5 V，说明 DC-DC 系统可以正常工作。充电一段时间，关闭电源开关，再次启动车辆，还是无法正常上电。再连接备用蓄电池，启动车辆，仪表显示屏显示“请检查启动型铁电池系统”测量此时铁电池两端电压为 0.5 V，说明这段时间电池没有充进电，而车上的用电设备能使用是因为车辆正常启动后由 DC-DC 供电。产生该现象的原因可能是铁电池处于休眠模式或铁电池内部损坏。考虑到该车刚买不久，铁电池损坏的可能性较小。可以按照以下方法检测和唤醒低压蓄电池，具体步骤见表 2-2-1。

表 2-2-1　比亚迪低压电源检修

序号	检测对象	检测方法	测量值/V	标准值/V	检测示意图	结论
1	蓄电池电压	用万用表电压挡测量蓄电池两端电压	0	12	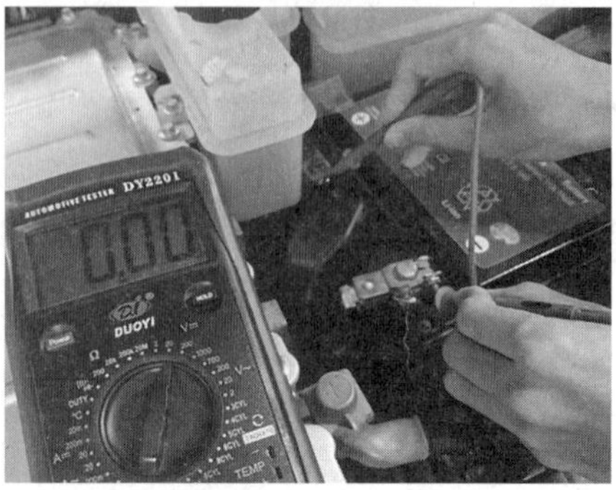	蓄电池无输出
2	BK50/6与负极之间电压	拔下插接器BK50，用万用表电压挡测量BK50/6与负极之间的电压	11	12	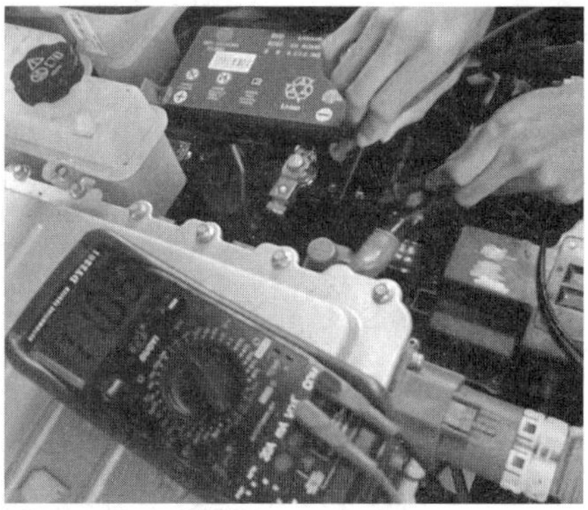	蓄电池内部有电，但无法输出
3	常规唤醒蓄电池并测量蓄电池电压	连接插接器BK50，带上钥匙靠近驾驶员侧车门，按下门开关，之后用万用表电压挡测量蓄电池两端电压	0	12	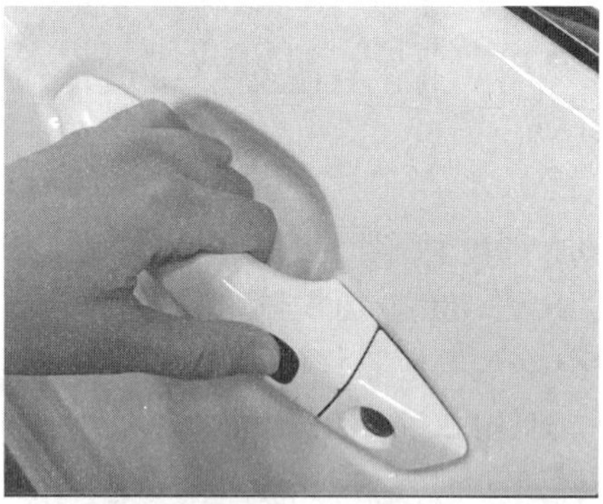 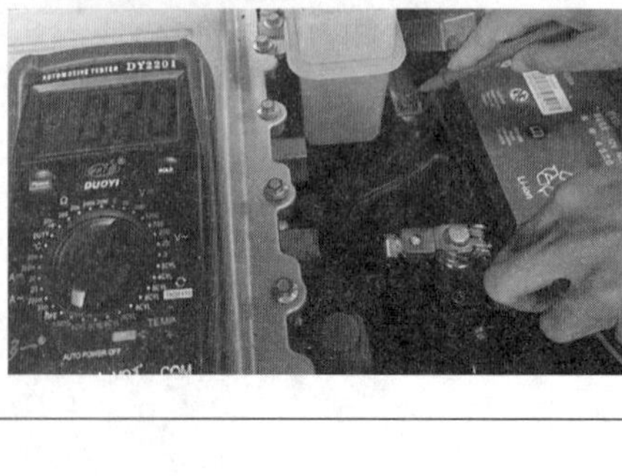	蓄电池没有被唤醒（若蓄电池被唤醒了，则无须进行下一步操作）

续表

序号	检测对象	检测方法	测量值/V	标准值/V	检测示意图	结论
4	强制性唤醒蓄电池	连接插接器BK50，背插BK50/6，将BK50/6直接连接到负极	—	—	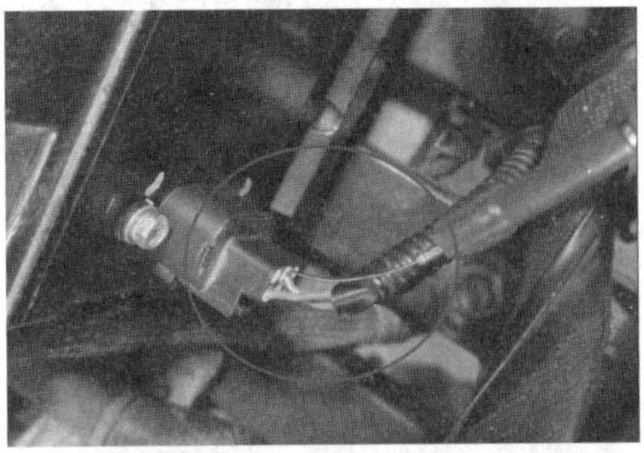	直接给BK50/6一个拉低信号，唤醒蓄电池
5	蓄电池电压	用万用表电压挡测量蓄电池两端电压	11.6	12	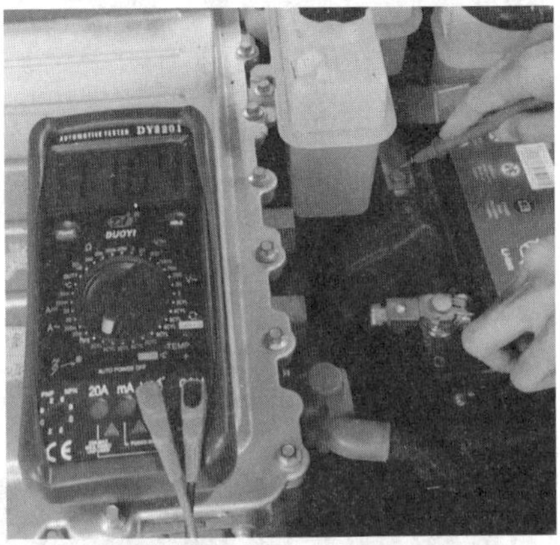	蓄电池已经唤醒，电压正常输出
6	车辆上电	踩下制动踏板，按下启动开关给车辆上电	—	—		正常高压上电
7	蓄电池电压	上电状态下用万用表电压挡测量蓄电池两端电压	13.6	12	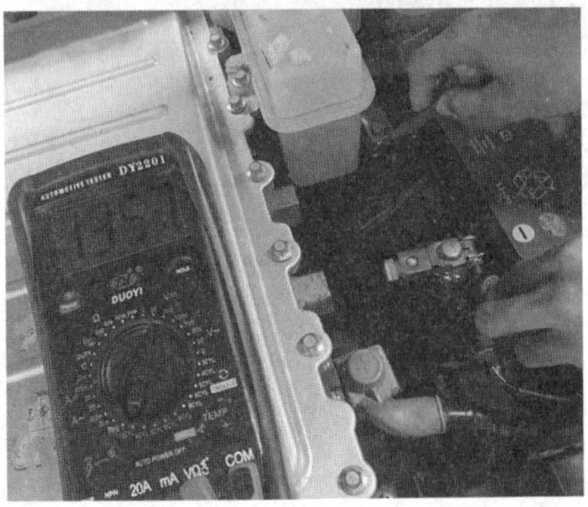	DC-DC正常工作

三、大众 ID4 低压电源系统检修

1．低压电源系统作用

在大众 ID4 中，通过高电压蓄电池的水冷式变压器 A19 为 12 V 车载电网供电。12 V 蓄电池的参与对于启动过程至关重要。车辆锁止时，高电压蓄电池与高压电路断开。在启动过程中，高电压蓄电池首先借助 12 V 蓄电池连接到高压电路。因此，无法启动 12 V 蓄电池放电状态的电动汽车。12 V 蓄电池不仅可以通过蓄电池观察孔大致判断电池是否可以继续使用，还能通过控制单元精确掌握蓄电池的状态，以此更好地提醒车主采取相应的处理措施。与比亚迪低压蓄电池管理系统不同，大众 ID4 的蓄电池负极连接线束上有蓄电池监控控制单元 J367（见图 2-2-7），借助测试脉冲确定蓄电池没有负载的静态电压、测量 10 s 以后的电压、测量 20 s 以后的电压、测量 10 s 后的电压降上升多少等参数，通过以上参数判断蓄电池是否老化。通过测试脉冲完成对 12 V 蓄电池的诊断后，将通过参数评估将结果保存为计数器读数。计数器的数值分为四个区域，针对每个数值区域分配了相关措施。这些措施包括的管存储器记录和组合仪表内的警告，见表 2-2-2。

图 2-2-7　大众 ID4 蓄电池监控控制单元 J367

表 2-2-2　大众 ID4 低压蓄电池计数措施及含义

序号	计数器读数	措　施	含　义
1	0～8	无须采取措施	—
2	9～15	在仪表上显示警告： 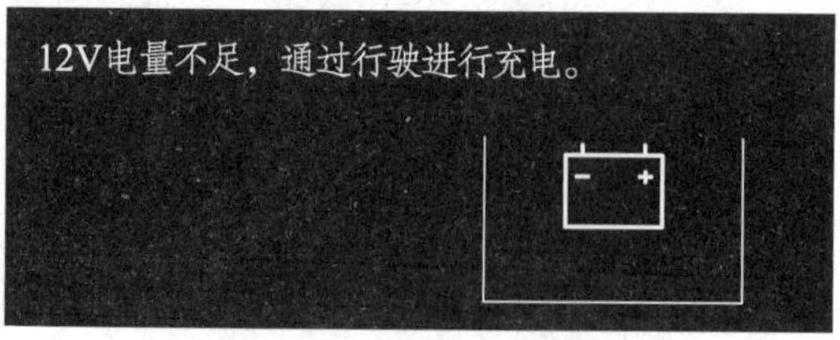 	蓄电池电量过低，或是蓄电池诊断被频繁中断。 从计数器读数 9 起，在故障存储器中将保存记录“B1802 分已触发低电压电源管理系统警告”。

续表

序号	计数器读数	措　施	含　义
3	16～199	在仪表上显示警告：	很有可能是蓄电池电量过低，或是蓄电池诊断被频繁中断
4	超过 200	在仪表上显示警告：	必须更换 12 V 蓄电池

2．低压电源系统电路分析

由图 2-2-8 可知，蓄电池监控控制单元 J367 上插接器 T2ew 有上有两根线束，即电源

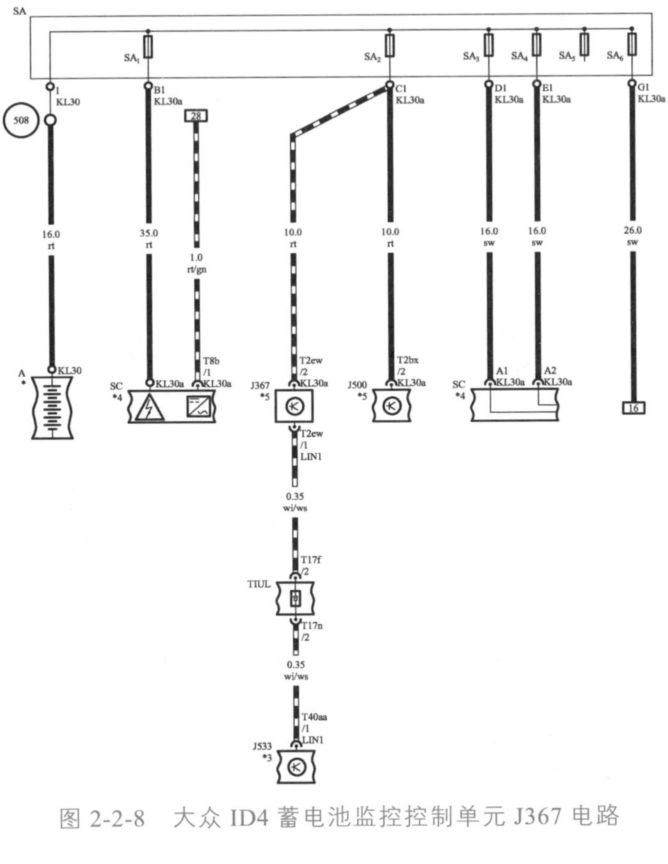

图 2-2-8　大众 ID4 蓄电池监控控制单元 J367 电路

线 T2ew/2，LIN 线 T2ew/1，J367 连接在负极线束上，自身搭铁。通过 LIN 线与数据诊断接口模块 J533 通信，将脉冲数据传递给 J533，由 J533 通过 CAN 线与变压器 A19 和电池管理系统进行通信。当蓄电池电量不足时，即使进行高压下电操作，车辆也不会下电，而是继续输出高压电，通过变压器 A19 转换成低压电给低压蓄电池充电，以确保下一次可以正常启动车辆。LIN 总线的标准电压值为 12 V，由 J367 发送至 J533。

任务实施

一、任务准备

（1）绝缘工具套装；
（2）万用表、故障诊断仪、转接线。
（3）比亚迪 E5 新能源汽车电路图。
（4）比亚迪 E5 新能源汽车维修手册。
（5）比亚迪 E5 新能源汽车整车。

二、任务实施过程

根据现场实操任务，完成表 2-2-3。

表 2-2-3　新能源低压电源系统检测及故障诊断工单

<table>
<tr><td colspan="5">1. 准备工作</td></tr>
<tr><td colspan="3">设置隔离栏</td><td colspan="2">□ 是　　□ 否</td></tr>
<tr><td colspan="3">放置安全警示牌</td><td colspan="2">□ 是　　□ 否</td></tr>
<tr><td colspan="3">检查灭火器</td><td colspan="2">□ 是　　□ 否</td></tr>
<tr><td colspan="3">检查个人防护用品</td><td colspan="2">□ 是　　□ 否</td></tr>
<tr><td colspan="3">检查测量工具</td><td colspan="2">□ 是　　□ 否</td></tr>
<tr><td colspan="3">放置车轮挡块</td><td colspan="2">□ 是　　□ 否</td></tr>
<tr><td colspan="3">安装翼子板布和驾驶室内防护套装</td><td colspan="2">□ 是　　□ 否</td></tr>
<tr><td colspan="5">2. 车辆基本信息采集</td></tr>
<tr><td rowspan="2">记录车辆信息</td><td>品牌</td><td></td><td>动力电池工作电压</td><td></td></tr>
<tr><td>VIN 码</td><td></td><td>驱动电机型号</td><td></td></tr>
<tr><td rowspan="2">车辆基本检查</td><td colspan="2">辅助蓄电池电压：________ V</td><td colspan="2">□ 正常　　□ 异常</td></tr>
<tr><td colspan="2">高压部件安装及连接器连接情况：</td><td colspan="2">□ 正常　　□ 异常</td></tr>
</table>

续表

<table>
<tr><td colspan="6">3. 低压电源系统正常数据采集</td></tr>
<tr><td colspan="6">测量条件：不拔下插接器，上电状态下（系统正常的情况下，通过测量获取标准值）</td></tr>
</table>

测量对象	编号	测量值	结论
唤醒线电压 （不按微动开关）			□ 正常　□ 异常
唤醒线电压 （按下微动开关）			□ 正常　□ 异常
CAN-L 电压			□ 正常　□ 异常
CAN-H 电压			□ 正常　□ 异常

<table>
<tr><td colspan="6">4. 故障诊断
（由教师根据实际情况针对低压电源系统相关线路设置故障）</td></tr>
<tr><td colspan="6">（1）确认故障现象</td></tr>
<tr><td>故障现象
初步判定</td><td colspan="5"></td></tr>
<tr><td colspan="6">（2）读取故障相关信息</td></tr>
<tr><td>数据流</td><td colspan="5"></td></tr>
<tr><td>故障码</td><td colspan="5"></td></tr>
<tr><td colspan="6">（3）分析故障范围</td></tr>
<tr><td colspan="6"></td></tr>
<tr><td colspan="6">（4）绘制相关电路图</td></tr>
<tr><td colspan="6"></td></tr>
<tr><td colspan="6">（5）故障测量</td></tr>
<tr><td>序号</td><td>测量对象</td><td>测量条件</td><td>实测值</td><td>标准值</td><td>结论</td></tr>
<tr><td>1</td><td></td><td></td><td></td><td></td><td></td></tr>
<tr><td>2</td><td></td><td></td><td></td><td></td><td></td></tr>
<tr><td>⋮</td><td></td><td></td><td></td><td></td><td></td></tr>
<tr><td colspan="6">（6）确定故障点</td></tr>
<tr><td colspan="6"></td></tr>
</table>

续表

5. 故障恢复	
相关用电设备是否能正常工作	□ 是　□ 否
车辆是否能高压上电	□ 是　□ 否
6. 场地恢复	
复位工具、仪器	□ 是　□ 否
恢复翼子板布和驾驶室内防护套装	□ 是　□ 否
恢复车轮挡块	□ 是　□ 否
清洁工作场地	□ 是　□ 否
恢复安全警示牌	□ 是　□ 否
恢复隔离栏	□ 是　□ 否

吉利帝豪 EV450
低压供电保险故障检修

吉利帝豪 EV450
低压供电继电器故障检修

强化提升

结合教材相关内容、网络文字资料、视频资源，完成表 2-2-4。

表 2-2-4　资讯与决策工单

班级：______________	日期：________年______月______日
姓名：______________	学号：______________

1. 知识强化

（1）比亚迪 E5 低压蓄电池内部包含______________，其作用是______________

____

____。

（2）请在下图中填写低压蓄电池内部各部件的名称。

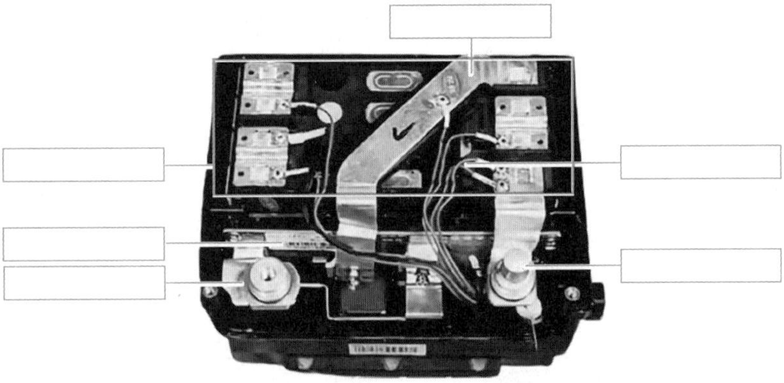

（3）查阅比亚迪 E5 低压电源系统相关电路图回答以下问题。

低压蓄电池上低压插接器的编号是：__________，插接器上共连接了________线束，

线束编号分别是____。

请说明各线束的作用：____

____

____。

（4）低压蓄电池中的采样线分别采集什么信号？

（5）休眠状态下，比亚迪 E5 低压电池的正极和负极______________（相通/不相通）。

（6）比亚迪 E5 低压蓄电池唤醒的机械开关位置是__________________，唤醒线在插接器上的__________号针脚，线束颜色是______________。

（7）实际上触发左前门微动开关或按下遥控钥匙车门解锁按键都是给 BK50/6 一个__________信号，对 BK50/6 进行__________操作，同样可以唤醒低压蓄电池。

（8）比亚迪 E5 低压蓄电池分别有____________、____________、____________、____________等工作模式。

（9）是否所有的新能源汽车低压蓄电池都有低压电池管理系统（BMS）？______（是/否）

续表

（10）请简述比亚迪 E5 低压蓄电池在休眠状态下唤醒的操作步骤。 ______ ______ ______ ______ ______
2. 实战训练 （1）所需资料、工具。   （2）小组成员分工。   （3）任务计划。

任务考评

<table>
<tr><th colspan="2">考核内容</th><th colspan="3">考核评分</th></tr>
<tr><th>项目</th><th>内容</th><th>配分</th><th>得分</th><th>批注</th></tr>
<tr><td rowspan="5">工作准备（30%）</td><td>能够正确理解工作任务内容、范围及工作指令</td><td>5</td><td></td><td></td></tr>
<tr><td>能够查阅汽车维修手册，填写车辆基本信息</td><td>5</td><td></td><td></td></tr>
<tr><td>能够正确穿戴防护及劳保用品</td><td>5</td><td></td><td></td></tr>
<tr><td>准备工作场地，能够识别工作场所的安全隐患</td><td>5</td><td></td><td></td></tr>
<tr><td>准备任务所需的工具和检具</td><td>10</td><td></td><td></td></tr>
<tr><td rowspan="8">实施程序（50%）</td><td>正确采集车辆信息</td><td>5</td><td></td><td></td></tr>
<tr><td>正确测量低压电源系统正常数据</td><td>5</td><td></td><td></td></tr>
<tr><td>正确确认故障现象</td><td>5</td><td></td><td></td></tr>
<tr><td>正确读取故障信息</td><td>5</td><td></td><td></td></tr>
<tr><td>正确分析故障范围</td><td>5</td><td></td><td></td></tr>
<tr><td>正确绘制相关电路图</td><td>10</td><td></td><td></td></tr>
<tr><td>正确进行故障测量</td><td>10</td><td></td><td></td></tr>
<tr><td>正确确定故障点并排除</td><td>5</td><td></td><td></td></tr>
<tr><td rowspan="4">完工清理（20%）</td><td>车辆复位</td><td>5</td><td></td><td></td></tr>
<tr><td>工位清洁垃圾、清洁和整理工作区域</td><td>5</td><td></td><td></td></tr>
<tr><td>全程规范操作，无工具或零件跌落</td><td>5</td><td></td><td></td></tr>
<tr><td>作业工单填写规范，字迹工整</td><td>5</td><td></td><td></td></tr>
<tr><td rowspan="2">考核评语</td><td></td><td rowspan="2">考核成绩</td><td colspan="2" rowspan="2"></td></tr>
<tr><td>考核人员　　　　日期　　　　年　　月　　日</td></tr>
</table>

续表

组内学生互评				
评价项目	评价内容			得分
	优秀（90~100分）	良好（80~89分）	加油（0~79分）	
沟通交流能力	能够有效地运用多种交流形式	基本能运用多种交流形式	很难运用多种交流形式	
合作交往能力	尊重他人，能与他人良好合作交流	基本上能做到与他人合作交流	不能与他人良好地合作交流	
观察事物能力	观察能力强，细致全面，观察深刻	按要求观察，能发现事物一些特征	无观察目的，不能把握事物特征	
动手操作能力	能积极主动按项目指引完成操作	能按要求完成操作	不能完成操作	
想象创造能力	能够有拓展性地完成工作任务	能够想到新的方式完成任务	按照课本要求完成基本工作	
小组评语	评价人签字： 年 月 日		互评成绩	

企业导师评价			
评价项目	评价内容	评价成绩	备注
工作准备	任务领会、资讯查询、器材准备	□A □B □C □D □E	
知识储备	系统认知、原理分析、技术参数	□A □B □C □D □E	
计划决策	任务分析、任务流程、实施方案	□A □B □C □D □E	
任务实施	专业能力、沟通能力、实施结果	□A □B □C □D □E	
职业道德	纪律素养、安全卫生、器材维护	□A □B □C □D □E	
其他评价			
导师签字：	日期： 年 月 日		

注：在选项“□”里打“√”，其中A为90~100分；B为80~89分；C为70~79分；D为60~69分；E不合格。

项目三

新能源汽车照明与信号系统检修

任务一 新能源汽车照明系统检修

任务导入

<table>
<tr><td colspan="2">任务名称</td><td colspan="4">新能源汽车照明系统检修</td></tr>
<tr><td>姓 名</td><td></td><td>班 级</td><td></td><td>成 绩</td><td></td></tr>
<tr><td>组 别</td><td></td><td>组 长</td><td></td><td>场 地</td><td></td></tr>
<tr><td>日 期</td><td></td><td>学 时</td><td></td><td>指导教师</td><td></td></tr>
<tr><td rowspan="3">任务目标</td><td>知识目标</td><td colspan="4">1. 掌握新能源汽车照明系统的功能和组成；
2. 掌握新能源汽车比亚迪 E5 和大众 ID4 照明系统的特点</td></tr>
<tr><td>能力目标</td><td colspan="4">1. 能绘制比亚迪 E5 和大众 ID4 前照灯电路图；
2. 能分析比亚迪 E5 和大众 ID4 前照灯控制原理；
3. 能对比亚迪 E5 和大众 ID4 前照灯系统进行检测</td></tr>
<tr><td>素质目标</td><td colspan="4">1. 树立安全意识；
2. 培养 6S 现场管理意识；
3. 严格执行行业规范，培养职业素养；
4. 树立团队协作意识</td></tr>
<tr><td>情景案例</td><td colspan="5">维修前台接待客户反映一辆大众 ID4 车辆的灯光系统出现故障，右前大灯总成不亮，需要查看维修手册，分析右前大灯电路图，完成对车辆右前大灯的故障排查，最终确定故障点并进行维修。要完成该任务，需掌握车辆照明系统，明确车辆车灯开启控制原理等基础知识</td></tr>
</table>

照明系统主要是为汽车夜间行驶提供光照，车外照明灯具主要有前照灯、倒车灯、牌照灯、雾灯等，车内照明灯具主要有室内灯、门灯、各开关背光灯等。各种灯具装在各自所需照明的位置，并配以各自的控制开关和线路及熔断器等，组成照明系统。照明系统同时带有信号提示功能，产生光信号（包括转向信号、制动信号、危险警告信号及示廓信号、倒车信号等），向其他车辆的司机和行人发出警告，以引起注意，确保车辆行驶的安全。很多车辆除了具有传统灯光照明功能外，还配有自动灯光及大灯延时退电功能，使灯光的使用更便利及人性化。大多数新能源汽车充电口还有照明灯，在光线较暗的情况下有助于用户的充电操作。

一、新能源汽车照明系统功能及组成

新能源汽车照明系统主要用于夜间行车照明、车内照明、仪表照明及检修照明，主要由照明设备、电源、线路、控制开关等组成。其中，照明设备按其用途可分为外部照明、内部照明和灯光信号装置三大类。

外部照明包括组合前灯和组合后灯。

组合前灯一般是前照灯、雾灯或前转向信号灯等的组合。

组合后灯一般由汽车后部的尾灯、后转向信号灯、制动灯、倒车灯等组成。

内部照明灯包括门灯、梳妆镜照明灯、室内灯、氛围灯等。

灯光信号装置包括前后转向灯、倒车灯、制动灯、后尾灯、组合式前信号灯、组合式后信号灯等。

比亚迪 E5 灯光系统布置如图 3-1-1 所示。

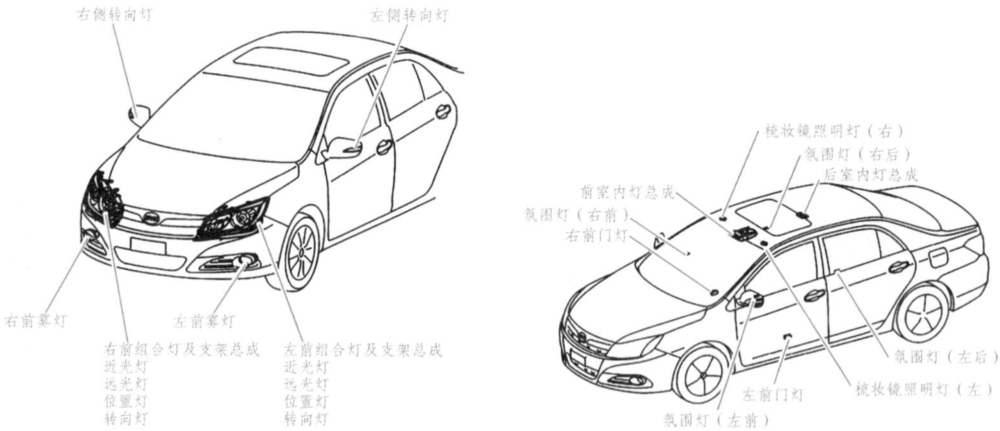

图 3-1-1　比亚迪 E5 灯光系统布置

1．前照灯灯光照明系统

1）前照灯标准

前照灯又称前大灯，装于汽车头部两侧，用于夜间行车道路的照明（见图 3-1-2）。由于前照灯的照明效果直接影响夜间行车驾驶的操作和交通安全，因此，世界各国交通管理部门多以法律的形式规定了其照明标准。如我国针对汽车照明的标准有《汽车用 LED 前照灯》(GB25991—2010)、《汽车用灯丝灯泡前照灯》(GB4599—2007)、《汽车及挂车外部照明和光信号装置的安装规定》(GB4785)等。

前照灯与其他照明灯相比有较特殊的光学结构，对它的基本要求如下：前照灯应保证夜间车前有明亮而均匀的照明；使驾驶员能开近光灯辨明 100 m 以内的任何障碍物，开远光灯辨明 200 ~ 250 m 道路上的任何障碍物；前照灯应具有防眩目装置，以免夜间两车交会时造成对方驾驶员眩目而发生事故。眩目是人的眼睛突然受强光照射时，由于视觉神经受刺激而失去对眼睛的控制，本能地闭上眼睛或看不清暗处物体的生理现象。

图 3-1-2　ID4 有前大灯

2）前照灯分类及结构

前照灯按照结构分为半封闭式和全封闭式；按照原理分为反射式、投射式和高亮度弧光灯；按照光源不同分为卤素大灯、氙气大灯、LED 大灯和作激光大灯；按照安装数量的不同可分为两灯制前照灯和四灯制前照灯。

（1）按结构分类。

① 半封闭式前照灯。

半封闭式前照灯的配光镜与反光镜黏合在一起（见图 3-1-3），其灯泡可从反射镜后端拆装，维修方便，使用普遍。但其密封不良，反射镜易受到污染，灯泡拆卸只可从反射镜的后方进行。

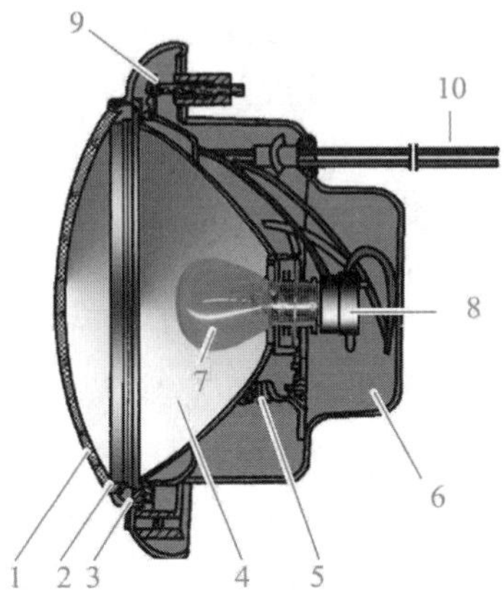

1—配光屏；2—固定圈；3—调整圈；4—反射镜；5—拉紧弹簧；6—灯壳；7—灯泡；8—插座；9—调整螺栓；10—线束。

图 3-1-3　半封闭式前照灯结构

安装新灯泡时，勿用手指触及灯泡玻璃壳部分，皮肤脂肪沾污过的玻璃壳，会大大缩短使用寿命。拆装半封闭式前照灯时，不必拆下光学组件，从后方旋出灯泡即可（见图 3-1-4）。

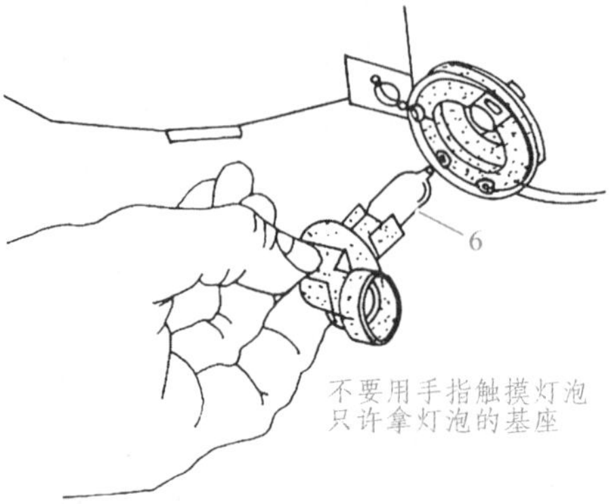

图 3-1-4　半封闭式前照灯灯泡的更换

② 全封闭式前照灯。

全封闭式前照灯即真空灯，反射镜与配光镜熔焊为一体形成灯泡，充入保护气体。灯丝焊在反射镜底座上。这种结构的优点是密封性能好，反射镜不会受到大气的污染，反射效率高，使用寿命长。但灯丝烧坏后，需更换整个灯光组，成本较高。一般用在非乘用车市场，如工程车辆、农用车辆。

（2）按照原理分类。

① 反射式前照灯。

反射式前照灯是由光源、灯体、反射镜（反射碗）、装饰罩、配光镜、调光电机、线束总成组成，如图 3-1-3 所示。其缺点是利用反射碗将光反射出去的，造成光线比较发散。

② 投射式前照灯。

如图 3-1-5 所示，投射式前照灯的反射镜近似于椭圆形状，它具有两个焦点。第一焦点处放置灯泡，第二焦点是由光线形成的，凸形散光镜（凸透镜）聚成第二焦点，再通过配光镜将聚集的光投射到前方。第二焦点附近设有遮光板，遮挡上半部分光，形成明暗分明的配光。

投射式前照灯和反射式前照灯的区别是后者是用凸透镜，前者用反射碗反射光线，如图 3-1-6 所示。凸透镜有聚焦的作用，平行光线经过凸透镜折射后可以汇聚在一个点上，同样的我们在其焦点处设置一个光源那么凸透镜就能把它变成平行光。大灯透镜就是这么个原理，用反光碗把灯珠的光线汇聚在透镜的焦点位置，然后经过透镜将光线均匀分散。这种大灯照在路面上非常均匀，用通俗说就是“光线铺路效果好”。

③ 高亮度弧光灯。

高亮度弧光灯即氙气大灯，其结构如图 3-1-7 所示，这种灯的灯泡里没有灯丝，取而代之的是装在石英管内的两个电极，管内充有氙及微量金属（或金属卤化物）。在电极上加上 5 000 ~ 12 000 V 电压后，气体开始电离而导电。由气体原子激发到电极间少量水银蒸气弧光放电，最后转入卤化物弧光灯工作，采用多种气体是为了加快启动。弧光式前照灯由弧光灯组件、电子控制器和升压器三大部分组成。它能提供光源稳定的照明效果，其具有照明效果好、高色温、长寿命、耗电少等优点是改装大灯的首选。其灯泡的光色和日光灯相似，亮度是目前卤钨灯泡的 2.5 倍，寿命是卤钨灯泡的 5 倍，灯泡的功率为 35 W，可节能 40%。

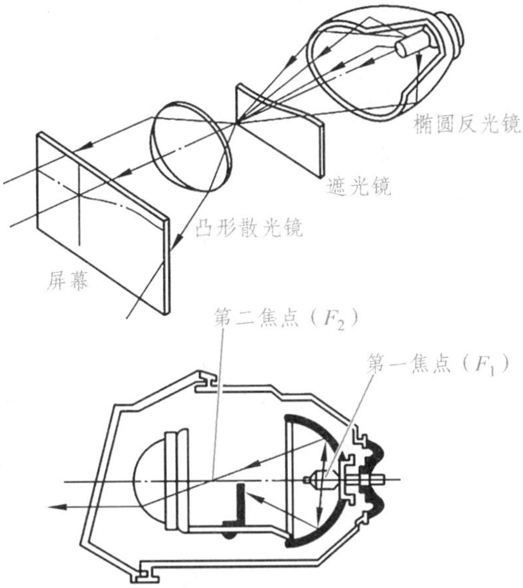

图 3-1-5　投射式前照灯结构

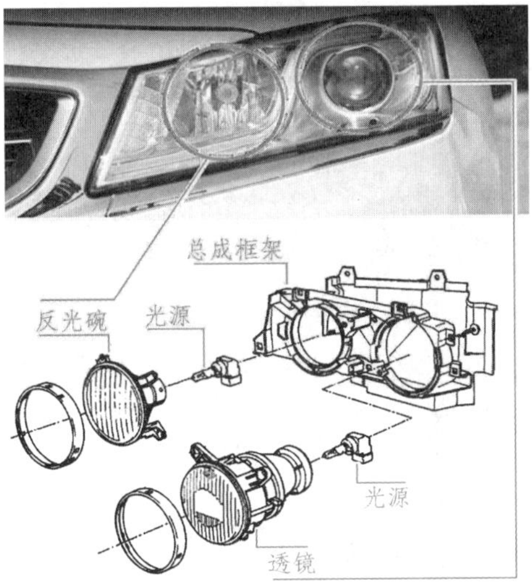

图 3-1-6　投射式、反射式前照灯对比

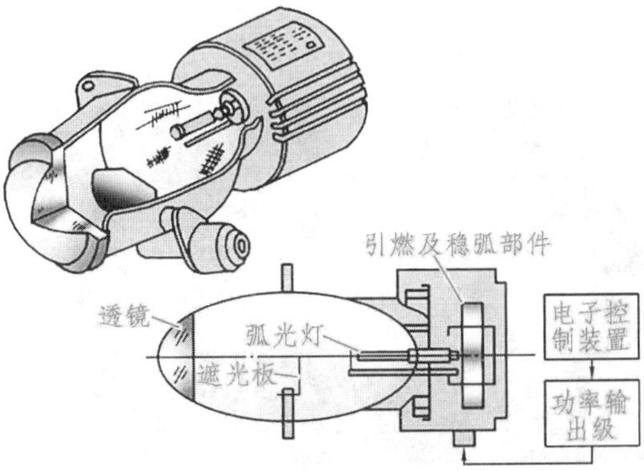

图 3-1-7　高亮度弧光灯前照灯结构

（3）按照光源分类。

① 卤素大灯。

在新能源汽车中，卤素大灯是比较常见的，如图 3-1-8 所示。其在白炽灯泡内加入卤素气体（如氟、氯、溴、碘等），使得灯泡比普通的白炽灯泡更耐用。由于卤素大灯属于散光光源，需要通过反光罩来聚拢光线，也称之为反射式卤素灯。其是目前最常见的汽车大灯，夜间的照明亮度比较低，但穿透力强，在大雨、大雾的天气下，其出色的穿透能力能够为驾驶者的安全行驶提供保障。其优点是成本低，雨雾天气渗透力强，光线分布均匀，点亮速度快；缺点是由于光亮度低、功耗大，电气系统负荷增加。在灯泡工作时，其内部可形成卤钨再生循环反应，从钨丝上蒸发出来的气态钨与卤素元素反应，生成了一种挥发性的卤化钨，它扩散到灯丝附近的高温区后又受热分解，使钨又重新回到灯丝上。被释放出来的卤素继续参与下一循环反应，如此周而复始地循环下去，从而防止了钨丝的蒸发和灯泡的黑化现象。

图 3-1-8　卤素大灯灯泡

② 氙气大灯。

氙气大灯（见图 3-1-9）色温近似太阳光，非常亮，人眼感受舒适。所以它能减轻司机的视觉疲劳，并且在夜间行车使用氙气大灯时，展现在驾驶员眼前是更宽和更远的视野。其利用配套电子镇流器，将汽车电池 12 V 电压瞬间提升到 23 kV 以上的触发电压，将氙气大灯中的氙气电离形成电弧放电并使之稳定发光，提供光源稳定的照明效果。氙灯的性能较卤素灯有了显著提升，它的光通量是卤素灯的 2 倍以上，电能转化为光能的效率也比卤素灯提高了 70% 以上。有照明效果好、高色温、长寿命、耗电少等优点。但也有其固有缺点，不但成本高，而且启动速度慢。一般而言，开启后要达到最大亮度需要 3 ~ 4 s，对行车安全造成一定影响。特殊天气（雨雾天等）渗透力弱，容易引起散光。

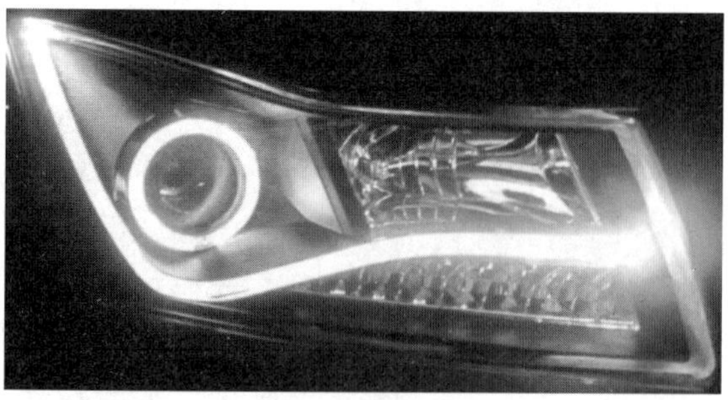

图 3-1-9　氙气大灯

③ LDE 大灯。

LED 光源为发光二极管光源，可用于汽车电子的各种照明应用，包括大灯（远光灯和近光灯）、雾灯、尾灯、刹车灯、转向信号灯、白天行车灯、踏板照明灯、仪表灯、牌照灯、车门灯、车内照明灯、示宽灯、导航、娱乐系统、背光灯及指示灯等。目前，LED 灯用于前照灯也较为普遍，我国于 2010 年出台了《汽车用 LED 前照灯》（GB 25991—2010）用于规范 LED 大灯的使用。LED 由含镓（Ga）、砷（As）、磷（P）、氮（N）等元素的化合物制成。当电子与空穴复合时能辐射出可见光，因此可以用来制成发光二极管，砷化镓二极管发红光，磷化镓二极管发绿光，碳化硅二极管发黄光，氮化镓二极管发蓝光。发光二极管可分为普通单色发光二极管、高亮度发光二极管、超高亮度发光二极管、变色发光二极管、闪烁发光二极管、电压控制型发光二极管、红外发光二极管和负阻发光二极管等，主要有贴片式（见图 3-1-10）和普通式（见图 3-1-11）。超亮度 LED 为贴片式，可以做成汽车的近光、远光、制动、转向灯等，也可以用于仪表和车内照明。其响应时间为 60 ns，用于制动灯时比白炽灯和普通 LED 灯响应时间要短很多，同时会增加 4 ~ 6 m 的安全距离。

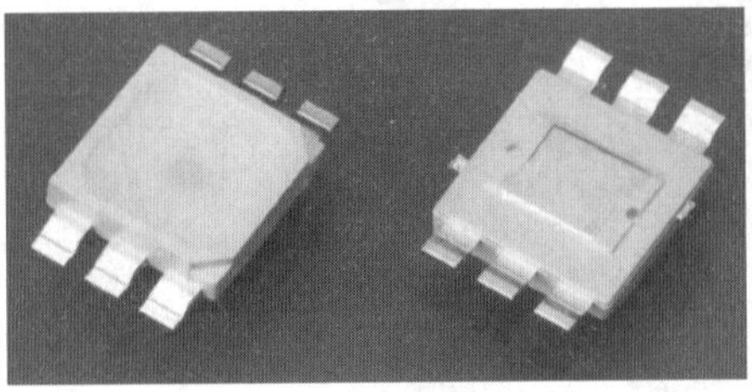

图 3-1-10　贴片式 LED

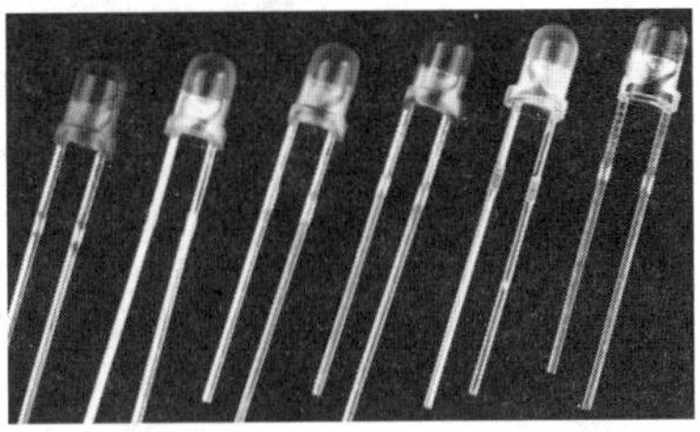

图 3-1-11　普通式 LED

LED 大灯（见图 3-1-12）的优点：

a. 寿命长，一般可达几万乃至十万小时。

b. 非常节能，比同等亮度的白炽灯至少节电一半以上。

c. 光线质量高，基本上无辐射，属于“绿色”光源。

d. LED 的结构简单，内部采用支架结构，四周用透明的环氧树脂密封，抗振性能好。

e. 无须热启动时间，亮灯响应速度快（纳秒级），适用于移动速度快的物体使用。

f. 适用电压为 6 ~ 12 V，完全可以应用在汽车上。

g. LED 占用体积小，设计者可以随意变换灯具模式，令汽车造型多样化。汽车厂商青睐 LED，完全是 LED 本身的优点所决定的。

其缺点是成本很高。

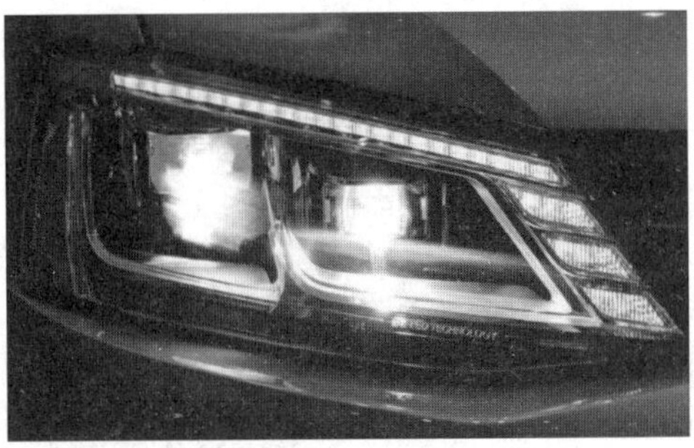

图 3-1-12　LED 大灯

④ 激光大灯。

激光大灯（见图 3-1-13）的光源为激光二极管，与发光二极管（LED）几乎诞生于同一时代。激光大灯拥有 LED 大灯大部分的优点，如响应速度快、亮度衰减低、体积小、能耗低、寿命长等。相比 LED 大灯激光大灯尤其在体积方面具有优势，单个激光二极管元件的长度已经可以做到 10 μm，仅为常规 LED 元件尺寸的 1/100，这样传统汽车的大灯的尺寸可以大幅度缩小，这也许将为汽车前脸上各个元素的设计比例带来革命性的变化。激光大灯的另一个显著优势是在发光效率方面，比如一般的 LED 照明灯的发光效率可以达到 100 lm/W 左右，那么激光二极管元件可以达到 170 lm/W 左右。这意味着，当满足同样照明条件时，使用激光大灯的能耗不到 LED 大灯的 60%，进一步减少了能量消耗，也更加符合未来汽车的节能环保趋势。同 LED 一样，激光二极管也只能发射单色激光，需要通过多个单色激光源合成，或者使激光通过石英等透明介质，让光谱展宽形成白光辐射。

图 3-1-13　激光大灯

（4）按安装数量分类。

① 二灯制。

这种结构所采用的灯泡包含有两个分开的光源，通过一个反射镜投射近光和远光。每只前照灯都能分别发出近光和远光，通常用于中低档车上。采用这种结构的前照灯远近光不能同时亮。

② 四灯制。

一对前照灯产生远光和近光或仅产生近光，而另一对前照灯仅提供远光照明。远近光可以同时使用。常用于重型卡车和大型客车上以及中高档车上。

判断二灯制和四灯制最简单的方法是开大灯（近光），然后观察前面的灯泡亮了，然后转远光灯，再去观察，如果远近光是同一个灯泡亮着就是二灯制，不同的灯泡亮的就是四灯制。

2．智能灯光照明系统

大众 ID4 前照灯为矩阵式 LED 大灯，包括近光灯、驻车示宽灯、日间行车灯、氛围灯、转向信号灯、静态弯道灯、辅助远光灯、电源模块等，如图 3-1-14 所示。

它可以在各种情况下准确地照亮前方道路，每一个 LED 发光元件都可以独立调节亮度、进行独立开关。夜间会车或遇到行人时，矩阵式 LED 大灯会自动熄灭部分灯体，避免其他车辆驾驶员因眩目而发生危险，可提升夜间行车安全系数及驾驶体验。

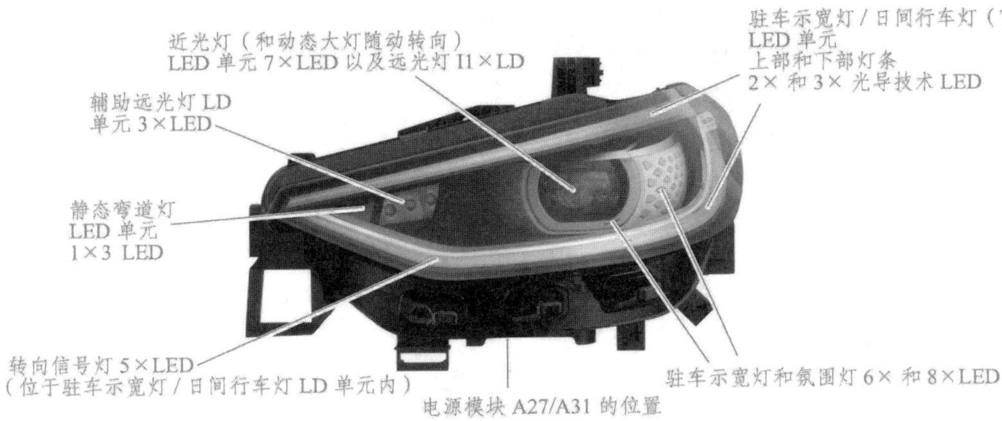

图 3-1-14　大众 ID4 矩阵式 LED 大灯结构

1）自动调节高度及宽度功能

ID.4 CROZZ 的大灯可以做到依据车速及转向传感器的信息，自动调节灯光高度及宽度，实现最合适的照明视野。前大灯在城镇道路近光模式照明距离更近，同时视野两侧的照明更佳；高速路近光模式照明距离更远，这样可以在高速行驶时更早识别前方路况。

如在城镇道路行驶，系统会稍稍调近照射距离，内侧透镜模组调整至低角度，提供基础的近光照明。同时，点亮 ADB 模组中的外侧 LED 灯，增加照射光的宽度，用来看清侧面突然出现的行人或物体。车辆行驶在城市快速路上，周围环境光线不是很差的情况下，系统会自动切换到高速近光模式，实现更远的照明距离。

2）MDFS 可变远光功能

通过视觉前方挡风玻璃上的摄像头识别技术，可以实时判断前方或对向车辆的相对位置。矩阵式大灯可以在打开远光灯的情况下自动把前方或对向来车对应的区域灯光熄灭，不对前车或来车造成眩光。如果车辆低速拐弯情况时，系统会自动触发弯道照明，根据车速、方向盘转角等信号提升对应左右侧的照明亮度；当对向车辆开启远光时，车内驾驶员的前方视野基本被灯光所遮挡，能够有效的避让对向车辆，使交通参与者行车时更加舒心。

3）随动转向功能

当方向盘产生转向信号时，矩阵大灯可以实时增加对应方向 LED 灯的亮度，以便能够提前照亮“未到达”的区域，提供全方位的安全照明，可以确保驾驶员在任何时刻都拥有极佳的道路可见度。

上述矩阵式 LED 大灯智能化功能都是通过 J533 电脑板进行控制的。如图 3-1-15 所示，左前大灯 MX1 和右前大灯 MX2，通过通信线 CAN 数据总线和数据诊断接口模块 J533 连接，由电脑板根据传感器信号控制 LED 大灯开启关闭、明暗，控制相应可变前照灯伺服电机 V446/V447 和大灯照明距离调节伺服电机 V48/V49，最终实现灯光自动调节的各项功能。

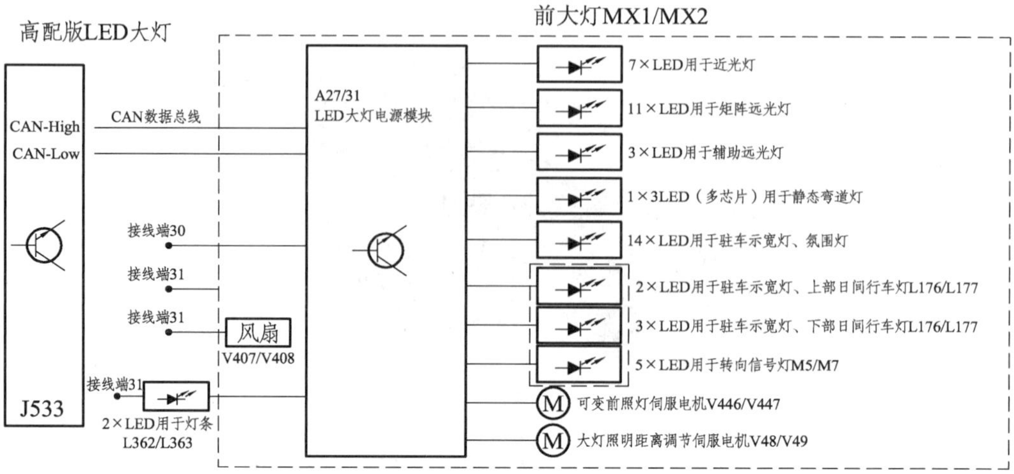

图 3-1-15　大众 ID4 矩阵式 LED 大灯电路连接示意

二、新能源汽车前照灯故障诊断

1. 大众 ID4 前大灯电路图分析

由图 3-1-16 大众 ID4 前大灯电路图可知，左前大灯 MX1 和右前大灯 MX2 均为组合大灯，每个大灯上一共连接 4 根线束，如左前大灯中 T8aa/4 为电源线（对地电压 12 V），电源线上保险为 SB4，30 A；T8aa/5 为搭铁线（对地电压 12 V）；T8aa/1 为 CAN-H（对地电压 2.5～3.5 V），T8aa/2 为 CAN-L（对地电压 1.5～2.5 V）。灯光均由数据总线诊断接口 J533 通过 CAN 线控制。

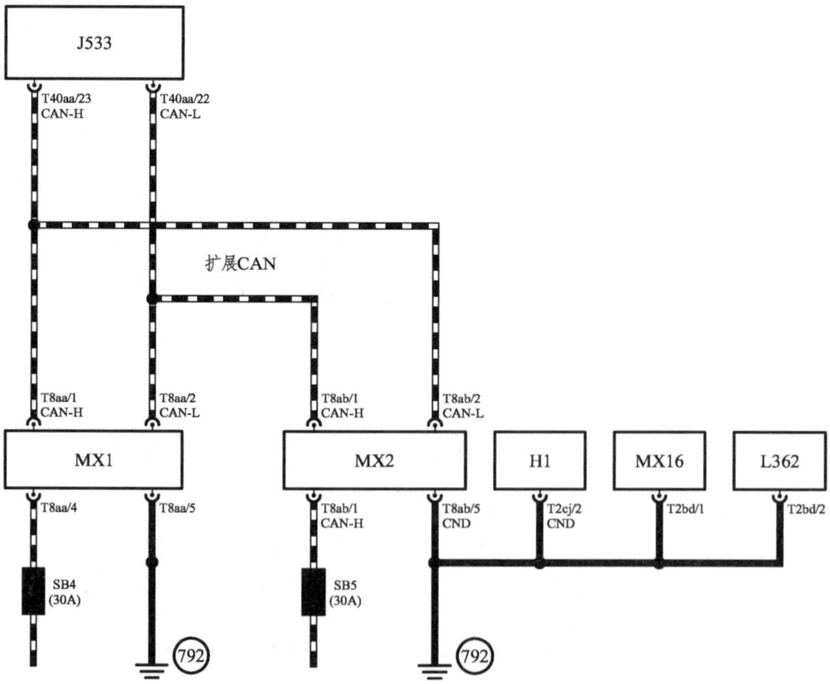

图 3-1-16　大众 ID4 前大灯电路

2．大众 ID4 前大灯故障诊断

一辆大众 ID4 灯光出现故障，现维修人员对车辆进行排查。打开灯火开关，仪表正常点亮，仪表中央报警灯点亮，仪表提示“故障：车辆照明”，如图 3-1-17 所示。踩下制动踏板挂灯，车辆行驶准备就绪指示灯（READY）点亮，高压上电正常，如图 3-1-18 所示。打开示廓灯开关，右前示廓灯不亮；打开近光灯开关，右前近光灯不亮；打开远光灯开关，右前远光灯不亮；打开不利天气车灯开关，右前不利天气车灯不亮；打开右转向灯，右前转向信号灯不亮。即右前 LED 大灯总成不亮。连接解码器，根据故障提示，应在右侧车灯控制单元读取故障或代码，此时无法进入右侧车灯控制单元读取故障信息。接下来进入 L533 网格读取故障信息，读取故障码为“21A097：右侧车灯控制系统控制单元 2 无通信”。根据电路图 3-1-16 进行故障分析，可能存在的故障原因是：① MX2 右前大灯故障；② 扩展 CAN 线故障；③ J533 局部故障；④ LED 大灯故障。下面进行故障检测，具体步骤见表 3-1-1。

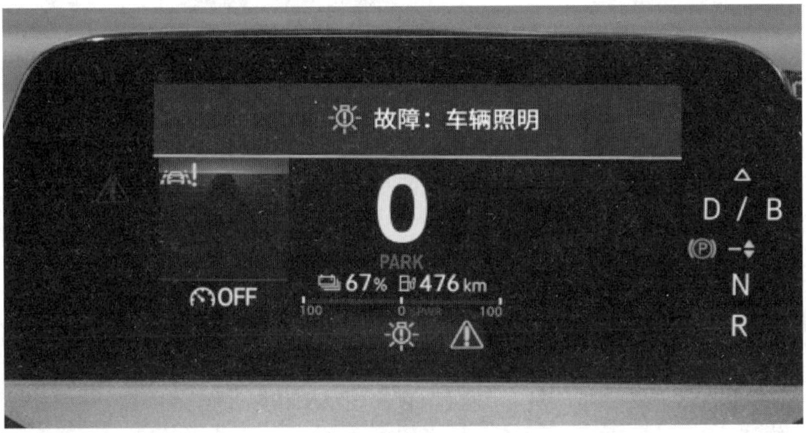

图 3-1-17　大众 ID4 仪表故障指示灯点亮

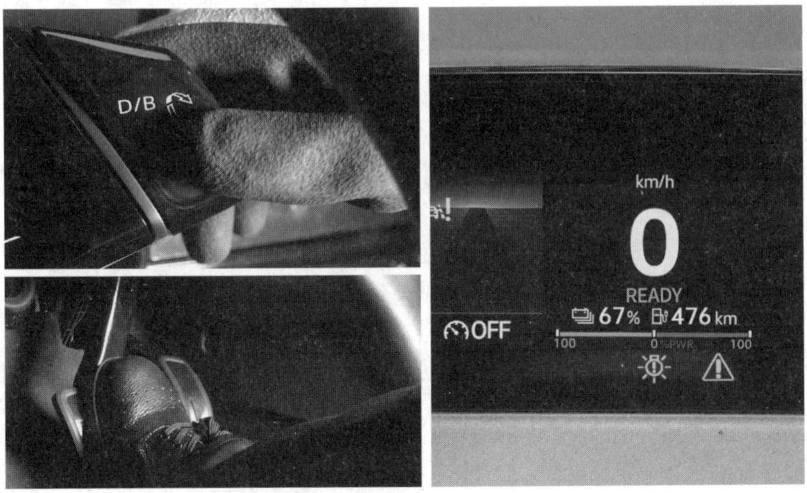

图 3-1-18　大众 ID4 高压上电正常

表 3-1-1　大众 ID4 前大灯故障诊断

序号	检测对象	检测方法	测量值/V	标准值/V	检测示意图	结论
1	MX2 电源线	1. 断开蓄电池负极，拔下 MX2 插接器； 2. 连接蓄电池负极，打开点火开关，用万用表测量供电 T8ab/4 对地电压	14.23	14	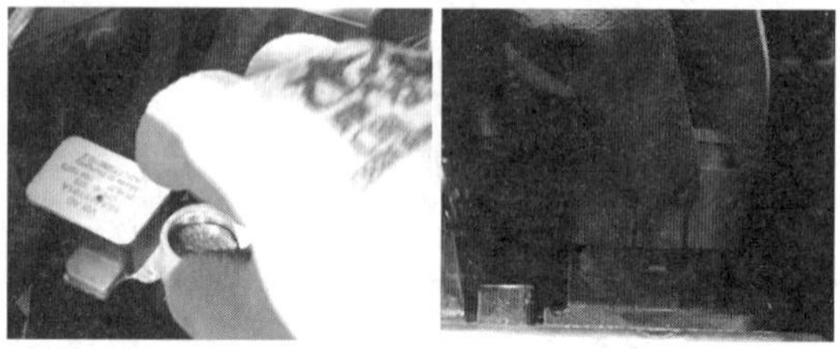 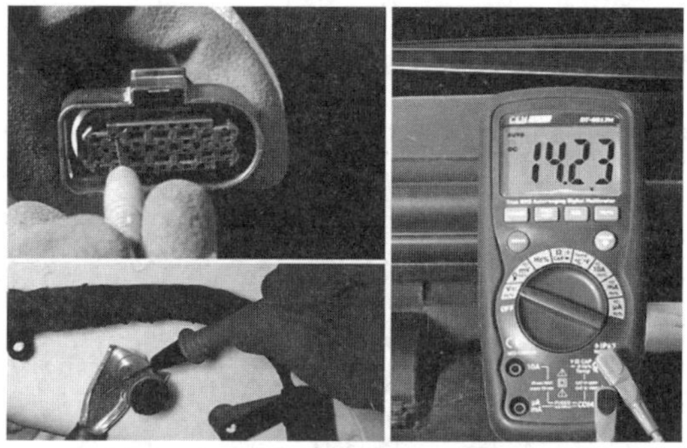	正常
2	MX2 搭铁线	断开蓄电池负极，拔下 MX2 插接器，打开点火开关，用万用表测量供电 T8ab/5 对地电压	14.24	0	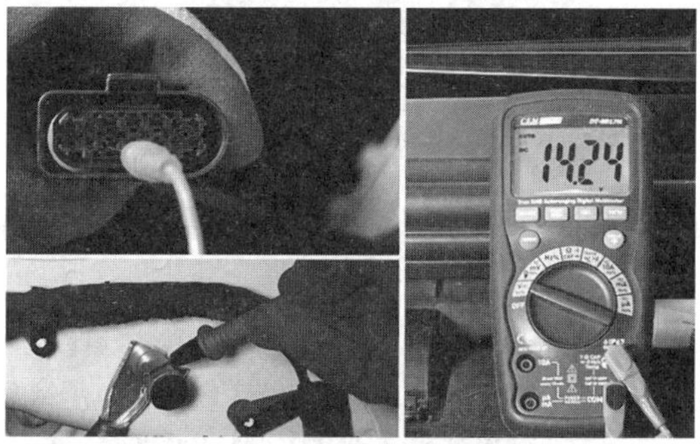	异常
3	MX2 搭铁点 792	检查 MX2 搭铁点 792	MX2 搭铁点 792 松动	—	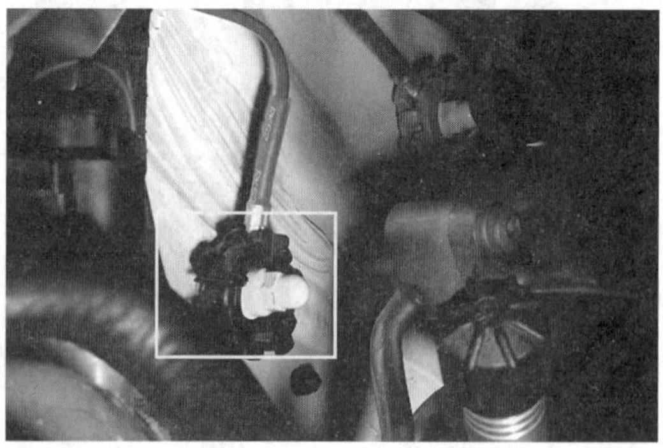	异常

续表

序号	检测对象	检测方法	测量值/V	标准值/V	检测示意图	结论
4	故障恢复	用扭力扳手给MX2搭铁点792螺栓按9 N·m上力矩	—	—	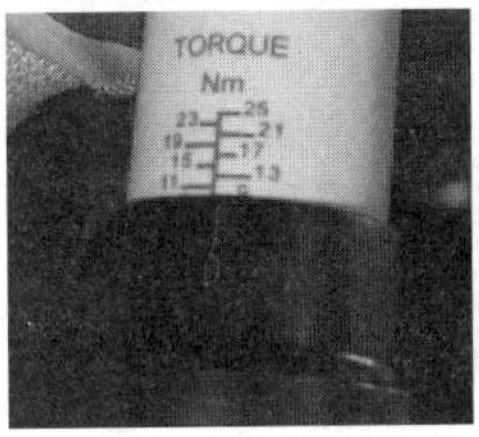 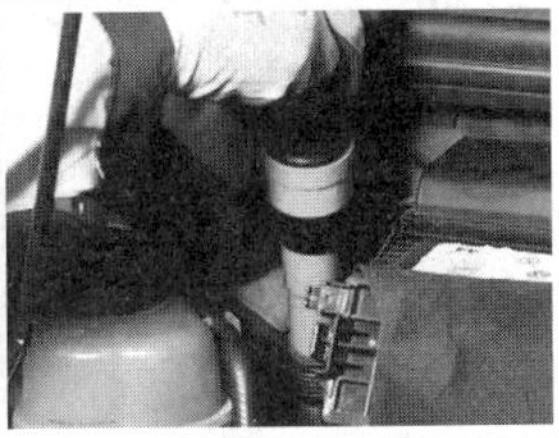	—
5	故障恢复验证	1. 打开点火开关，仪表正常点亮； 2. 踩下制动踏板挂挡，车辆行驶准备就绪指示灯（READY）点亮，高压上电正常； 3. 操作车灯开关，车辆前部大灯正常工作	—	—	1. 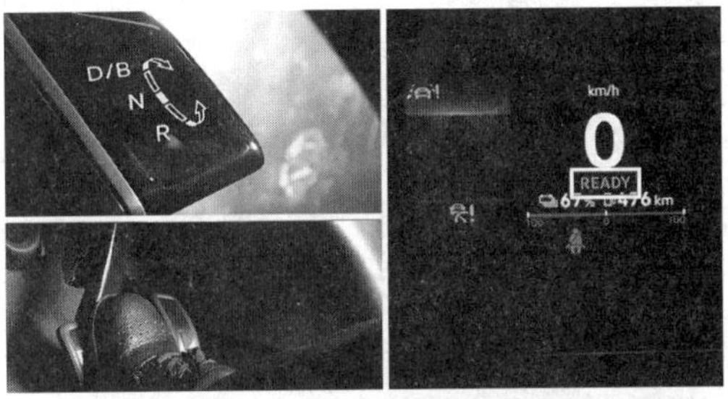 2. 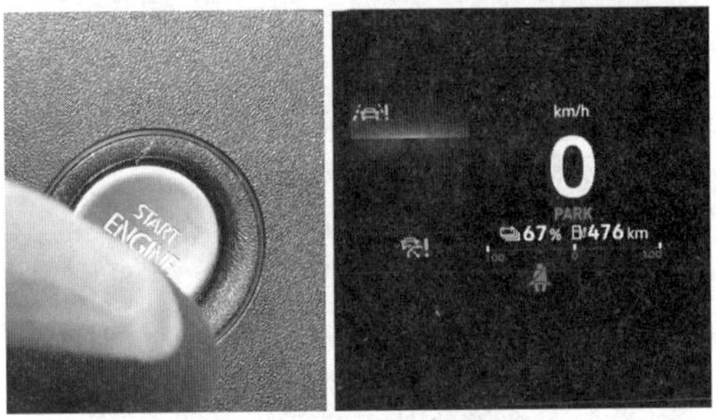 3. 	故障排除

大众ID4前大灯故障检修

混合动力汽车丰田双擎大灯总成故障检修

任务实施

一、任务准备

（1）绝缘工具套装。

（2）万用表、故障诊断仪、绝缘工具套装。

（3）大众 ID4 新能源汽车电路图。

（4）大众 ID4 新能源汽车维修手册。

（5）大众 ID4 新能源汽车整车。

二、任务实施过程

根据现场实操任务，完成表 3-1-2。

表 3-1-2　新能源汽车照明系统检测及故障诊断工单

<table>
<tr><td colspan="5">1. 准备工作</td></tr>
<tr><td colspan="3">设置隔离栏</td><td>□ 是</td><td>□ 否</td></tr>
<tr><td colspan="3">放置安全警示牌</td><td>□ 是</td><td>□ 否</td></tr>
<tr><td colspan="3">检查灭火器</td><td>□ 是</td><td>□ 否</td></tr>
<tr><td colspan="3">检查个人防护用品</td><td>□ 是</td><td>□ 否</td></tr>
<tr><td colspan="3">检查测量工具</td><td>□ 是</td><td>□ 否</td></tr>
<tr><td colspan="3">放置车轮挡块</td><td>□ 是</td><td>□ 否</td></tr>
<tr><td colspan="3">安装翼子板布和驾驶室内防护套装</td><td>□ 是</td><td>□ 否</td></tr>
<tr><td colspan="5">2. 车辆基本信息采集</td></tr>
<tr><td rowspan="2">记录车辆信息</td><td>品牌</td><td></td><td>动力电池工作电压</td><td></td></tr>
<tr><td>VIN 码</td><td></td><td>驱动电机型号</td><td></td></tr>
<tr><td rowspan="2">车辆基本检查</td><td colspan="2">辅助蓄电池电压：__________ V</td><td>□ 正常</td><td>□ 异常</td></tr>
<tr><td colspan="2">高压部件安装及连接器连接情况：</td><td>□ 正常</td><td>□ 异常</td></tr>
<tr><td colspan="5">3. 大众 ID4 前大灯灯光操作</td></tr>
<tr><td colspan="3">请在实车上进行下列灯光操作，在下方横线上画出灯光开启图标，并在右图中标注出灯光位置和名称。
（1）日间行车灯/示廓灯：____________
（2）转向灯：____________
（3）近光灯：____________
（4）远光灯：____________</td><td colspan="2"></td></tr>
</table>

续表

4. 绘制大众 ID4 前大灯电路图

5. 测量大众 ID4 前大灯相关线路

序号	测量对象	编号	测量值	标准值	结论
1	电源线对地电压				□ 正常 □ 异常
2	搭铁线对地电压				□ 正常 □ 异常
3	CAN-L 对地电压				□ 正常 □ 异常
4	CAN-H 对地电压				□ 正常 □ 异常

6. 故障诊断 （由教师根据实际情况针对前大灯相关线路设置故障）	
（1）确认故障现象	
故障现象 初步判定	
（2）读取故障相关信息	
数据流	
故障码	
（3）分析故障范围	

续表

<table>
<tr><td colspan="6">（4）故障测量</td></tr>
<tr><td>序号</td><td>测量对象</td><td>测量条件</td><td>实测值</td><td>标准值</td><td>结论</td></tr>
<tr><td>1</td><td></td><td></td><td></td><td></td><td></td></tr>
<tr><td>2</td><td></td><td></td><td></td><td></td><td></td></tr>
<tr><td>3</td><td></td><td></td><td></td><td></td><td></td></tr>
<tr><td>.....</td><td></td><td></td><td></td><td></td><td></td></tr>
<tr><td colspan="6">（5）确定故障点</td></tr>
<tr><td colspan="6"></td></tr>
<tr><td colspan="6">（6）故障恢复</td></tr>
<tr><td colspan="4">相关用电设备是否能正常工作</td><td colspan="2">□ 是　　□ 否</td></tr>
<tr><td colspan="4">车辆是否能高压上电</td><td colspan="2">□ 是　　□ 否</td></tr>
<tr><td colspan="6">7. 场地恢复</td></tr>
<tr><td colspan="4">复位工具、仪器</td><td colspan="2">□ 是　　□ 否</td></tr>
<tr><td colspan="4">恢复翼子板布和驾驶室内防护套装</td><td colspan="2">□ 是　　□ 否</td></tr>
<tr><td colspan="4">恢复车轮挡块</td><td colspan="2">□ 是　　□ 否</td></tr>
<tr><td colspan="4">清洁工作场地</td><td colspan="2">□ 是　　□ 否</td></tr>
<tr><td colspan="4">恢复安全警示牌</td><td colspan="2">□ 是　　□ 否</td></tr>
<tr><td colspan="4">恢复隔离栏</td><td colspan="2">□ 是　　□ 否</td></tr>
</table>

强化提升

结合教材相关内容、网络文字资料、视频资源，完成表 3-1-3。

表 3-1-3 资讯与决策工单

班级：______	日期：______年______月______日
姓名：______	学号：______

1. 知识强化

（1）车外照明系统主要有______。

（2）车内照明系统主要有______。

（3）灯光信号装置包括______
______。

（4）请在下图填写比亚迪 E5 室外灯光系统的名称

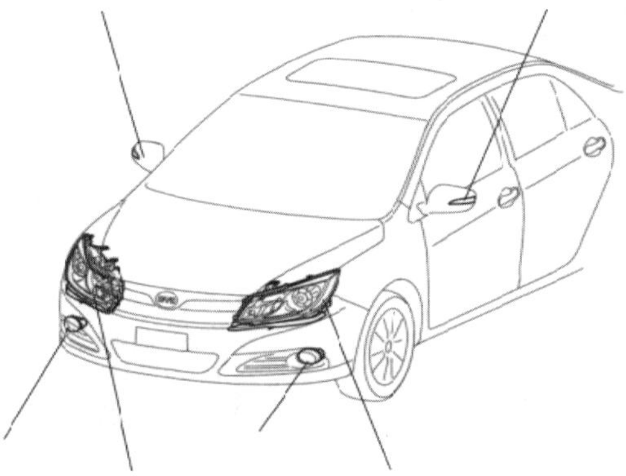

（5）前照灯有较特殊的光学结构，对它的基本要求是______
______
______
______
______。

（6）前照灯按照光源不同分为______、______、______、______。

（7）前照灯按照安装数量的不同可分为______和______。

（8）请写出半封闭式前照灯各部分的名称。

1—______；2—______；3—______；
4—______；5—______；6—______；
7—______；8—______；9—______；
10—______；

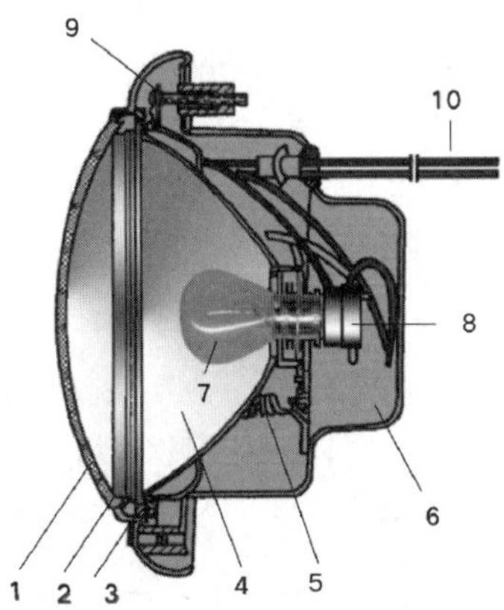

（9）前照灯中使用凸形散光镜（凸透镜）的是______
______（反射式/投射式）。对地面的照明效果非常好，不会造成刺眼，不会影响对面车的正常行驶的是______
______（反射式/投射式）。

（10）高亮度弧光灯即______，这种灯的灯泡里（有/没有）灯丝，取而代之的是装在石英管内的______，管内充有______及______。

续表

(11)卤素大灯的缺点优点是____________________ ____________________。 (12)氙气大灯与卤素大灯相比较，优势是____________________ ____________________。 (13)氙气大灯的缺点是____________________ ____________________。 (14)LED光源为________光源，砷化镓二极管发________，磷化镓二极管发________，碳化硅二极管发________，氮化镓二极管发________。 (15)超亮度LED为________(贴片式/普通式)，与白炽灯和普通LED灯相比较优势是____________________。 (16)激光大灯的光源为________，相比LED大灯的优势是____________________ ____________________，当满足同样照明条件时，使用激光大灯的能耗不到LED大灯的________，激光二极管也只能发射________(单色/双色)激光。 (17)二灯制远近光________(能/不能)同时亮，四灯制远近光________(能/不能)使用。 (18)大众ID4前照灯为________，每一个LED发光元件都可以________、 ________。 (19)大众ID4前照灯具备的功能有________、________、 ________。
2. 实战训练 (1)所需资料、工具。   (2)小组成员分工。   (3)任务计划。

任务考评

<table>
<tr><td colspan="2">考核内容</td><td colspan="3">考核评分</td></tr>
<tr><td>项目</td><td>内容</td><td>配分</td><td>得分</td><td>批注</td></tr>
<tr><td rowspan="5">工作准备（30%）</td><td>能够正确理解工作任务内容、范围及工作指令</td><td>5</td><td></td><td></td></tr>
<tr><td>能够查阅汽车维修手册，填写车辆基本信息</td><td>5</td><td></td><td></td></tr>
<tr><td>能够正确穿戴防护及劳保用品</td><td>5</td><td></td><td></td></tr>
<tr><td>准备工作场地，能够识别工作场所的安全隐患</td><td>5</td><td></td><td></td></tr>
<tr><td>准备任务所需的工具和检具</td><td>10</td><td></td><td></td></tr>
<tr><td rowspan="10">实施程序（50%）</td><td>正确采集车辆信息</td><td>5</td><td></td><td></td></tr>
<tr><td>正确完成大众 ID4 前大灯灯光操作</td><td>5</td><td></td><td></td></tr>
<tr><td>正确绘制大众 ID4 前大灯电路图</td><td>5</td><td></td><td></td></tr>
<tr><td>正确测量大众 ID4 前大灯相关线路数据</td><td>5</td><td></td><td></td></tr>
<tr><td>正确确认故障现象</td><td>5</td><td></td><td></td></tr>
<tr><td>正确读取故障信息</td><td>5</td><td></td><td></td></tr>
<tr><td>正确分析故障范围</td><td>5</td><td></td><td></td></tr>
<tr><td>正确绘制相关电路图</td><td>5</td><td></td><td></td></tr>
<tr><td>正确进行故障测量</td><td>5</td><td></td><td></td></tr>
<tr><td>正确确定故障点并排除</td><td>5</td><td></td><td></td></tr>
<tr><td rowspan="4">完工清理（20%）</td><td>车辆复位</td><td>5</td><td></td><td></td></tr>
<tr><td>工位清洁垃圾、清洁和整理工作区域</td><td>5</td><td></td><td></td></tr>
<tr><td>全程规范操作，无工具或零件跌落</td><td>5</td><td></td><td></td></tr>
<tr><td>作业工单填写规范，字迹工整</td><td>5</td><td></td><td></td></tr>
<tr><td rowspan="2">考核评语</td><td></td><td rowspan="2">考核成绩</td><td rowspan="2" colspan="2"></td></tr>
<tr><td>考核人员　　　　日期　　年　月　日</td></tr>
</table>

续表

组内学生互评				
评价项目	评价内容			得分
	优秀（90~100分）	良好（80~89分）	加油（0~79分）	
沟通交流能力	能够有效地运用多种交流形式	基本能运用多种交流形式	很难运用多种交流形式	
合作交往能力	尊重他人，能与他人良好合作交流	基本上能做到与他人合作交流	不能与他人良好地合作交流	
观察事物能力	观察能力强，细致全面，观察深刻	按要求观察，能发现事物一些特征	无观察目的，不能把握事物特征	
动手操作能力	能积极主动按项目指引完成操作	能按要求完成操作	不能完成操作	
想象创造能力	能够有拓展性地完成工作任务	能够想到新的方式完成任务	按照课本要求完成基本工作	
小组评语	评价人签字：　　年　月　日		互评成绩	

企业导师评价			
评价项目	评价内容	评价成绩	备注
工作准备	任务领会、资讯查询、器材准备	□A □B □C □D □E	
知识储备	系统认知、原理分析、技术参数	□A □B □C □D □E	
计划决策	任务分析、任务流程、实施方案	□A □B □C □D □E	
任务实施	专业能力、沟通能力、实施结果	□A □B □C □D □E	
职业道德	纪律素养、安全卫生、器材维护	□A □B □C □D □E	
其他评价			
导师签字：	日期　　年　月　日		

注：在选项“□”里打“√”，其中A为90~100分；B为80~89分；C为70~79分；D为60~69分；E不合格。

任务二 新能源汽车信号系统检修

任务导入

<table>
<tr><td colspan="2">任务名称</td><td colspan="4">新能源汽车信号系统检修</td></tr>
<tr><td>姓 名</td><td></td><td>班 级</td><td></td><td>成 绩</td><td></td></tr>
<tr><td>组 别</td><td></td><td>组 长</td><td></td><td>场 地</td><td></td></tr>
<tr><td>日 期</td><td></td><td>学 时</td><td></td><td>指导教师</td><td></td></tr>
<tr><td rowspan="3">任务目标</td><td>知识目标</td><td colspan="4">1. 掌握新能源汽车信号系统的功能和组成；
2. 掌握新能源汽车比亚迪 E5 和大众 ID4 信号系统的特点</td></tr>
<tr><td>能力目标</td><td colspan="4">1. 能绘制比亚迪 E5 和大众 ID4 信号灯电路图；
2. 能分析比亚迪 E5 和大众 ID4 信号灯控制原理；
3. 能对比亚迪 E5 和大众 ID4 信号灯系统进行检测</td></tr>
<tr><td>素质目标</td><td colspan="4">1. 树立安全意识；
2. 培养 6S 现场管理意识；
3. 严格执行行业规范，培养职业素养；
4. 树立团队协作意识</td></tr>
<tr><td>情景案例</td><td colspan="5">一辆新能源汽车开启转向灯时，前大灯中的转向灯和后视镜中的转向灯均正常闪烁，只有右侧尾灯中的转向灯不亮。以上三个不同位置的转向灯都是如何控制的，是线路问题还是元器件问题？如何读懂相关电路图并分析控制原理，开展针对性检测，完成车辆右转向灯的维修？</td></tr>
</table>

知识讲解

一、新能源汽车信号系统功能及组成

汽车信号系统包括转向信号灯、危险报警灯、位灯（小灯）、示廓灯、驻车灯、喇叭等。用于向他人或其他车辆发出警告和示意的信号。它们与照明系统一起组成了汽车灯系。现代汽车中还有阅读灯、踏步灯、后照灯、行李灯等装置。

转向信号灯：作用是在汽车转弯时发出明暗交替的闪光信号，向前后车辆、行人、交警示明其行驶方向。转向信号灯装在汽车前后或侧面，一般有 4 只或 6 只。

危险报警灯：作用是当车辆出现故障停在路面上时，按下危险警报开关，全部转向灯同时闪亮，提醒后方车辆避让。危险报警灯与转向信号灯共用。

位灯（小灯）：作用是用于标示汽车夜间行驶或停车时的宽度轮廓。安装在装于汽车前后两侧边缘。前位灯又称示宽灯，一般为白色或黄色；后位灯又称尾灯为红色。

示廓灯：作用是主要用于空载车高 3 m 以上的客车和厢式货车。安装在尽可能高的靠边缘的部位。前后各两只，前面的为白色，后面的为红色。

驻车灯：作用是用于夜间停车时标志车辆形位。安装在驻车灯装于车头和车尾两侧，当接通驻车灯开关时，仪表照明灯、牌照灯并不亮，耗电量比位灯小。

喇叭：喇叭是声响信号装置，按下喇叭按钮，发出声响，警告行人车辆，以确保行车安全。

1．比亚迪 E5 信号系统

转向信号灯：转向信号灯一般应具有一定的频闪；而且亮暗时间比（通电率）在 3：2 为佳。我国国标规定为 60 ~ 120 次/min。在转向信号灯泡烧坏或线路出现故障后，当转向开关接通时，转向信号灯的闪光频率将发生明显变化（通常闪光频率加快或不闪），以提醒驾驶员。

目前，部分新能源汽车采用闪光继电器，使转向灯在工作状态呈现明亮交替的频闪；一些车型则采用电脑版直接控制转向灯工作。其中，比亚迪 E5 应用闪光继电器，大众 ID4 通过电脑版控制转向灯。

闪光继电器也称闪光器，其作用是产生断续电流，供给转向信号灯，使闪光灯发出一明一暗的信号灯光，指示车辆运行的方向。闪光器设计有新型电路，由低电压开关电路，高电压开关电路，脉冲发生电路、二极放大双管输出电路和两组灯光指示电路组成。将其装在闪光器盒体内，通过它的控制能准确地指明汽车行驶方向，特别具备起自动保护作用的特点，在电路发生短路故障时能自动停止闪光器和灯泡工作。驾驶员通过闪光器上装有的故障指示观察闪光器工作状况，能随时发现和排除故障。闪光器按其结构及工作原理来分有电热式、电容式和电子式三类，现广泛采用电子式闪光器。比亚迪 E5 使用的即为电子式闪光器（见图 3-2-1），位于驾驶员侧仪表板配电盒内（见图 3-2-2）。

图 3-2-1　比亚迪 E5 闪光继电器

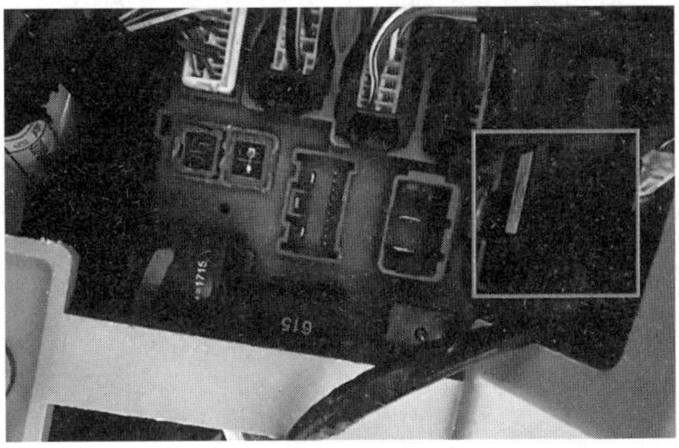

图 3-2-2　比亚迪 E5 闪光继电器位置

由比亚迪 E5 转向灯/紧急告警灯电路图 3-2-3 可知，电子式闪光继电器 K2-5 有 8 个针脚，M7 连接左转向灯信号线、M6 连接右转向灯信号线、M8 连接搭铁线，M3 和 M5 为预留针脚，M2 连接左侧转向灯，M4 连接右侧转向灯。

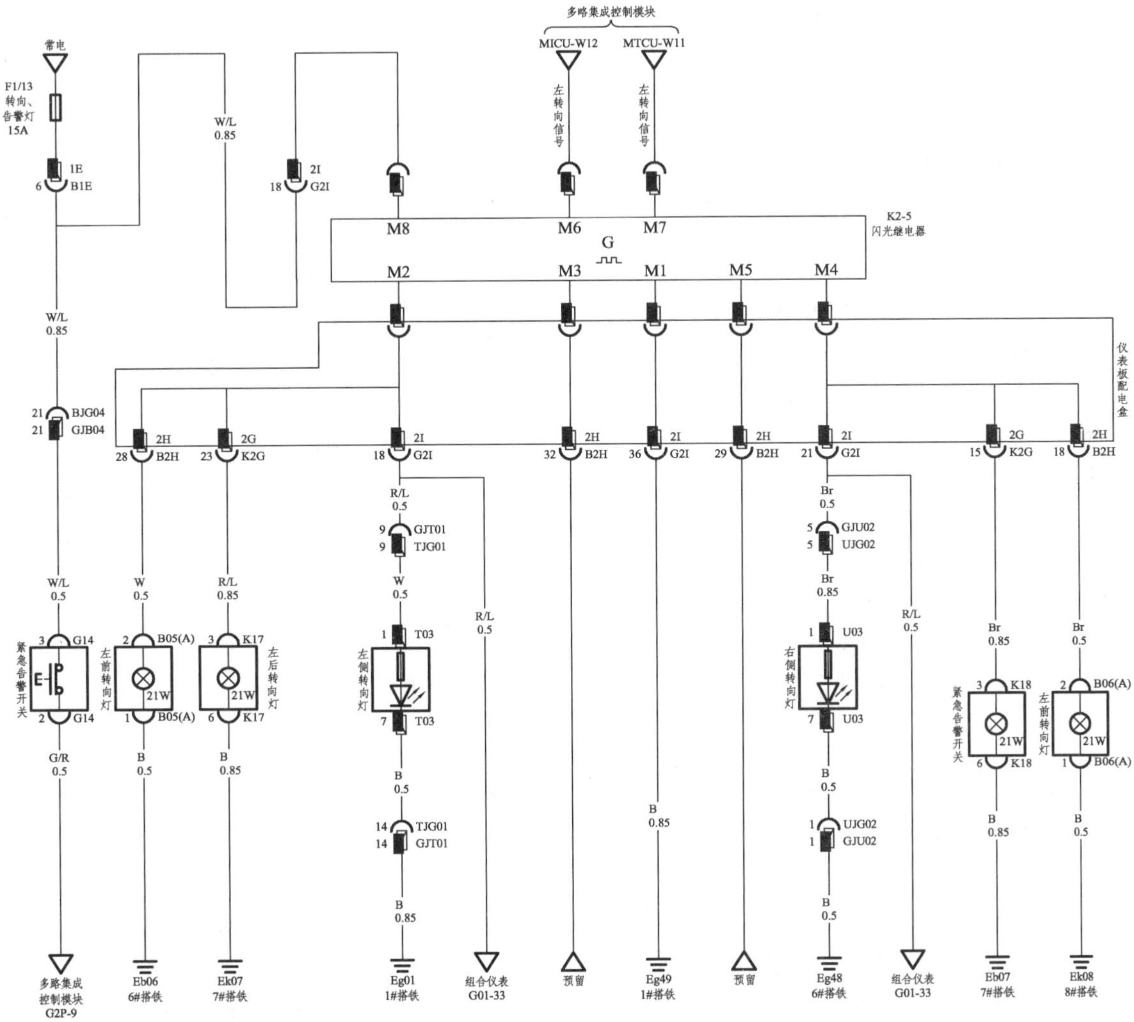

图 3-2-3　比亚迪 E5 转向灯/紧急告警灯电路图

转向灯电源线先经过保险 F1/13 后，连接到电子式闪光继电器 K2-5 上，最后为相应的转向灯供电，实现转向灯频闪。如当组合开关打至右转向灯位置，组合开关通过舒适网 CAN 线将信号传递给 DLC 网关控制器，在此与启动网进行信息交互，然后通过启动网的 CAN 线将信号传递给多路集成控制模块 MICU，由 MICU 模块发出右转信号给到闪光继电器 K2-5，最终使转向灯闪亮（见图 3-2-4）。

图 3-2-4 比亚迪 E5 转向灯控制原理

紧急告警灯：如闭合紧急告警开关，则 12 V 常电经过紧急告警开关通向 MICU 模块，由 MICU 模块同时给左转向灯信号和右转向灯信号，控制左右两侧转向灯同时频闪，成功开启紧急告警闪烁灯闪亮（见图 3-2-5）。

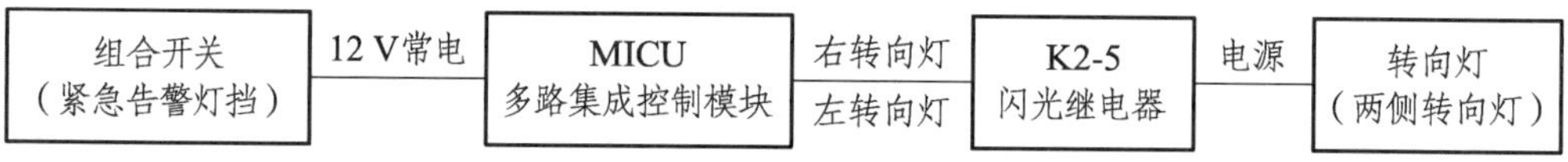

图 3-2-5 比亚迪 E5 紧急告警灯控制原理

雾灯：由图 3-2-6 可知，比亚迪 E5 的前雾灯线路有继电器，后雾灯无继电器。前雾灯继电器 K1-4 的线圈端由 RCM 模块控制，控制原理是将组合开关打至前雾灯挡位，组合开关通过 CAN 线将信号传递给 RCM 模块，RCM 模块通过控制前雾灯继电器 K1-4 线圈端搭铁，使线圈通电，则 K1-4 触点吸合，常电可通过前雾灯保险 F1/10 经过 K1-4 触点，然后分别经过右前雾灯和左前雾灯再搭铁，形成回路，前雾灯点亮（见图 3-2-7）。

后雾灯的控制和前雾灯不同，线路上无继电器控制。后雾灯有一根电源线经过后雾灯保险 F2/26 供给多路集成控制模块 MICU，当将组合开关打至后雾灯挡位，组合开关通过 CAN 线将信号传递给 MICU 模块，MICU 模块同时为左后雾灯和右后雾灯供电，后雾灯点亮（见图 3-2-8）。

倒车灯：当换挡机构挂入 R 挡后，换挡机构的挡位信号通过动力网递给 DLC 网关控制器，然后在此与舒适网进行信息交互，通过舒适 CAN 将信号传递给 MICU 模块，由 MICU 模块同时供电给右倒车灯和左倒车灯，倒车灯点亮（见图 3-2-9）。

2. 大众 ID4 信号系统

转向灯：转向灯灯光示意图如 3-2-10，信号系统灯光也均为电脑板控制，根据前面介绍的大众 ID4 前大灯电路图 3-1-16 可知，前大灯中包含左前转向信号灯灯泡 M5 和右前转向信号灯灯泡 M7。与比亚迪 E5 转向系统控制电路不同，大众 ID4 转向灯线路无闪光继电器，直接由 J533 通过 CAN 线控制。而根据大众 ID4 尾灯电路图 3-1-11 可知，左尾灯 MX3 和右侧尾灯 MX4 中包含左后转向灯灯泡 M6 和右后转向灯灯泡 M8，后部转向灯的控制同样由 J519 车载电网控制单元控制，与前大灯中的转向灯控制不同，此处不是 CAN 线控制。

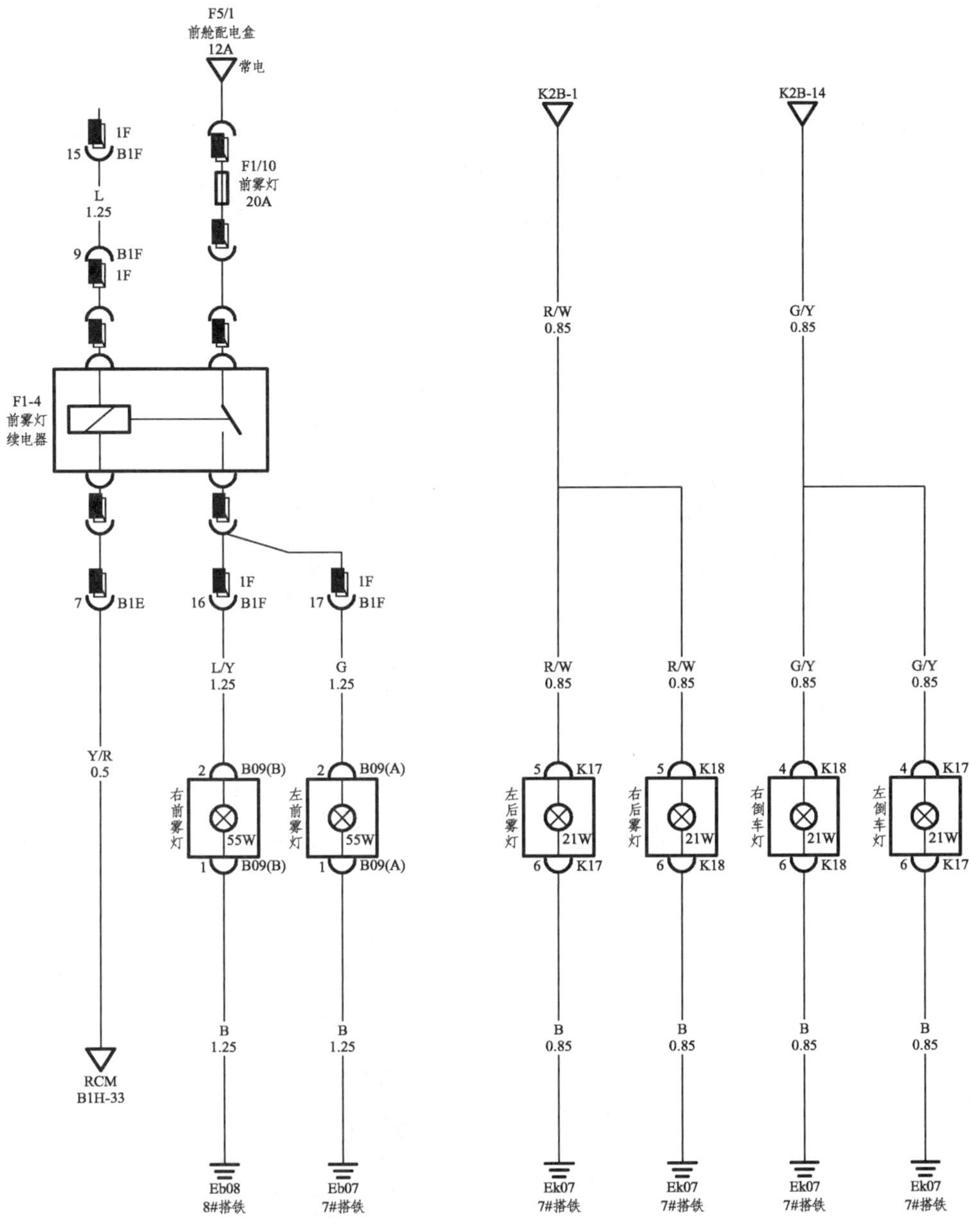

图 3-2-6 比亚迪 E5 雾灯/倒车灯电路图

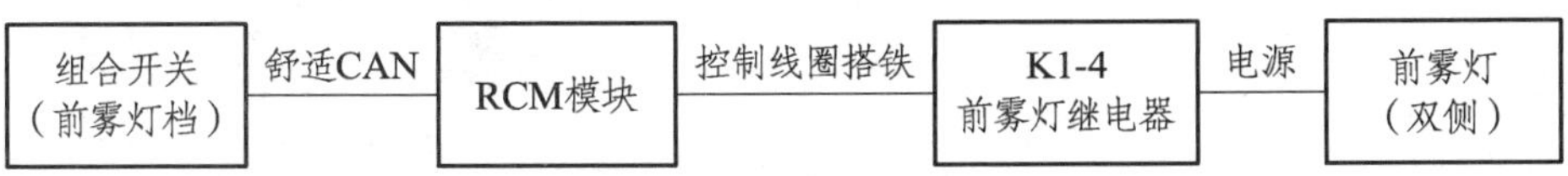

图 3-2-7 比亚迪 E5 前雾灯控制原理

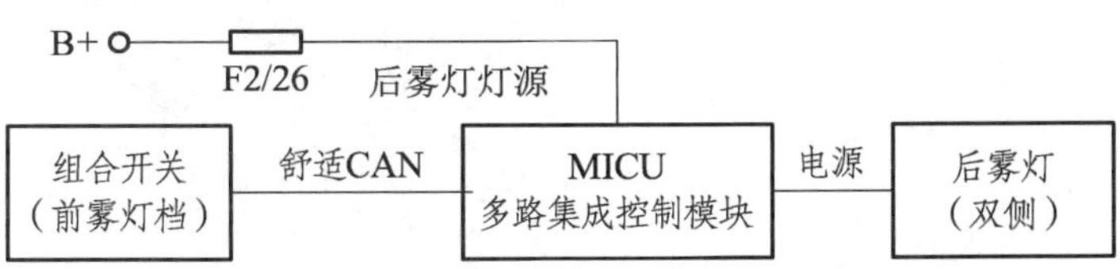

图 3-2-8 比亚迪 E5 后雾灯控制原理

图 3-2-9　比亚迪 E5 倒车灯控制原理

图 3-2-10　大众 ID4 转向灯展示

当开启转向灯开关，J519 接收到信号，通过 T73a/60 和 T73a/27 分别给 T8g/8 和 T8i/8 供电，测量尾灯中转向灯工作电压的过程见表 3-2-1。

表 3-2-1　大众 ID4 转向灯工作电压检测

方法	检测对象	检测方法	测量值/V	标准值/V	检测示意图	结论
方法一	T73a/27 对地电压（万用表）	打开右转向灯开关，通过大众 ID4 检测台架，用万用表测量 T73a/27 电压	0～14 左右跳动的电压	0～14 左右跳动的电压	 	车辆处于“PARK 挡”时灯光才能开启，而“PARK 挡”车辆的高压电输出，DC/DC 已经工作，所以蓄电池供电电压为 14 V 左右，测量出的电压值会比 12 V 电压高。当供电为 0 V 时转向灯不亮，当供电为 12 V 时转向灯点亮，如此“通断、通断”，转向灯正常闪亮
方法二	T73a/27 对地电压（示波器）	打开右转向灯开关，通过大众 ID4 检测台架，用示波器测量 T73a/27 电压	0～14 矩形波	0～14 矩形波	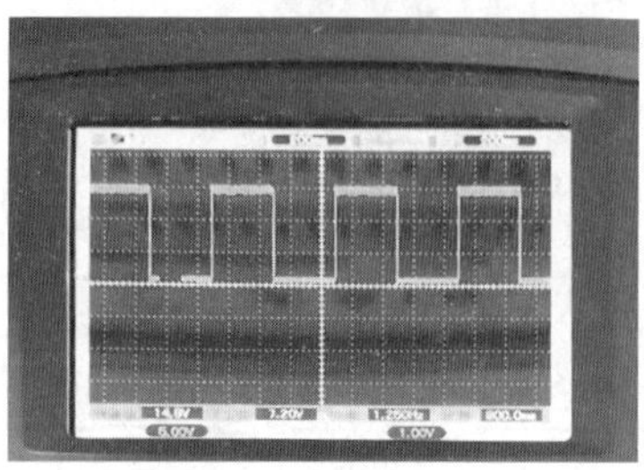	

尾灯/制动灯/倒车灯：尾灯（示廓灯）、制动灯、倒车灯展示图如 3-2-12 ~ 图 3-2-14 所示。当开启示廓灯挡位，尾灯（示廓灯）点亮；当踩下制动踏板，制动灯及高位刹车灯点亮；当挂入倒挡，中部尾灯中的倒车灯点亮。根据图 3-2-11 电路图进行分析，以右侧尾灯 MX4 为例，四根连接线束的含义分别是，T8i/3 为搭铁线，T8i/8（T73c/27）为右转向灯，T8i/4（T73a/61）为尾灯，T8i/5（T73c/8）为制动灯。倒车灯是位于中部尾灯两侧白色光亮的灯，同样由 J519 电脑版控制，连接线束为 T73c/72，同时控制中部尾灯中的左倒车灯灯泡 MX16 和右倒车灯灯泡 MX17 点亮。

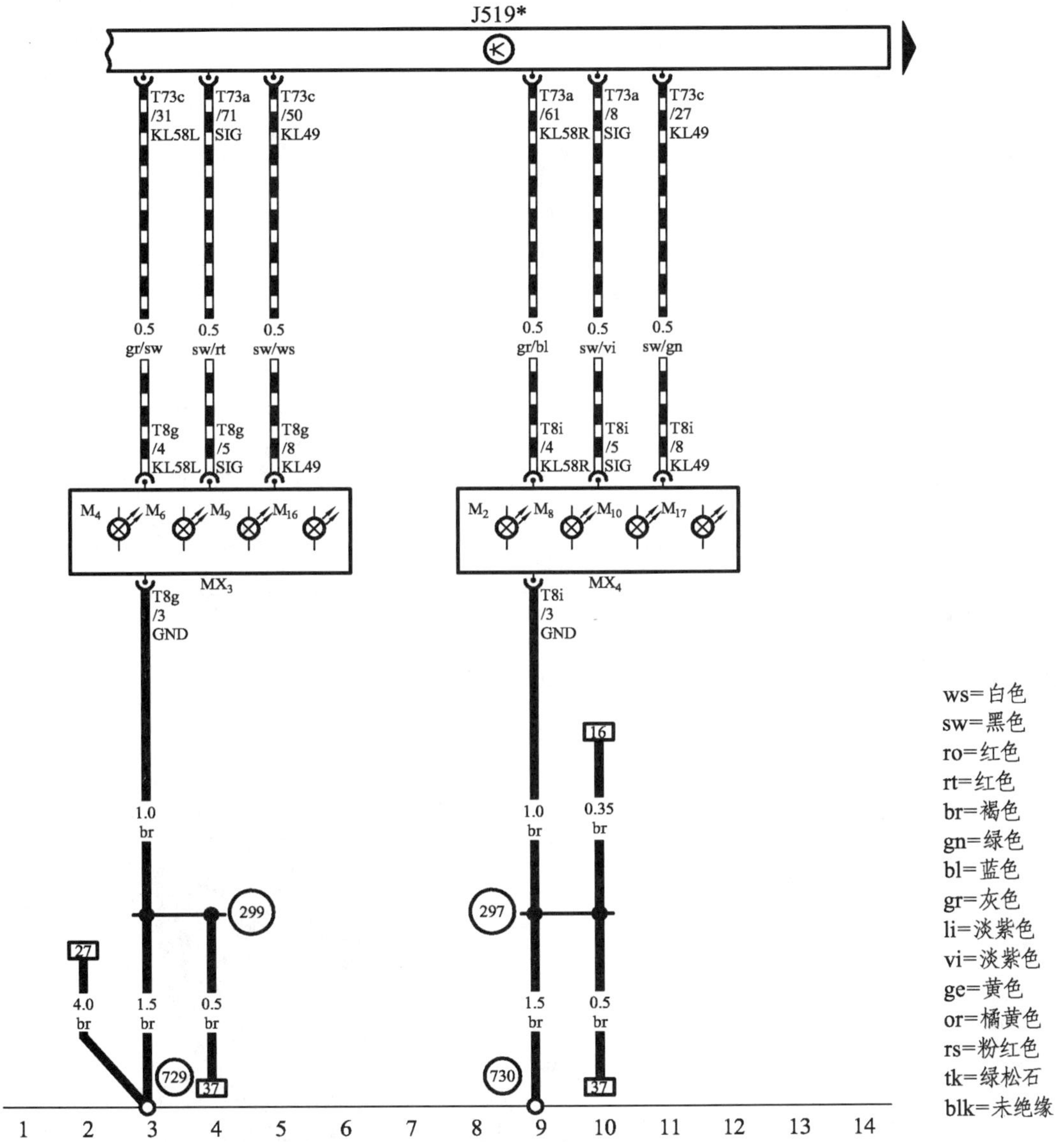

图 3-2-11 大众 ID4 尾灯电路图

车载电网控制单元，左侧尾灯，右侧尾灯。

J519 - 车载电网控制单元

M2 - 右侧尾灯灯泡

MX3　　- 左侧尾灯
MX4　　- 右侧尾灯
M4　　- 左侧尾灯灯泡
M6　　- 左后转向信号灯灯泡
M8　　- 右后转向信号灯灯泡
M9　　- 左侧制动信号灯灯泡
M10　　- 右侧制动信号灯灯泡
M16　　- 左侧倒车灯灯泡
M17　　- 右侧倒车灯灯泡
T8g　　- 8 芯插头连接，黑色
T8i　　- 8 芯插头连接，黑色
T73a　　- 73 芯插头连接，黑色
T73c　　- 73 芯插头连接
297　　- 接地连接 12，在车内导线束中
299　　- 接地连接 14，在车内导线束中
729　　- 左后轮罩上的接地点
730　　- 右后轮罩上的接地点 1
*　　- 见车灯开关所适用的电路图

大众 ID4
后雾灯故障检修

当进行相应灯光开启操作，J519 接收到信号，控制尾灯/制动灯/倒车点亮，测量过程见表 3-2-2。

表 3-2-2　大众 ID4 尾灯/制动灯/停车灯电路检测

序号	检测对象	检测方法	测量值/V	标准值/V	检测示意图	结论
1	尾灯	尾灯不亮：关闭示廓灯开关，通过大众 ID4 检测台架，用万用表测量 T8i/4（T73a/61）电压	0	0		车辆处于“PARK 挡”时灯光才能开启，而“PARK 挡”车辆的高压电已经输出，DC/DC 已经工作，所以蓄电池供电电压为 14 V 左右，测量出的电压值会偏高
		尾灯不亮：打开示廓灯开关，通过大众 ID4 检测台架，用万用表测量 T8i/4（T73a/61）电压	13.651	约 14		

续表

序号	检测对象	检测方法	测量值/V	标准值/V	检测示意图	结论
2	制动灯	制动灯不亮： 不踩下制动踏板，通过大众 ID4 检测台架，用万用表测量 T8i/5（T73c/8）电压	0	0		车辆处于“PARK 挡”时灯光才能开启，而“PARK 挡”车辆的高压电以及输出，DC/DC 已经工作，所以蓄电池供电电压为 14 V 左右，测量出的电压值会偏高
		制动灯不亮： 踩下制动踏板，通过大众 ID4 检测台架，用万用表测量 T8i/5（T73c/8）电压	13.02	约 14		
3	倒车灯	倒车灯不亮： 不挂倒挡，通过大众 ID4 检测台架，用万用表测量 T73c/72 电压	0	0	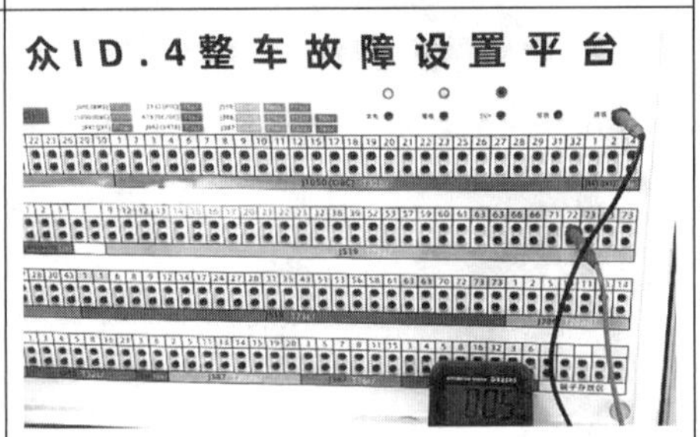	
		倒车灯不亮： 挂倒挡，通过大众 ID4 检测台架，用万用表测量 T73c/72 电压	13.65	约 14	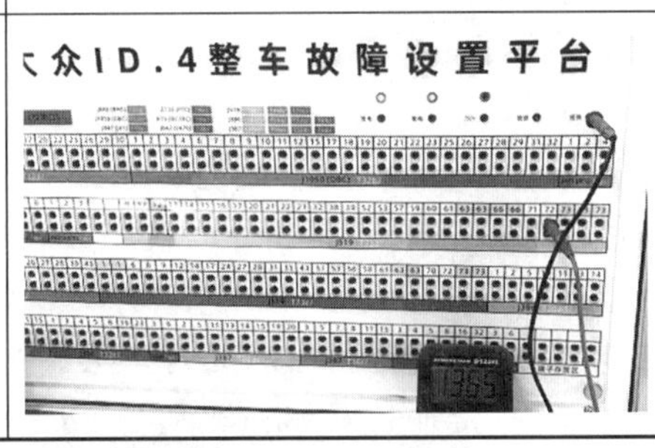	

图 3-2-12　大众 ID4 尾灯（示廓灯）展示

图 3-2-13　大众 ID4 制动灯展示

图 3-2-14　大众 ID4 倒车灯展示

二、新能源汽车信号系统检修

1.大众 ID4 危险警报灯电路图分析

危险警报灯在紧急情况下使用，开启时所有转向灯都会同时闪亮，俗称“双闪”。它的标志按钮开关是一个红三角加感叹号。开启双闪用于提示其他车辆与行人该车发生了特殊情况，需要与该车保持距离。

由于开启危险警报灯即所有转向灯同时闪亮，其电路如图 3-2-15 所示，EX22 为中部仪表板开关模块，开关电源线 T4ae/2，搭铁线 T4ae/3，T4ae/1 为连接车载电网控制单元 J519 的 LIN 线。当按下 EX22 开启危险警报灯，通过 LIN 将信号传递给 J519，J519 通过三条线路分别对前大灯转向灯、尾灯转向灯、外后视镜警告灯进行控制。

（1）线路 1：J519 通过舒适 CAN 与数据总线诊断接口 J533 进行通信，并通过扩展 CAN 控制左前大灯 MX1 中的转向灯和右前大灯 MX2 中的转向灯闪亮。

（2）线路 2：J519 直接通过 T73a/60 和 T73a/27 分别对左侧尾灯 MX3 中的转向灯和右侧尾灯 MX4 中的转向灯闪亮。

（3）线路 3：J519 通过舒适 CAN 与 J386 驾驶员侧车门控制单元和 J387 副驾驶员侧车门控制单元通信，并由 J386 和 J387 分别控制 L131 驾驶员侧外后视镜警告灯泡和 L132 副驾驶员侧外后视镜警告灯泡闪亮。

2．大众 ID4 危险警报灯故障诊断

顾客反映一辆大众 ID4 双闪无法正常点亮，现维修人员对车辆进行检查，进一步确定故障范围。

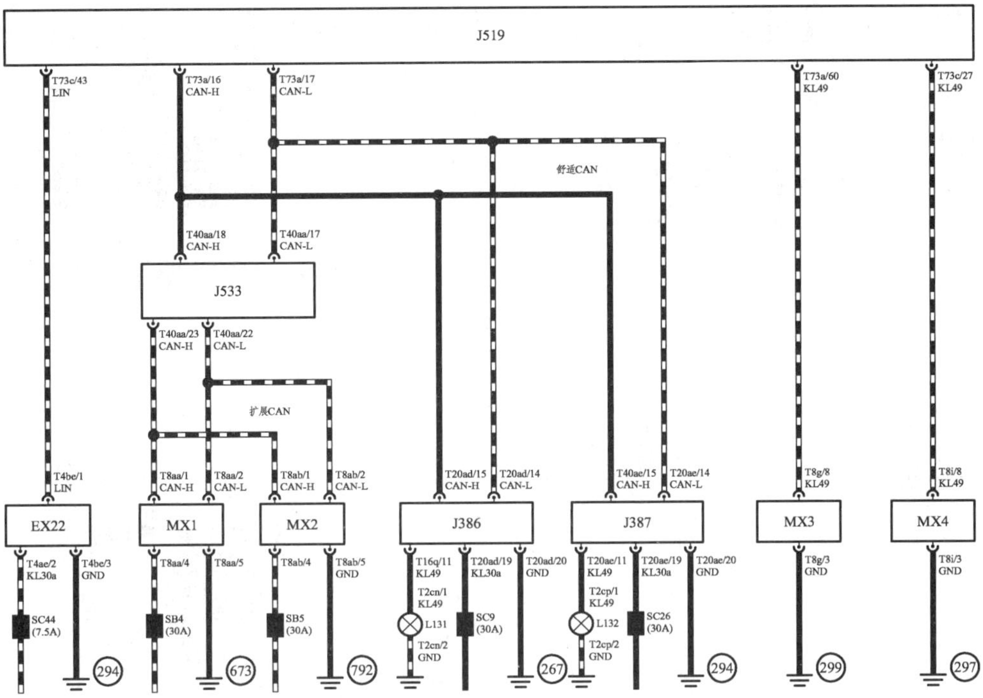

图 3-2-15　大众 ID4 危险警报灯电路图

打开灯火开关，仪表正常点亮，踩下制动踏板挂灯，车辆行驶准备就绪指示灯（READY）点亮（见图 3-2-16），高压上电正常（见图 3-2-17）。打开危险警报灯开关，危险警报灯不亮，如图 3-2-18 所示。连接解码器，查看模块通信状态及故障码。根据故障提示，应在车载电网控制单元读取故障或代码，读取故障码为“E8108：灯开关，信号不可信”。根据电路图 3-2-15 进行故障分析，可能存在的故障原因是：1.EX22 电源故障，2.EX22 控制线束故障，3.EX22 局部故障，4.J519 局部故障。下面进行故障检测，具体步骤见表 3-2-3。

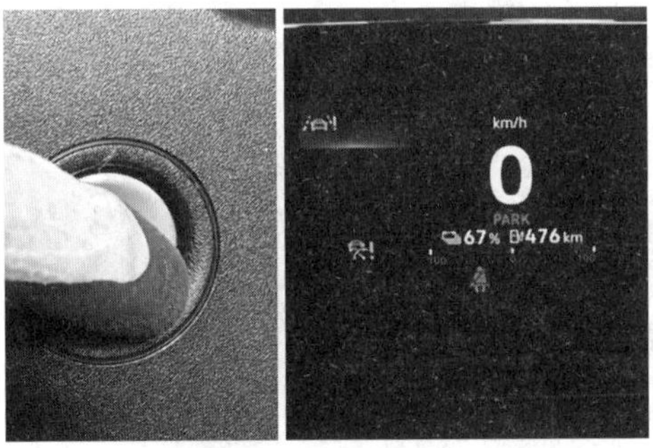

图 3-2-16　大众 ID4 仪表正常点亮

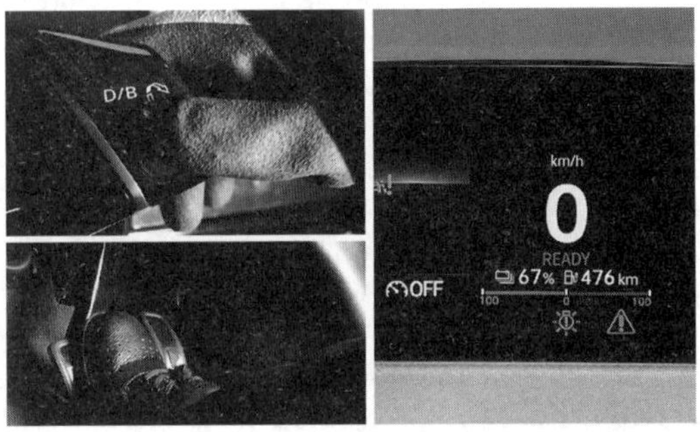

图 3-2-17　大众 ID4 高压上电正常

大众 ID4 危险警报灯故障检修

混合动力汽车丰田双擎后组合灯总成故障检修

混合动力汽车丰田双擎危险警告灯故障检修

图 3-2-18　大众 ID4 危险警报灯不亮

表 3-2-3　大众 ID4 危险警报灯检修

序号	检测对象	检测方法	测量值	标准值	检测示意图	结论
1	EX22 电源线	1. 断开蓄电池负极，拔下 EX22 插接器； 2. 连接蓄电池负极，打开点火开关，用万用表测量供电 T4ae/2 对地电压	12 V	12 V	1. 2. 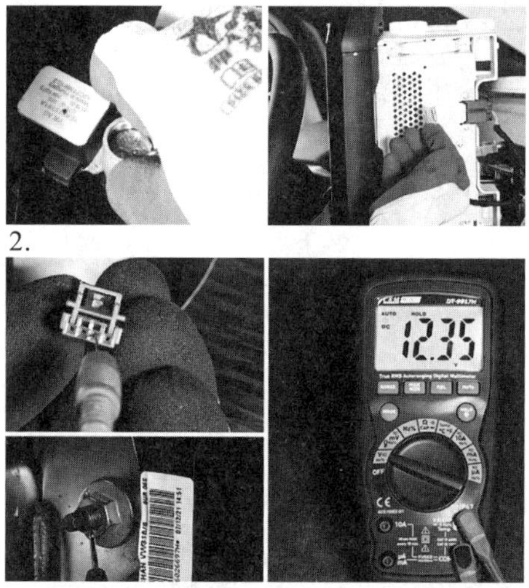	正常
2	EX22 搭铁线	打开点火开关，用万用表测量供电 T4ae/3 对地电压	0 V	0 V	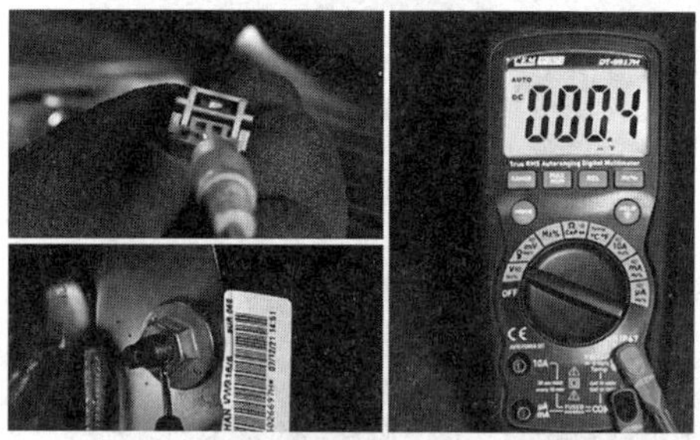	正常
3	EX22 端控制线	打开报警灯开关，用示波器测量 EX22 的 T4ae/1 波形	无波形	矩形波	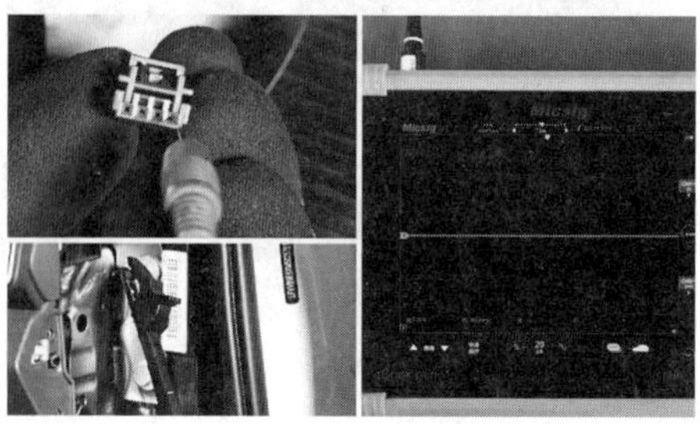	异常

续表

序号	检测对象	检测方法	测量值	标准值	检测示意图	结论
4	J519端控制线	打开报警灯开关，用示波器测量J519的T73c/43波形	矩形波	矩形波	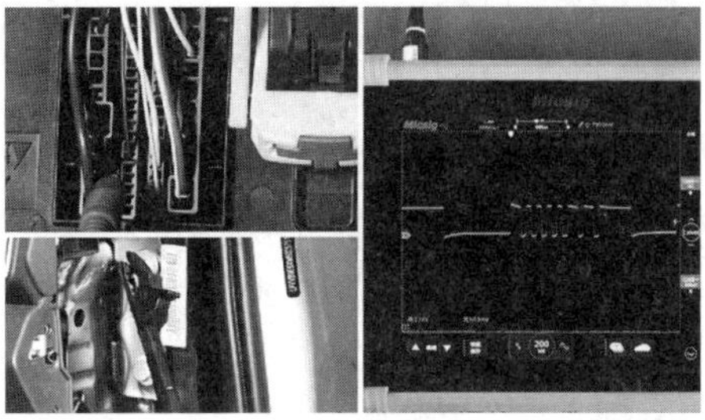	正常
5	T4ae/1与T73c/43之间电阻	关闭点火开关，拔下T4ae、T73c，用万用表电压挡测量T4ae/1与T73c/43之间电阻	无穷大	0	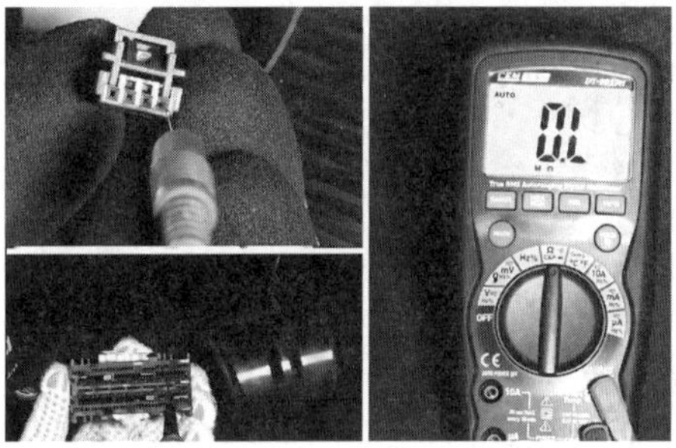	T4ae/1与T73c/43之间断路，即LIN线断路
6	故障恢复验证	1. 打开点火开关，仪表正常点亮； 2. 踩下制动踏板挂灯，车辆行驶准备就绪指示灯（READY）点亮，高压上电正常； 3. 打开危险警报灯开关，车辆危险警报灯正常工作	—	—	1. 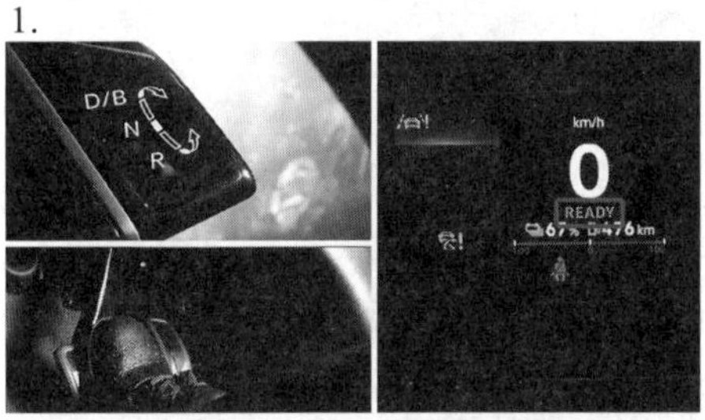 2. 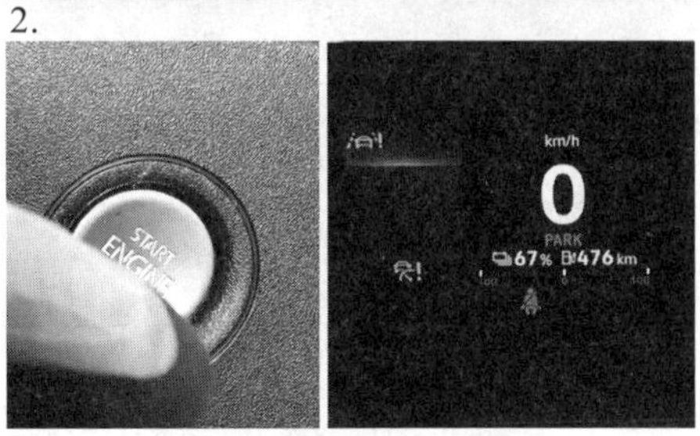 3. 	故障排除

任务实施

一、任务准备

（1）绝缘工具套装。
（2）万用表、故障诊断仪、转接线。
（3）大众 ID4 新能源汽车电路图。
（4）大众 ID4 新能源汽车维修手册。
（5）大众 ID4 新能源汽车整车。

二、任务实施过程

根据现场实操任务，完成表 3-2-4。

表 3-2-4　新能源汽车信号系统检测及故障诊断工单

<table>
<tr><td colspan="6">1. 准备工作</td></tr>
<tr><td colspan="3">设置隔离栏</td><td colspan="2">□ 是</td><td>□ 否</td></tr>
<tr><td colspan="3">放置安全警示牌</td><td colspan="2">□ 是</td><td>□ 否</td></tr>
<tr><td colspan="3">检查灭火器</td><td colspan="2">□ 是</td><td>□ 否</td></tr>
<tr><td colspan="3">检查个人防护用品</td><td colspan="2">□ 是</td><td>□ 否</td></tr>
<tr><td colspan="3">检查测量工具</td><td colspan="2">□ 是</td><td>□ 否</td></tr>
<tr><td colspan="3">放置车轮挡块</td><td colspan="2">□ 是</td><td>□ 否</td></tr>
<tr><td colspan="3">安装翼子板布和驾驶室内防护套装</td><td colspan="2">□ 是</td><td>□ 否</td></tr>
<tr><td colspan="6">2. 车辆基本信息采集</td></tr>
<tr><td rowspan="2">记录车辆信息</td><td>品牌</td><td></td><td>动力电池工作电压</td><td colspan="2"></td></tr>
<tr><td>VIN 码</td><td></td><td>驱动电机型号</td><td colspan="2"></td></tr>
<tr><td rowspan="2">车辆基本检查</td><td colspan="2">辅助蓄电池电压：__________ V</td><td colspan="2">□ 正常</td><td>□ 异常</td></tr>
<tr><td colspan="2">高压部件安装及连接器连接情况：</td><td colspan="2">□ 正常</td><td>□ 异常</td></tr>
</table>

续表

3. 大众 ID4 尾灯灯光操作					
请在实车上进行下列灯光操作，在下方横线上画出灯光开启图标，并在图中标注出灯光位置和名称。  1. 示廓灯：______________ 2. 转向灯：______________ 3. 制动灯：______________ 4. 倒车灯：______________					
4. 绘制大众 ID4 尾灯电路图					
5. 测量大众 ID4 尾灯相关线路					

序号	测量对象	编号	测量值	标准值	结论
1	尾灯（示廓灯）线对地电压				□ 正常 □ 异常
2	转向灯线对地电压				□ 正常 □ 异常
3	刹车灯对地电压				□ 正常 □ 异常
4	搭铁线对地电压				□ 正常 □ 异常

6. 故障诊断 （由教师根据实际情况针对尾灯相关线路设置故障）	
（1）确认故障现象	
故障现象初步判定	
（2）读取故障相关信息	
数据流	
故障码	

续表

<table>
<tr><td colspan="6">（3）分析故障范围</td></tr>
<tr><td colspan="6"></td></tr>
<tr><td colspan="6">（4）故障测量</td></tr>
<tr><td>序号</td><td>测量对象</td><td>测量条件</td><td>实测值</td><td>标准值</td><td>结论</td></tr>
<tr><td>1</td><td></td><td></td><td></td><td></td><td></td></tr>
<tr><td>2</td><td></td><td></td><td></td><td></td><td></td></tr>
<tr><td>3</td><td></td><td></td><td></td><td></td><td></td></tr>
<tr><td>....</td><td></td><td></td><td></td><td></td><td></td></tr>
<tr><td colspan="6">（5）确定故障点</td></tr>
<tr><td colspan="6"></td></tr>
<tr><td colspan="6">（6）故障恢复</td></tr>
<tr><td colspan="4">相关用电设备是否能正常工作</td><td colspan="2">□ 是　　□ 否</td></tr>
<tr><td colspan="4">车辆是否能高压上电</td><td colspan="2">□ 是　　□ 否</td></tr>
<tr><td colspan="6">7. 场地恢复</td></tr>
<tr><td colspan="4">复位工具、仪器</td><td colspan="2">□ 是　　□ 否</td></tr>
<tr><td colspan="4">恢复翼子板布和驾驶室内防护套装</td><td colspan="2">□ 是　　□ 否</td></tr>
<tr><td colspan="4">恢复车轮挡块</td><td colspan="2">□ 是　　□ 否</td></tr>
<tr><td colspan="4">清洁工作场地</td><td colspan="2">□ 是　　□ 否</td></tr>
<tr><td colspan="4">恢复安全警示牌</td><td colspan="2">□ 是　　□ 否</td></tr>
<tr><td colspan="4">恢复隔离栏</td><td colspan="2">□ 是　　□ 否</td></tr>
</table>

强化提升

结合教材相关内容、网络文字资料、视频资源，完成表 3-2-5。

表 3-2-5　资讯与决策工单

<table>
<tr><td>
1. 知识强化
（1）汽车信号系统包括________________________________。
（2）请分别阐述下列灯光的作用：
转向信号灯：________________________________。
危险报警灯：________________________________。
位灯（小灯）：________________________________。
示廓灯：________________________________。
驻车灯：________________________________。
喇叭：________________________________。
（3）闪光继电器也称____________，其作用是________________________________
________________________________。
（4）闪光器按其结构及工作原理来分为____________、____________、____________，汽车上常采用____________。比亚迪 E5 使用的是____________。
（5）查阅比亚迪 E5 电路图，根据灯光系统相关电路图回答以下问题。
① 闪光继电器编号：____________，有________针脚，真实连接__________根线束。
② 转向灯控制原理：________________________________。
③ 紧急告警灯控制原理：________________________________。
④ 前雾灯控制原理：________________________________。
⑤ 后雾灯控制原理：________________________________。
⑥ 倒车灯控制原理：________________________________。
（6）大众 ID4 的转向灯系统____________（有/没有）闪光继电器。
（7）大众 ID4 的转向灯系统由____________控制。
（8）大众 ID4 的左侧尾灯 MX3 中包括的灯有____________、____________、____________、____________。
（9）大众 ID4 的左侧尾灯 MX3 上连接的四根线束的编号及含义分别是________________________________
____
____
（10）请说明大众 ID4 尾灯/制动灯/倒车灯开启的条件分别是________________________________
____
（11）大众 ID4 倒车灯的灯光是______颜色，制动灯是______颜色，示廓灯是______颜色。
</td></tr>
</table>

续表

（12）汽车的危险警报灯和转向灯的关系是________________________。 （13）大众ID4危险警报灯控制线路有______条，分别是控制哪些灯？____。 （14）大众ID4中J533模块是如何获取到危险警报灯开关信号？________________。 （15）大众ID4中线束T73a/60的作用是________________________。 （16）J386模块控制的是控制L131驾驶员侧外后视镜警告灯泡的________（搭铁线/电源线），J386模块的电源线是____________。 （17）在拔下插接器进行检测之前，应该先________________________。 （18）双闪的标志按钮开关是一个______________。
2. 实战训练 （1）所需资料、工具。   （2）小组成员分工。   （3）任务计划。

任务考评

考核内容		考核评分		
项目	内容	配分	得分	批注
工作准备（30%）	能够正确理解工作任务内容、范围及工作指令	5		
	能够查阅汽车维修手册，填写车辆基本信息	5		
	能够正确穿戴防护及劳保用品	5		
	准备工作场地，能够识别工作场所的安全隐患	5		
	准备任务所需的工具和检具	10		
实施程序（50%）	正确采集车辆信息	5		
	正确完成大众 ID4 尾灯灯光操作	5		
	正确绘制大众 ID4 尾灯电路图	5		
	正确测量大众 ID4 尾灯相关线路数据	5		
	正确确认故障现象	5		
	正确读取故障信息	5		
	正确分析故障范围	5		
	正确绘制相关电路图	5		
	正确进行故障测量	5		
	正确确定故障点并排除	5		
完工清理（20%）	车辆复位	5		
	工位清洁垃圾、清洁和整理工作区域	5		
	全程规范操作，无工具或零件跌落	5		
	作业工单填写规范，字迹工整	5		
考核评语		考核成绩		
	考核人员	日期	年 月 日	

续表

组内学生互评				
评价项目	评价内容			得分
	优秀（90～100 分）	良好（80～89 分）	加油（0～79 分）	
沟通交流能力	能够有效地运用多种交流形式	基本能运用多种交流形式	很难运用多种交流形式	
合作交往能力	尊重他人，能与他人良好合作交流	基本上能做到与他人合作交流	不能与他人良好地合作交流	
观察事物能力	观察能力强，细致全面，观察深刻	按要求观察，能发现事物一些特征	无观察目的，不能把握事物特征	
动手操作能力	能积极主动按项目指引完成操作	能按要求完成操作	不能完成操作	
想象创造能力	能够有拓展性地完成工作任务	能够想到新的方式完成任务	按照课本要求完成基本工作	
小组评语	评价人签字： 年 月 日		互评成绩	

企业导师评价			
评价项目	评价内容	评价成绩	备注
工作准备	任务领会、资讯查询、器材准备	□A □B □C □D □E	
知识储备	系统认知、原理分析、技术参数	□A □B □C □D □E	
计划决策	任务分析、任务流程、实施方案	□A □B □C □D □E	
任务实施	专业能力、沟通能力、实施结果	□A □B □C □D □E	
职业道德	纪律素养、安全卫生、器材维护	□A □B □C □D □E	
其他评价			
导师签字：		日期 年 月 日	

注：在选项“□”里打“√”，其中 A 为 90～100 分；B 为 80～89 分；C 为 70～79 分；D 为 60～69 分；E 不合格。

项目四

新能源汽车仪表与报警系统检修

任务一 新能源汽车仪表系统检修

任务导入

<table>
<tr><td colspan="2">任务名称</td><td colspan="4">新能源汽车仪表系统检修</td></tr>
<tr><td>姓 名</td><td></td><td>班 级</td><td></td><td>成 绩</td><td></td></tr>
<tr><td>组 别</td><td></td><td>组 长</td><td></td><td>场 地</td><td></td></tr>
<tr><td>日 期</td><td></td><td>学 时</td><td></td><td>指导教师</td><td></td></tr>
<tr><td rowspan="3">任务目标</td><td>知识目标</td><td colspan="4">1. 掌握新能源汽车仪表系统的功能和组成；
2. 掌握新能源汽车仪表系统的工作原理；
3. 掌握新能源汽车比亚迪 E5 仪表系统拆装流程</td></tr>
<tr><td>能力目标</td><td colspan="4">1. 能按照正确流程拆装新能源汽车仪表；
2. 能绘制新能源汽车仪表系统相关电路图；
3. 能使用检查工具对新能源汽车仪表系统进行检测和诊断</td></tr>
<tr><td>素质目标</td><td colspan="4">1. 树立安全意识；
2. 培养 6S 现场管理意识；
3. 严格执行行业规范，培养职业素养；
4. 树立团队协作意识</td></tr>
<tr><td>情景案例</td><td colspan="5">一辆比亚迪 E5 新能源汽车用户反映车辆的整个组合仪表不显示，经维修人员检测，初步认定为组合仪表总成故障或电源线路故障，现需要根据电路图对仪表故障进行进一步诊断并修复。由于组合仪表线束在仪表后端，必要时需要按照正确的拆装流程拆下仪表对线束进行检测</td></tr>
</table>

知识讲解

仪表在新能源汽车使用过程中起到了非常重要的作用，驾驶员能通过仪表随时掌握车辆的各种状态，并及时发现和排除车辆潜在的故障。随着集成、数控等技术的发展普及，以及对用户体验的强调，汽车仪表盘拥有越来越丰富的功能，视觉和交互等体验有了质的提升，它已经不再是传统意义上仅仅用作对车速和转速进行展示的简单元件了。一块好的汽车仪表盘，不仅提高了产品附加的价值，同时也给与了消费者提供了多样化的选择，提升了驾驶体验。

一、汽车仪表系统发展历程

汽车仪表盘是任何车辆的重要组成部分，因为它为驾驶员显示重要信息。仪表盘在整个汽车发展史中经历了重大变化。早期的汽车，仪表盘只有速度表、油量表、机油压力表，而现代的仪表盘有各种指示和显示，提供了更全面的信息。汽车仪表发展一共经历了机械式仪表、电磁脉冲式仪表、全液晶仪表、HUD 仪表、未来仪表几个阶段。新能源汽车通常使用全液晶仪表，部分高端车型使用 HUD 仪表，新能源汽车没有经历过机械式仪表阶段，目前也只有部分混合动力汽车使用电磁脉冲式仪表。

1. 机械式仪表

最早的汽车有一个带有机械仪表的仪表盘，如图 4-1-1 所示。机械仪表显示速度、油位等基本信息。速度指针的转轴与一根灵活的金属管连接变速器上的齿轮，模拟齿轮上的轮子的速度。这些仪器使用简单，易于阅读、维护和修理，这使它们成为早期汽车的理想选择。其弊端主要表现在由于技术原因存在显示波动幅度，数据不够精确，并且显示信息优先，夜间行驶不够安全。相较现代仪表盘的设计美感欠缺，但机械感十足，功能较单一，信息层级不够明确，已被淘汰。

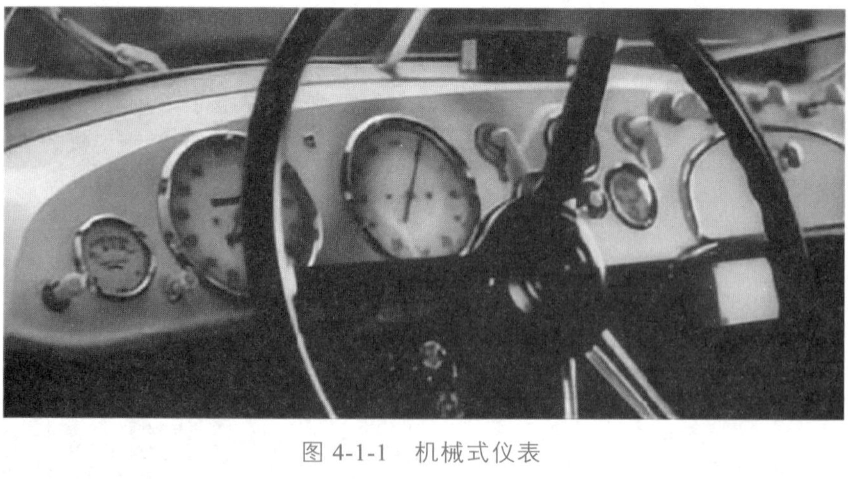

图 4-1-1　机械式仪表

2. 电磁脉冲式仪表

随着技术的进步，仪表盘发生了重大变化。机械仪器换成了新的电动仪器，更加准确可靠。电（动）磁式（空心线圈机芯）的电子仪表盘，增加了真空荧光显示屏（VFD）等，如图 4-1-2 所示。该类仪表信息层级明确、简单直观、显示快捷，可靠性高、功能性较强，保留了一定机械感，与内饰灯光进行了设计融合。显示内容灵活度较高，夜间驾驶更加便利，能满足一定驾驶人群的个性化需求。由于成本较为低廉，性价比高，至今还有许多的汽车使用此类仪表盘。

图 4-1-2　电磁脉冲式仪表

3．全液晶仪表

全液晶仪表在新能源汽车上面较为普及，随着技术的进步，数字仪表盘开始流行。这些仪表盘使用 LCD 技术显示数字信息，包括速度计、里程表、燃油油位和各种警告灯，如图 4-1-3 所示。数字显示器更易于阅读，并且允许在更小的区域中显示更多信息。由于其技术成熟和成本较低，在新能源汽车上应用较为普及。该类仪表具有重要信息读取效率更高，智能、信息容量大、反馈敏捷、界面个性化定制、整个仪表操作台更加简洁等优点，但容易功能过剩和产生视觉疲劳。

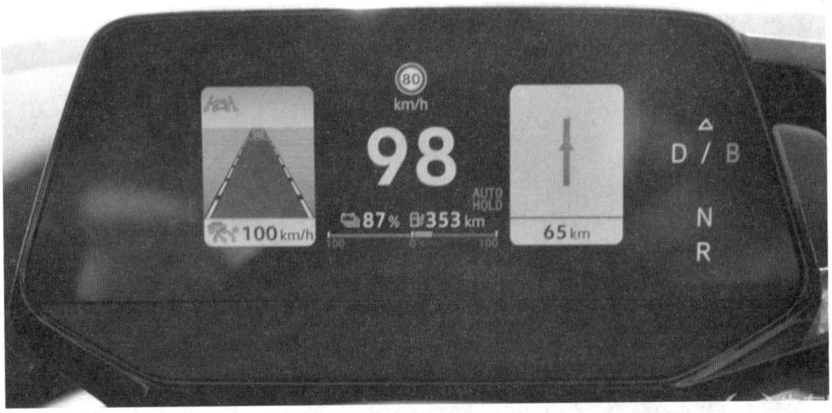

图 4-1-3　全液晶仪表

4．HUD 仪表

HUD 是 Head-Up Display 的缩写，是一款抬头显示设备。这是一个从军事领域起源的技术，可以把一些重要的信息显示在正常观察方向的视野范围内，而同时又不会影响对于环境的注意，也不用总是转移视线去专门观察仪表板上的指针和数据，这项技术很快就适用于汽车。HUD 仪器将有关汽车速度、电量显示和其他数据的重要信息投射到挡风玻璃上。它的应用使驾驶时读取信息更方便，能在挡风玻璃上进行瞬间读数，从而使驾驶员保持驾驶的注意力。HUD 的概念因其提供的附加安全性而变得流行，因为驾驶员不必将视线从道路上移开以查看基本信息。

目前，汽车 HUD 主要有三类：组合型抬头显示系统 C-HUD（Combiner-HUD）、风挡型抬头显示 W-HUD（Windshield-HUD）和增强现实型抬头显示系统 AR-HUD（Augmented Reality HUD）。

（1）C-HUD：通过放置于仪表上方的一个半透明的树脂板作为投影介质反射出虚像，如图 4-1-4 所示。该产品因安装便利，曾在售后市场引起一阵风潮。不过，弊端也较为明显，主要有：① 成像区域小、显示内容有限；② 成像距离近，位置较低；③ C-HUD 置于仪表上方，在车辆碰撞时可能会对驾驶员产生二次伤害，不利于车内安全。也正因为有这些弊端，C-HUD 逐步被边缘化。

图 4-1-4　C-HUD 仪表

（2）W-HUD：使用前挡风玻璃作为投影介质来反射成像（见图 4-1-5），可支持更大的成像区域和更远的投影距离。该产品光学结构相对复杂，成本相对较高，目前主要应用在中高端车型中，但正在往中低端车型普及。

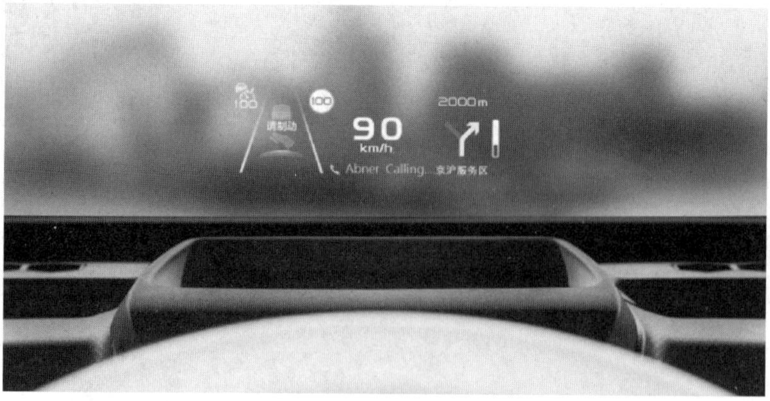

图 4-1-5　W-HUD 仪表

（3）AR-HUD：与 W-HUD 一样使用前挡风玻璃作为投影介质来反射成像，但是由于

AR-HUD 使用了增强投影面，通过数字微镜元件生成图像元素，同时成像幕上的图像通过反射镜最终射向挡风玻璃，使得增强过后的显示信息可以直接投射在用户视野角度的道路上，使显示信息可以与交通状况进行融合，如图 4-1-6 所示。

图 4-1-6　大众 ID4 AR-HUD 仪表

5．未来的仪表

仪表盘将继续发展，随着电动汽车和自动驾驶汽车的日益普及，我们与汽车互动的方式也将发生变化。未来的一项发展是在仪表盘中集成物联网。这项技术将允许司机使用他们的智能手机控制和监控他们的汽车。另一个发展是增强现实的使用。该技术将全息图像和动画投射到汽车内部以显示重要数据（见图 4-1-7），使驾驶体验更加直观。

图 4-1-7　未来仪表

二、新能源汽车仪表系统 HMI 信息架构

HMI（Human Machine Interface），即人机接口，也叫人机界面。HMI 人机界面是系统和用户之间进行交互和信息交换的媒介，它实现信息的内部形式与人类可以接受形式之间的转换，凡参与人机信息交流的领域都存在人机界面。汽车仪表 HMI 是人在驾驶汽车时，目光所及接触频率最高的零部件。汽车仪表的发展经过了从传统的机械指针式进化到全液晶屏仪表的过程。汽车仪表 HMI 由硬件和软件两部分组成，硬件部分包括处理器、显示单元、输入单元、通信接口、数据存储单元等。

电动汽车在我们的道路上越来越普遍，汽车制造商也在不断升级技术以提供更好的驾驶体验。但是，仪表盘显示的信息可能会非常多，并且某些数据可能不如其他数据重要。在这种情况下，可以将电动汽车仪表盘信息分层设置，以确定哪些信息是必不可少的，哪些信息不太重要。

1．从显示角度划分

仪表信息可以分为常显、临时。

常显信息：车速、车辆信息、电量或续航里程、挡位、时间、温度等。

临时信息：报警指示灯、车辆基本信息、菜单、主动安全信息（车道偏离、前方车距、左右方来车等）。

临时信息又可分为主动与被动。主动信息，可以理解为提示报警信息需要驾驶员主动去操作，提示界面才消失，为强提醒；被动信息，不需要驾驶员去操作，过几秒（可设置）自动消失。

2．从信息重要程度划分

1）A 类信息

此类别包括仪表盘上最关键的信息。电池状态和续航里程是驾驶员需要实时了解的最重要的信息，以确保自身和他人的安全。速度和导航及地图是另外两个基本功能，可以帮助驾驶员安全导航并避免事故。

速度：速度是驾驶安全的另一个重要方面，电动汽车应始终在仪表盘上以大字体显示汽车的速度。

导航路况：内置导航在现代汽车中变得越来越重要，它是一项至关重要的安全功能。司机需要清楚地了解他们在哪里以及如何到达他们要去的地方。

电池和续航里程：电动汽车驾驶员都需要的最重要信息是电池状态——剩余电量和估计的剩余续航里程。此信息应高度可见，并在级别降得太低时发出警报。

警告信息：此类别包括提醒驾驶员注意潜在的危险或故障的警告信息，但这类信息虽然重要，但是不会经常出现，包括以下内容。

电池和充电警报：应显示与车辆电池和充电状态相关的警告信息，如电池电量不足或充电错误。

故障警报：车辆驱动系统或关键部件的任何故障警报——制动、转向或悬架问题——都应优先于所有其他信息。

其他警报：仪表盘应显示其他相关警报，例如与安全使用驾驶辅助系统相关的警报、安全带警告或轮胎压力监测系统警报。

2）B 类信息

B 类信息是比 A 类稍微不重要的信息，如必须显示充电站的充电状态和位置、驾驶员辅助系统及其各自的指示灯，以实现安全高效的驾驶。

ADAS（驾驶辅助系统）：自适应巡航控制、车道偏离警告和盲点监控等自动驾驶系统正变得越来越普遍，对确保安全驾驶至关重要。它们应该包含在仪表盘中，并清楚地指示它们何时处于活动状态或不活动状态。

来电通信：电动汽车来电通信功能可以提高用户在驾驶过程中的安全性，因为他们可以在驾驶过程中接听电话或发送短信，而不必担心分散注意力或迷路。

车况信息：通过实时监控电动汽车的车况信息，用户可以了解电动汽车的健康状况，及时发现并处理潜在的问题，从而提高电动汽车的使用寿命和性能。同时，车况信息也可以为用户提供更准确的续航里程估计，帮助用户更有效地规划行车路线和节省燃油成本。

挡位信息：电动汽车通常使用 P、R、N、D 四个挡位来控制车辆的运行状态，P 挡通常用于停车状态，R 挡通常用于倒车状，N 挡通常用于静止状态，D 挡通常用于行驶状态。

3）C 类信息

C 类是仪表盘中最不重要的信息，但仍会影响驾驶体验。车内环境控制对电动汽车至关重要，音频和娱乐选项可以提高乘客在乘车过程中的舒适度。用于调整前灯、后视镜或雨刷器的车辆设置对于无缝驾驶体验至关重要。

娱乐系统：音频系统和娱乐选项虽然对安全驾驶来说并不重要，但可以极大地提升驾驶体验。音量、歌曲选择，甚至手机同步等选项都应该可以在仪表盘上轻松操作。

车内环境信息：与传统的汽油动力汽车相比，电动汽车通常需要更多地关注车内环境控制。驾驶员应该能够使用仪表盘调节车内温度和气流。

其他：仪表盘还通常会显示时间、驾驶模式、车辆设置等信息，车辆设置信息，如车灯、雨刷和后视镜等。这些可以通过信息娱乐系统访问，但它们也应该显示在仪表盘上，以便在驾驶时轻松访问。

三、新能源汽车仪表系统组成

仪表是车辆当前状态反馈的窗口，驾驶员可以通过仪表显示知晓车辆各系统的工作状态。汽车仪表上有各类指示仪表，主要包括车速表、功率表、里程表、电量表、续航里程、挡位信息、充电显示等。显然，新能源汽车的仪表标识除了与传统燃油汽车相同的车速、里程、挡位显示外，还有其特有的信息标识，如功率、电量、续航里程、充电显示等。

1. 车速表

车速表实时指示车速，便于驾驶员掌握行驶速度，保障行驶安全。比亚迪 E5 车速表以指针形式指示车速，速度区间为 0 ~ 240 km/h，每刻度表示 10 km/h，位于组合仪表右侧区域，如图 4-1-8（a）所示；大众 ID4 车速表以数字的形式显示，可直接通过数值获取准确的速度值，位于仪表中间，如图 4-1-8（b）所示。

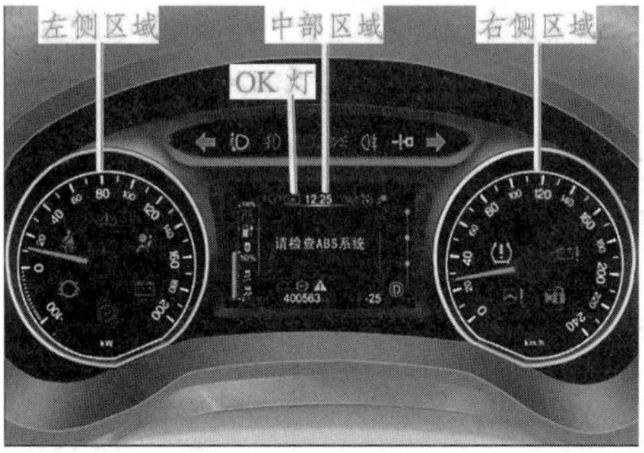

（a）比亚迪 E5

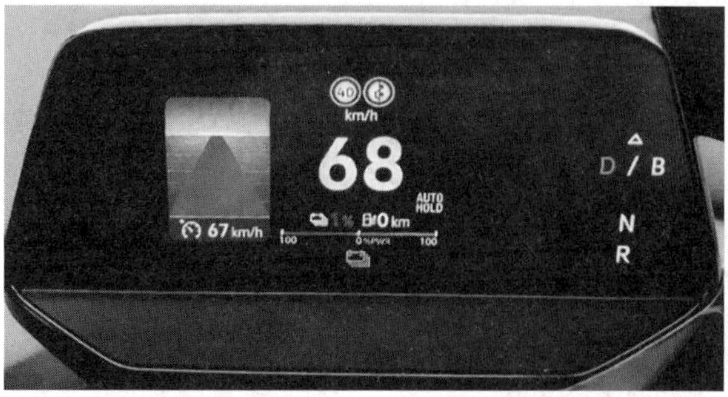

（b）大众 ID4

图 4-1-8　新能源汽车仪表标识

2．功率表

功率表显示当前模式下驱动电机的实时功率，单位符号为 kW，功率区间为 0 ~ 200 kW，每刻度表示 10 kW，位于组合仪表左侧区域。在能量回馈阶段，电机功率为负数，指针指示在绿色区域。大众 ID4 下方的进度条表示电机功率，右侧蓝色进度条代表输出功率，左侧绿色表示能量回收功率。

3．里程表

里程表可以准确地记录车辆行驶的里程数，为车主提供行驶里程信息，方便了解车辆的使用情况；可以根据车辆行驶里程数提醒车主进行保养和更换零部件，以确保车辆的正常运行和安全性；可以计算车辆在不同里程段内的电耗；可以记录车辆的行驶轨迹和使用情况，方便车主对车辆进行管理和监控。比亚迪 E5 里程表位于仪表中部区域最下方，以数字形式显示；大众 ID4 里程表位于仪表左下方，在车辆下电状态以数字显示。

4．电量表

电量表用于指示动力电池的剩余电量。不同新能源汽车的电量提示设计不一样，有数字、图标、指针等形式，均是为了提示驾驶员当前车辆的剩余电量情况。比亚迪 E5 电量表位于仪表中部左侧，以柱状电池图标显示，当电量过低时，图标颜色为红色，需及时补充电量，当电量充足时，图标为蓝色。大众 ID4 仪表显示有三种电量颜色：① 白色电量，代表正常百分比，② 黄色电量百分比，代表剩余电量警告等级 1，表明高压电池剩余电量 10% ~ 20%，③ 当电量为 0 的时候出现黄乌龟，驾驶性能将受到较大影响，功率受限。此情况下，车辆还能行驶 30 km 左右，让车主寻找充电桩充电。

5．续航里程

电池支持的最高续航里程是指该车在纯电动模式下，仅依靠电池中的电量支持该车行驶的最远里程。该数值不是直接测量得到的，而是电脑板根据采集的信息经过处理并计算出的，单位符号 km。

6．挡位

比亚迪 E5 挡位信息位于仪表中部右侧，共有 P、R、N、D 四个；大众 ID4 挡位信息位于仪表右侧，共有 P、R、N、D、B 五个，其中，B 为强力能量回收挡，建议山路、电量低和下坡路时用；仪表上显示挡位“P”图标，而是在 N 挡上方显示驻车制动图标。

7．充电显示

充电显示提示用户充电信息，如剩余充电时间、当前电量、充电图标等，不同车辆的充电显示界面不同。

四、新能源汽车仪表系统工作原理

新能源汽车仪表系统工作原理是基于车辆动力系统的特点和新能源车辆的电子控制系统技术。当汽车启动后，车载电脑会自动检测车辆的各种参数，如电池电量、电机转速、车速等，通过电子传感器监测车辆的状态和行驶情况，运用转换器将采集到的模拟信号转换成数字信号，通过模块间的通信或直接采用硬线连接方式在仪表盘上以仪表指针、数字显示等形式向驾驶员展示车辆信息。此外，新能源汽车仪表盘可以通过连接车辆的多媒体系统或手机 App，提供更多的驾驶信息和互联功能。这些功能有助于提高驾驶者的驾驶体验和安全性。

比亚迪 E5 新能源汽车为组合仪表是一种机电组合仪表，位于驾驶员正前方、转向管柱的上部，包括安装件和电气连接等部分。所有组合仪表的电路组成单一线束，用接插件在组合仪表壳体背面连接。组合仪表的表盘和指示灯保护在一整块透明面罩后面。透明面罩采用遮光板，使仪表的表面免受环境光照和反射的影响，以达到减轻眩光的效果。

如图 4-1-9 所示，比亚迪 E5 新能源汽车组合仪表与灯光系统、发电系统、制动液液位开关采用硬线连接；与安全气囊系统、多媒体系统、多功能屏、组合开关、网关通过 B-CAN 连接；与 MICU（BCM）系统、电池管理 BMS 系统通过启动 CAN 连接，即通过硬线连接和通信 CAN 线连接的方式显示车辆状态信息，各模块反馈的具体信息见表 4-1-1。除多功能屏、多媒体系统和室内灯系统除外，各模块均向组合仪表反馈信息以显示相应的仪表指示灯。组合仪表将调光挡位置信号反馈给多功能屏，将驻车制动开关信号传递给多媒体系统，将背光驱动信号反馈给室内灯系统。车速表是基于轮速传感器，ABS 将轮速信号转化为车速信号，通过 CAN 将数据传给组合仪表。功率表通过采集 CAN 上动力电池管理模块发送的总电压、总电流计算功率，同时判断正负。

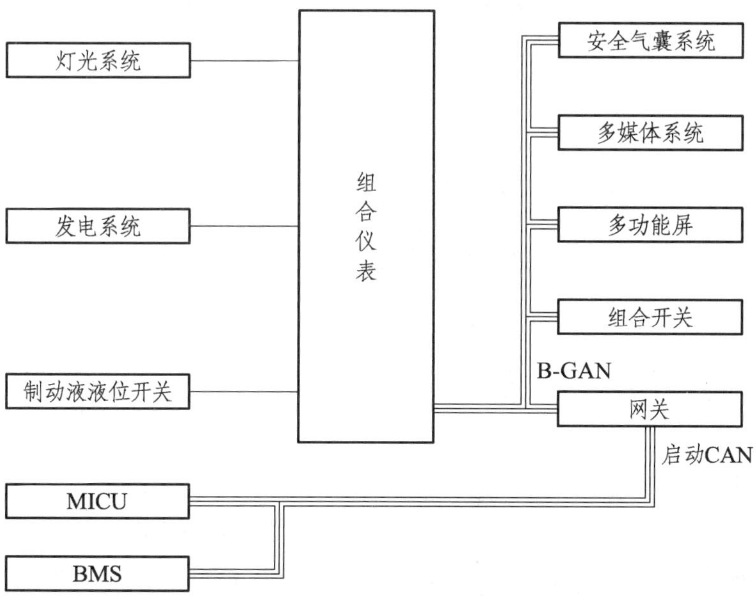

图 4-1-9　比亚迪新能源汽车仪表工作原理

表 4-1-1　比亚迪新能源汽车仪表各连接模块信息

发送模块	接收模块	信息	传输类型
BCM	组合仪表	左前门状态 右前门状态 左后门状态 右后门状态 驾驶员安全带开关信号 整车状态 行李箱信号 智能钥匙系统警告灯信号 蜂鸣器控制信号	CAN
SRS	组合仪表	故障指示灯驱动信号	CAN
组合开关	组合仪表	远光灯开关信号 前雾灯开关信号 后雾灯开关信号 小灯	CAN
组合仪表	多功能屏	调光挡位置信号	CAN
组合仪表	多媒体系统	驻车制动开关信号	CAN
网关	组合仪表	（MIL）排放故障信号 冷却液温度 车速信号 EBD 故障信号 ABS 故障信号 车速信号 Service 报警灯 挡位信号 ESP	CAN
发电系统	组合仪表	充电系统灯	硬线
灯光系统	组合仪表	左转向信号指示灯 右转向信号指示灯	硬线
组合仪表	室内灯系统	背光驱动信号	硬线

五、新能源汽车仪表系统故障诊断

一辆比亚迪 E5 新能源汽车用户反映，车辆的整个组合仪表不显示，经维修人员检测，初步认定为组合仪表总成故障或电源线路故障，现需要根据电路图对仪表故障进行进一步诊断并修复。由于组合仪表线束在仪表后端，必要情况需先按照正确的拆装流程拆下，然后对线束进行检测。

如图 4-1-10 所示比亚迪 E5 组合仪表有常电和 IG1 电（车辆 ON 挡才有电）两个电源，电源线上的保险分别为 F2/25 和 F2/13，G01/39 为常电线，G01/38 为 IG1 电线，G01/12 为搭铁线。由于要直接测量 G01 插接器各针脚比较麻烦，需要拆卸仪表，因此先从简单易测量的保险开始，具体测量步骤见表 4-1-2。

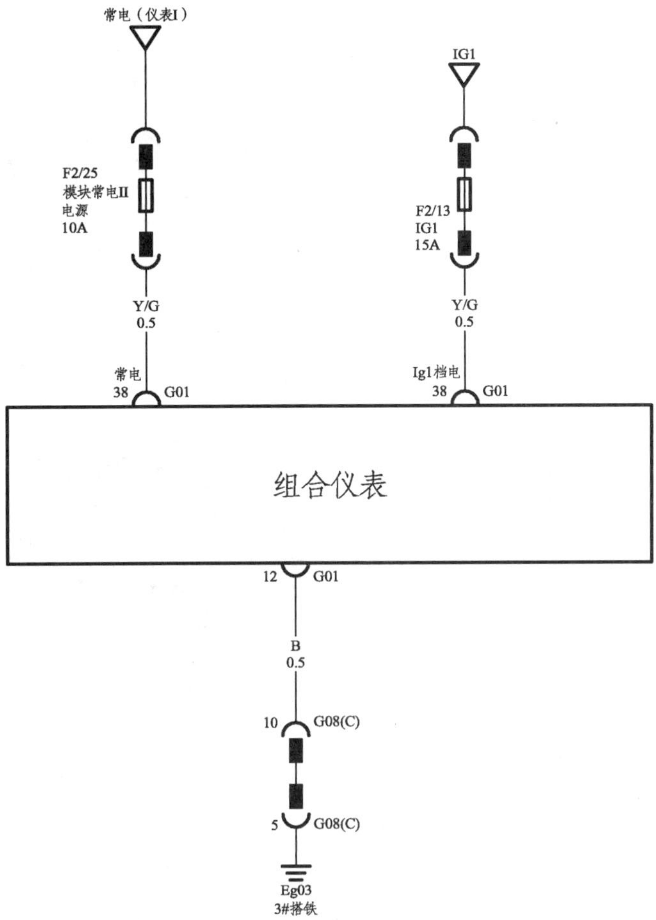

图 4-1-10　比亚迪 E5 新能源汽车组合仪表电路图

表 4-1-2　比亚迪 E5 新能源汽车组合仪表检测表

序号	检测对象	检测方法	测量值	标准值	检测示意图	结论
1	保险 F2/25 上游对地电压	关闭点火开关，用万用表检测保险 F2/25 上游对地电压	12.42 V	12 V		正常
2	保险 F2/25 下游对地电压	关闭点火开关，用万用表检测保险 F2/25 下游对地电压	12.42 V	12 V		正常

续表

序号	检测对象	检测方法	测量值	标准值	检测示意图	结论
3	保险F2/13上游对地电压	打开点火开关，用万用表检测保险F2/13上游对地电压	12.08 V	12 V	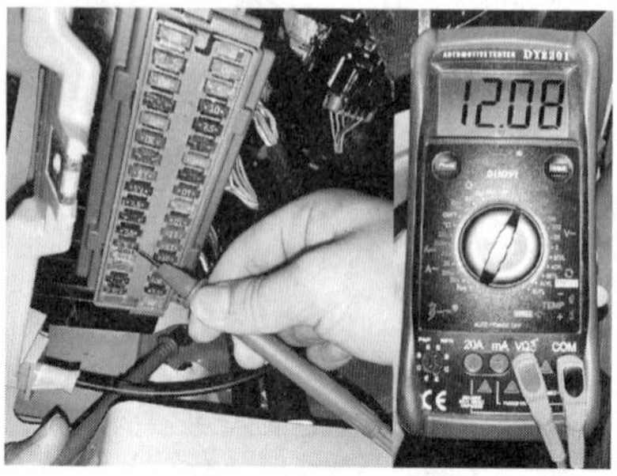	正常
4	保险F2/13下游对地电压	打开点火开关，用万用表检测保险F2/13下游对地电压	12.08 V	12 V		正常
5	G01/39对地电压	1. 拆卸组合仪表，断开插接器G01； 2. 连接蓄电池负极，用万用表测量G01/39对地电压	0 V	12 V	1. 拆卸步骤 （1）断开蓄电池负极。 （2）拨下方向盘调节杆，将方向盘垂直方向上压下。 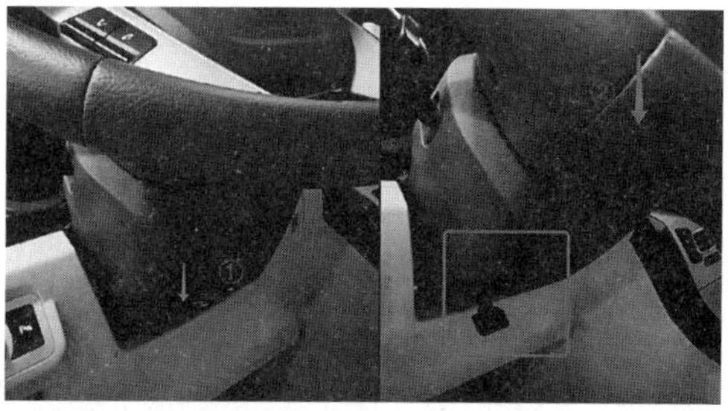 （3）拆卸组合仪表罩（卡扣）。 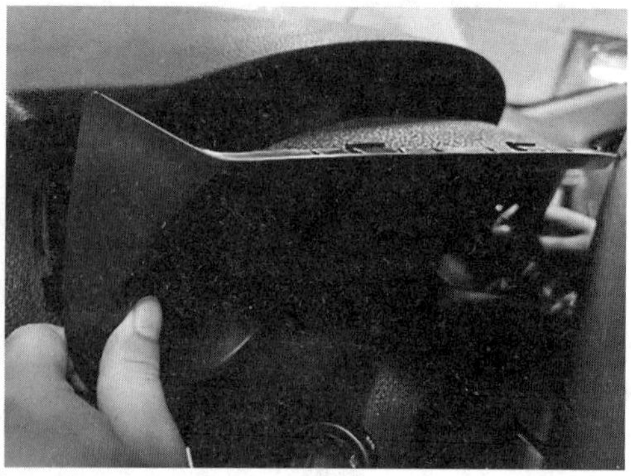	异常

续表

序号	检测对象	检测方法	测量值	标准值	检测示意图	结论
5	G01/39对地电压	1. 拆卸组合仪表，断开插接器 G01； 2. 连接蓄电池负极，用万用表测量 G01/39对地电压	0 V	12 V	（4）用十字螺丝刀拆下组合仪表三个自攻螺钉。  （5）取出组合仪表，断开连接器。 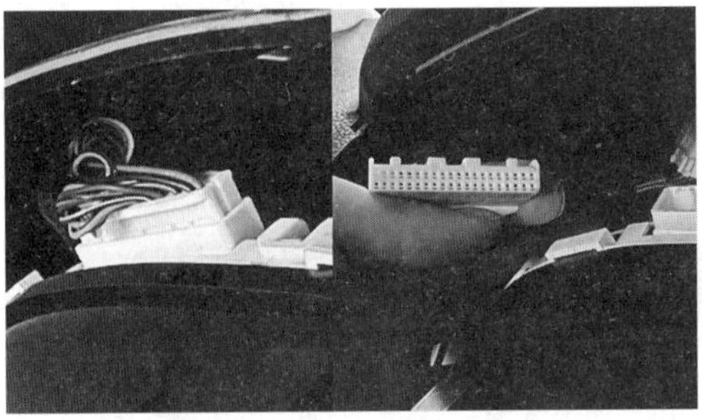 2. 测量 G01/39 对地电压  	异常

续表

序号	检测对象	检测方法	测量值	标准值	检测示意图	结论
6	保险F2/25下游底座与G01/39之间电阻	断开蓄电池负极，拔下保险F2/25，用万用表检测保险 F2/25下游底座与G01/39之间电阻	无穷大	约0 Ω	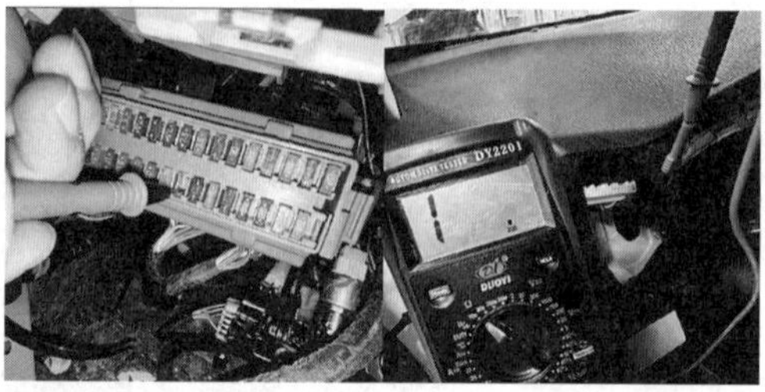	保险F2/25下游底座与G01/39之间连接线束断路
7	故障恢复验证	更换线束，打开点火开关，仪表正常点亮	—	—	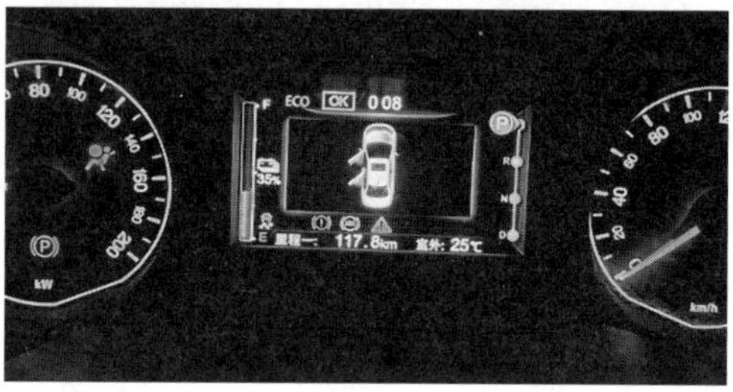	故障排除

任务实施

一、任务准备

（1）绝缘工具套装。
（2）万用表、故障诊断仪、绝缘工具套装。
（3）比亚迪 E5 新能源汽车电路图。
（4）比亚迪 E5 新能源汽车维修手册。
（5）比亚迪 E5 新能源汽车整车。

二、任务实施过程

根据现场实操任务，完成表 4-1-3。

表 4-1-3　新能源汽车仪表系统检测及故障诊断工单

<table>
<tr><td colspan="5">1. 准备工作</td></tr>
<tr><td colspan="3">设置隔离栏</td><td colspan="2">□ 是　　□ 否</td></tr>
<tr><td colspan="3">放置安全警示牌</td><td colspan="2">□ 是　　□ 否</td></tr>
<tr><td colspan="3">检查灭火器</td><td colspan="2">□ 是　　□ 否</td></tr>
<tr><td colspan="3">检查个人防护用品</td><td colspan="2">□ 是　　□ 否</td></tr>
<tr><td colspan="3">检查测量工具</td><td colspan="2">□ 是　　□ 否</td></tr>
<tr><td colspan="3">放置车轮挡块</td><td colspan="2">□ 是　　□ 否</td></tr>
<tr><td colspan="3">安装翼子板布和驾驶室内防护套装</td><td colspan="2">□ 是　　□ 否</td></tr>
<tr><td colspan="5">2. 车辆基本信息采集</td></tr>
<tr><td rowspan="2">记录车辆信息</td><td>品牌</td><td></td><td>动力电池工作电压</td><td></td></tr>
<tr><td>VIN 码</td><td></td><td>驱动电机型号</td><td></td></tr>
<tr><td rowspan="2">车辆基本检查</td><td colspan="2">辅助蓄电池电压：__________ V</td><td colspan="2">□ 正常　　□ 异常</td></tr>
<tr><td colspan="2">高压部件安装及连接器连接情况：</td><td colspan="2">□ 正常　　□ 异常</td></tr>
<tr><td colspan="5">3. 比亚迪 E5 组合仪表图标含义</td></tr>
<tr><td colspan="5">（1）请在实车进行上电/下电/挂挡操作，仪表显示____________________（简单绘制图标）图标表示车辆上电成功，颜色为______________，车辆处于______________档位。车辆______________ON 档。（有/无）（注意：将车辆驱动轮举升离开地面）

（2）在上电状态下，根据当前仪表显示，填写下列真实数据。
车速表显示：______________功率表显示：______________
里程表显示：______________电量表显示：______________
续航里程显示：______________档位信息显示：______________
充电显示：______________</td></tr>
</table>

续表

4. 绘制比亚迪 E5 组合仪表相关电路图
5. 测量比亚迪 E5 组合仪表相关线路

序号	测量对象	编号	测量值	标准值	结论
1	电源线对地电压				□ 正常 □ 异常
2	搭铁线对地电压				□ 正常 □ 异常
3	CAN-L 对地电压				□ 正常 □ 异常
4	CAN-H 对地电压				□ 正常 □ 异常

6. 故障诊断 （由教师根据实际情况针对组合仪表相设置故障）	
（1）确认故障现象	
故障现象初步判定	
（2）读取故障相关信息	
数据流	
故障码	
（3）分析故障范围	
（4）故障测量	

序号	测量对象	测量条件	实测值	标准值	结论
1					
2					
3					
⋮					

续表

(5) 确定故障点	
(6) 故障恢复	
相关用电设备是否能正常工作	□ 是　□ 否
车辆是否能高压上电	□ 是　□ 否
7. 场地恢复	
复位工具、仪器	□ 是　□ 否
恢复翼子板布和驾驶室内防护套装	□ 是　□ 否
恢复车轮挡块	□ 是　□ 否
清洁工作场地	□ 是　□ 否
恢复安全警示牌	□ 是　□ 否
恢复隔离栏	□ 是　□ 否

强化提升

结合教材相关内容、网络文字资料、视频资源，完成表 4-1-4。

表 4-1-4　资讯与决策工单

班级：________________	日期________年______月______日
姓名：________________	学号：________________

1. 知识强化

（1）仪表在新能源汽车中的作用____。

（2）汽车仪表系统的发展经历了哪几个阶段____________、____________、____________、____________、____________。

（3）新能源汽车常用的仪表是哪种类型____________________________。____。

（4）HMI 是____________，汽车仪表 HMI 由__________和__________两部分组成，硬件部分包括__________、__________、__________、__________、__________等。

（5）新能源汽车仪表系统和传统汽车仪表系统的不同点是____。

（6）比亚迪 E5 仪表系统的常电线和搭铁线分别是____________、____________。

（7）比亚迪 E5 仪表系统与 BMS 模块通信是通过____________线束，与安全气囊模块通信是通过____________线束。

（8）比亚迪 E5 的 BCM 模块为组合仪表提供的信息包括____。

（9）比亚迪 E5 的灯光系统通过________线与组合仪表连接，为组合提供________________________信息。

（10）比亚迪 E5 组合仪表的照明是通过背后的可调节____________来实现的。组合仪表的每一个指示灯也是通过专门的____________点亮的。

（11）比亚迪 E5 车速表的工作原理是____。

（12）比亚迪 E5 功率表的工作原理是____。

（13）汽车仪表主要包括________、________、________、________、________、________、________等。

（14）电量表用于________________。大众 ID4 的电量表有________种颜色，含义分别是____。

（15）大众 ID4 挡表示____。

续表

2. 实战训练 （1）所需资料、工具。   （2）小组成员分工。   （3）任务计划。

任务考评

<table>
<tr><td colspan="2">考核内容</td><td colspan="3">考核评分</td></tr>
<tr><td>项目</td><td>内容</td><td>配分</td><td>得分</td><td>批注</td></tr>
<tr><td rowspan="5">工作准备（30%）</td><td>能够正确理解工作任务内容、范围及工作指令</td><td>5</td><td></td><td></td></tr>
<tr><td>能够查阅汽车维修手册，填写车辆基本信息</td><td>5</td><td></td><td></td></tr>
<tr><td>能够正确穿戴防护及劳保用品</td><td>5</td><td></td><td></td></tr>
<tr><td>准备工作场地，能够识别工作场所的安全隐患</td><td>5</td><td></td><td></td></tr>
<tr><td>准备任务所需的工具和检具</td><td>10</td><td></td><td></td></tr>
<tr><td rowspan="10">实施程序（50%）</td><td>正确采集车辆信息</td><td>5</td><td></td><td></td></tr>
<tr><td>正确完成实车比亚迪 E5 组合仪表图标含义确认</td><td>5</td><td></td><td></td></tr>
<tr><td>正确绘制比亚迪 E5 组合仪表相关电路图</td><td>5</td><td></td><td></td></tr>
<tr><td>正确测量比亚迪 E5 组合仪表相关线路</td><td>5</td><td></td><td></td></tr>
<tr><td>正确确认故障现象</td><td>5</td><td></td><td></td></tr>
<tr><td>正确读取故障信息</td><td>5</td><td></td><td></td></tr>
<tr><td>正确分析故障范围</td><td>5</td><td></td><td></td></tr>
<tr><td>正确绘制相关电路图</td><td>5</td><td></td><td></td></tr>
<tr><td>正确进行故障测量</td><td>5</td><td></td><td></td></tr>
<tr><td>正确确定故障点并排除</td><td>5</td><td></td><td></td></tr>
<tr><td rowspan="4">完工清理（20%）</td><td>车辆复位</td><td>5</td><td></td><td></td></tr>
<tr><td>工位清洁垃圾、清洁和整理工作区域</td><td>5</td><td></td><td></td></tr>
<tr><td>全程规范操作，无工具或零件跌落</td><td>5</td><td></td><td></td></tr>
<tr><td>作业工单填写规范，字迹工整</td><td>5</td><td></td><td></td></tr>
<tr><td rowspan="2">考核评语</td><td></td><td rowspan="2">考核成绩</td><td rowspan="2" colspan="2"></td></tr>
<tr><td>考核人员   日期   年   月   日</td></tr>
</table>

续表

组内学生互评					
评价项目	评价内容				得分
	优秀（90～100分）	良好（80～89分）	加油（0～79分）		
沟通交流能力	能够有效地运用多种交流形式	基本能运用多种交流形式	很难运用多种交流形式		
合作交往能力	尊重他人，能与他人良好合作交流	基本上能做到与他人合作交流	不能与他人良好地合作交流		
观察事物能力	观察能力强，细致全面，观察深刻	按要求观察，能发现事物一些特征	无观察目的，不能把握事物特征		
动手操作能力	能积极主动按项目指引完成操作	能按要求完成操作	不能完成操作		
想象创造能力	能够有拓展性地完成工作任务	能够想到新的方式完成任务	按照课本要求完成基本工作		
小组评语	评价人签字： 年 月 日			互评成绩	

企业导师评价			
评价项目	评价内容	评价成绩	备注
工作准备	任务领会、资讯查询、器材准备	□A □B □C □D □E	
知识储备	系统认知、原理分析、技术参数	□A □B □C □D □E	
计划决策	任务分析、任务流程、实施方案	□A □B □C □D □E	
任务实施	专业能力、沟通能力、实施结果	□A □B □C □D □E	
职业道德	纪律素养、安全卫生、器材维护	□A □B □C □D □E	
其他评价			
导师签字：	日期 年 月 日		

注：在选项“□”里打“√”，其中A为90～100分；B为80～89分；C为70～79分；D为60～69分；E不合格。

任务二 新能源汽车报警系统检修

任务导入

<table>
<tr><td colspan="2">任务名称</td><td colspan="4">新能源汽车报警系统检修</td></tr>
<tr><td>姓 名</td><td></td><td>班 级</td><td></td><td>成 绩</td><td></td></tr>
<tr><td>组 别</td><td></td><td>组 长</td><td></td><td>场 地</td><td></td></tr>
<tr><td>日 期</td><td></td><td>学 时</td><td></td><td>指导教师</td><td></td></tr>
<tr><td rowspan="3">任务目标</td><td>知识目标</td><td colspan="4">1. 掌握新能源汽车报警系统的功能和组成；
2. 掌握新能源汽车报警系统的工作原理；
3. 掌握新能源汽车大众 ID4 报警系统电路读识方法</td></tr>
<tr><td>能力目标</td><td colspan="4">1. 能绘制新能源汽车报警系统相关电路图；
2. 能使用检查工具对新能源汽车报警系统进行检测和诊断</td></tr>
<tr><td>素质目标</td><td colspan="4">1. 树立安全意识；
2. 培养 6S 现场管理意识；
3. 严格执行行业规范，培养职业素养；
4. 树立团队协作意识</td></tr>
<tr><td>情景案例</td><td colspan="5">一辆大众 ID4 车辆的仪表出现故障，启动车辆仪表不亮，仪表显示屏黑屏，多媒体显示屏黑屏，无法打开空调，警告和信息提示均不可用。维修技师初步判断，仪表出现黑屏可能有两种原因：一是非常规故障，产品需要系统重置；二是常规故障，即仪表及报警系统相关线路或者仪表本身故障，需要进一步检查以确定故障点</td></tr>
</table>

知识讲解

汽车报警系统是当车辆出现故障时，仪表上相应的指示灯点亮，以提醒和警示驾驶员车辆状态出现问题，需要进行维修，避免出现更严重的安全问题。车辆具有自检功能，当在 ON 挡或上电操作时，车辆各模块会进行自检，时间大约 3 s，自检过程允许外部信号触发各指示灯，该过程仪表的指示灯会一并点亮，当发现系统存在故障便亮对应故障指示灯，其余熄灭。

一、新能源汽车报警系统组成

新能源汽车故障灯包含指示类、警告类、指示/警告类，用绿色、黄色和红色表示不同的严重程度。一般情况下，绿色表示车辆正常；黄色起警示作用，车辆可以正常行驶，但车辆处在不正常的状态，需要停车进行检查；红色起警告作用，车辆已经无法正常行驶。现以北汽新能源汽车仪表标识为例进行讲解（见表 4-2-1），不同品牌车型故障指示灯含义基本相同。

1．READY 灯

如图 4-2-1 中序号 2 所示，READY 灯为绿色，启动车辆，若 READY 灯点亮表示车辆上电成功，高压电输出，车辆驱动准备就绪；若 READY 灯不亮，则表示高压上电不成功，系统存在高压上电故障。绝大部分车辆使用 READY 灯，而比亚迪则使用 OK 灯在仪表中部区域显示，其含义与 READY 灯相同。只要高压系统存在故障，启动车辆，均不能高压上电，READY 灯或 OK 灯不会点亮，在高压系统有故障的情况下为确保安全是不允许高压电对外输出的，这也是新能源汽车确保安全的设计考虑。

2．能量回收/回馈

如图 4-2-1 中序号 20、22 所示，新能源汽车均有能量回馈的功能，这也是新能源汽车在节能上的一大优势，是传统汽车不具备的功能。部分车辆该功能可由用户选择开启或关闭，同时在开启该功能的情况下，由用户自行设定能量回馈的级别。若选择能量回馈的级别较高则在减速或制动的情况下，能量回馈较多，且车辆在行驶过程中减速的感受更明显；反之则车辆减速更为柔和、线性。

3．电机过热指示/电机故障指示

如图 4-2-1 中序号 25 所示，新能源汽车中电机取代了发动机的角色成为了车辆的动力源，它是状态直接关系到车辆能否正常行驶，所以电脑板需要实时监控电机的信息以判断车辆是否具备正常行驶条件。当温度传感器检测到电机温度超出阈值时，电机过热指示灯点亮，当电机出现故障时，电机故障指示灯点亮。

4．动力电池故障报警指示

如图 4-2-1 中序号 24 所示，当新能源汽车上动力电池存在故障或者用于监控动力电池状态信息的 BMS 相应模块和线路出现故障，会导致动力电池故障报警指示灯点亮。该图标为电池图标旁加上一个感叹号，注意与 12 V 蓄电池故障指示灯区分开，即低压充电系统故障信息（如 DC/DC 故障），前者图标中多一个感叹号，表示高压系统的动力电池故障，后者图标没有感叹号，表示低压系统的 12 V 蓄电池故障，含义完全不一样。

5.（动力）系统故障报警指示

如图 4-2-1 中序号 21 所示，一般情况下，当车辆动力系统存在故障，车辆均无法高压上电。因此，当看到（动力）系统故障报警指示点亮时，高压电不会对外输出，车辆也不能高压上电，需要排查影响车辆高压上电的各系统。注意区分动力电池故障报警指示和（动力）系统故障报警指示的含义，前者是针对动力电池，后者是针对整个动力系统，一般情况下，当动力电池故障报警指示点亮的情况下，（动力）系统故障报警指示也会点亮。

6. 充电连接指示

如图 4-2-1 中序号 7 所示，充电连接确认指示灯为红色，但不表示故障，它代表插枪充电时，插上充电枪后，车辆端确认充电枪已经连接成功，车辆端明确用户需要充电，当满足其他充电条件时，车辆则可进行充电。在充电过程中，充电连接指示一直为点亮状态。无论能否正常充电，只要插枪连接成功，车辆端能检测到枪端的电阻，指示灯就会点亮红色图标，无绿色状态。

7. 驱动功率限制指示灯

如图 4-2-1 中序号 28 所示，驱动功率限制指示灯也叫"乌龟灯"。由于电机或电机控制器过热或者电量不足，会点亮驱动功率限制指示灯，整车功率受限，若在此状态下不是因为电量不足导致的情形应对车辆进行检测维修，若为电量不足导致则尽快补充电量即可。

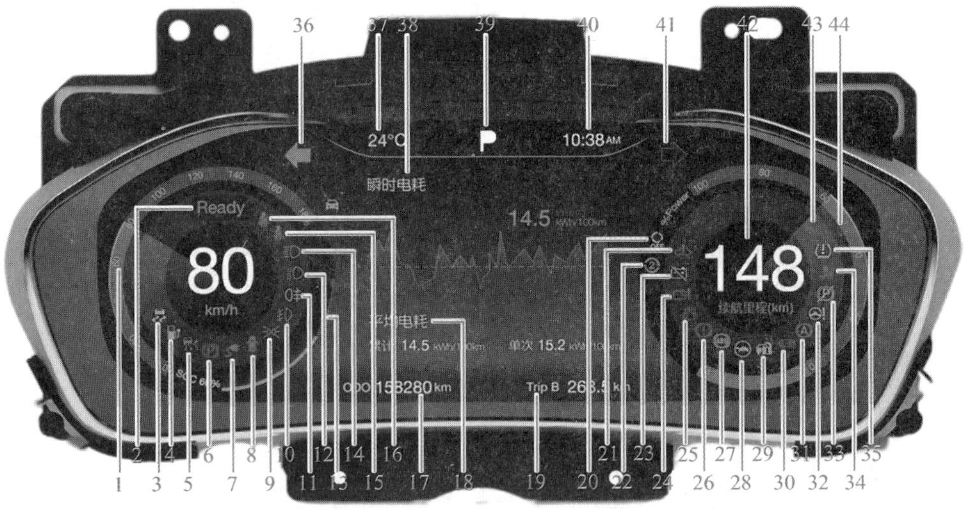

图 4-2-1　北汽新能源汽车仪表标识

表 4-2-1　北汽新能源汽车仪表标识

序号	指示项说明	序号	指示项说明	序号	指示项说明
1	车速表（仪表系统）	4	充电提示灯/充电指示灯	7	充电线连接指示
2	READY 指示灯	5	巡航系统指示灯	8	门开指示灯
3	ESP 工作指示灯	6	电子驻车系统指示	9	位置灯指示

续表

序号	指示项说明	序号	指示项说明	序号	指示项说明
10	前雾灯指示	22	制动能量回收指示等级	34	安全气囊故障指示
11	后雾灯指示	23	高压断开指示	35	TPMS 故障指示灯
12	近光灯指示	24	动力电池故障报警指示	36	左转向指示灯
13	剩余电量指示表(仪表系统)	25	电机过热指示	37	车外温度显示
14	远光灯指示	26	制动系统故障指示灯	38	瞬时电耗显示（仪表系统）
15	副驾安全带未系指示	27	ABS 故障指示灯	39	挡位信息显示（仪表系统）
16	主驾安全带未系指示	28	驱动功率限制信号灯	40	时间显示（仪表系统）
17	总里程显示（仪表系统）	29	动力防盗指示	41	右转向指示灯
18	平均电耗显示（仪表系统）	30	电机故障报警指示	42	续航里程显示（仪表系统）
19	小计里程显示（仪表系统）	31	AVH 指示灯	43	12V 电池故障指示
20	制动能量回收关闭指示	32	电动助力转向故障指示	44	功率表（仪表系统）
21	系统故障灯	33	电子驻车系统故障指示		

二、新能源汽车报警系统工作原理

比亚迪 E5 组合仪表的照明是通过背后的可调节发光二极管来实现的，保证组合仪表的可视度。组合仪表的每一个指示灯也是通过专门的发光二极管点亮的。每一个发光二极管都采用整体式地焊接到组合仪表壳体背后的电路板上。连接电路将组合仪表连接到整车的电气系统上，这些连接电路被集成在汽车线束内按不同位置进行走向，并按不同方式固定。各警告灯、指示灯的工作原理见表 4-2-2。

表 4-2-2　比亚迪 E5 组合仪表警告灯/指示灯的工作原理

序号	名称	图标	工作原理
1	转向指示灯		仪表通过硬线采集组合开关转向信号
2	远光灯指示灯	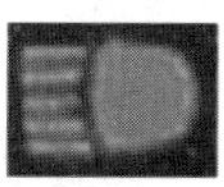	组合仪表接收到远光灯“开启”的 CAN 信息时，点亮此灯并长亮；接收到远光灯“关闭”的 CAN 信息时，此灯熄灭，此指示灯和远光灯同步工作
3	小灯指示灯		从组合开关接收小灯开关信号（CAN）

续表

序号	名称	图标	工作原理
4	前雾灯指示灯		从组合开关接收前雾灯开关信号（CAN）
5	后雾灯指示灯		从组合开关接收后雾灯开关信号（CAN）
6	驾驶员座椅安全带指示灯		从 BCM 接收安全带开关信号（CAN）
7	SRS 故障警告灯	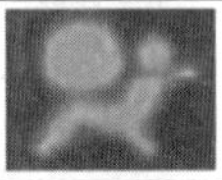	从安全气囊系统接收安全气囊故障信号
8	充电系统警告灯		从充电系统接收充电系统故障信息（硬线）
9	ABS 故障警告灯		接收网关发送的 ABS 系统故障信息，点亮指示灯。CAN 线断线点亮
10	驻车制动故障警告灯		从驻车制动开关接收驻车信号（硬线）;从制动液位开关接收制动液位信号（硬线）；当组合仪表采集到"EBD 故障"信号（CAN）
11	EPS 故障警告灯		接收到 EPS 故障信号（CAN）
12	智能钥匙系统警告灯		从智能钥匙系统读取钥匙信息（CAN）
13	防盗指示灯	（红色）	整车进入休眠时，指示灯点亮并保持常亮；经过一段时间后变为闪烁，表明整车已经进入休眠状态
14	前大灯调节指示灯(预留)		组合仪表采集前大灯调节单元的模式信号（CAN）
15	巡航主指示灯（预留）		操作方向盘上的巡航按钮，仪表接收网关发送的信息，控制指示灯的点亮和熄灭
16	巡航控制指示灯（预留）		仪表接收到网关信号，控制指示灯的点亮和熄灭，表明车辆是否进入巡航状态
17	车门和行李厢状态指示灯		从 BCM 接收各门和行李箱开关状态（CAN）

续表

序号	名称	图标	工作原理
18	主告警灯		接收到故障信息及提示信息（除背光调节、车门及行李箱状态信息外）
19	ESP 故障警告灯		从 ESP 系统接收到 ESP 故障信号（CAN）
20	ESP OFF 警告灯		接收到 ESP 系统关闭信号（CAN）
21	胎压故障警告灯（预留）		从胎压监测系统接收到胎压故障信号(CAN)
22	动力电池充电连接指示灯		从充电口接收到插枪信号（CAN）

三、新能源汽车报警系统故障诊断

1．常规故障

大众 ID4 车辆在 PARK 挡仪表点亮的过程中，突然显示“警告和信息均不可用。请谨慎驾驶？”提示，车速显示无数据，车辆无法挂挡，READY 灯不亮，约 1 min 后，仪表熄灭，黑屏；多媒体功能屏在此过程中突然高亮，然后熄灭。重新给车辆上电，仪表均无任何反映。

连接诊断仪，无法读取车辆故障码。

根据图 4-2-2 所示大众 ID4 新能源汽车仪表及报警系统局部电路图可知，驾驶员信息系统控制及显示单元 J1254（组合仪表）通过 CAN 线与 J533 通信，仪表不亮可能与仪表电源线、CAN 线，以及其他通信模块有关（如 J533 数据诊断接口模块），检测步骤见表 4-2-3。

表 4-2-3　大众 ID4 报警系统诊断流程表

序号	检测对象	检测方法	测量值	标准值	检测示意图	结论
1	J1254 电源保险 SC19 下游对地电压	关闭点火开关，用万用表检测保险 SC19 下游对地电压	12.69 V	12 V	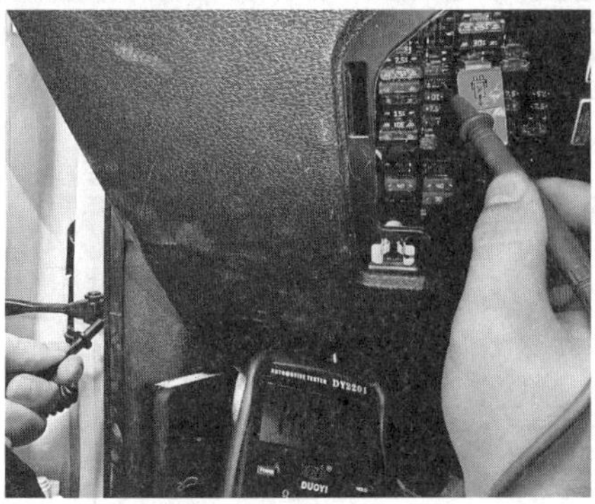	正常

续表

序号	检测对象	检测方法	测量值	标准值	检测示意图	结论
2	J533CAN-H T40aa/2 对地电压	打开点火开关，在 J533 模块端用万用表检测 T40aa/2 对地电压	0 V	2.5 ~ 3.5 V	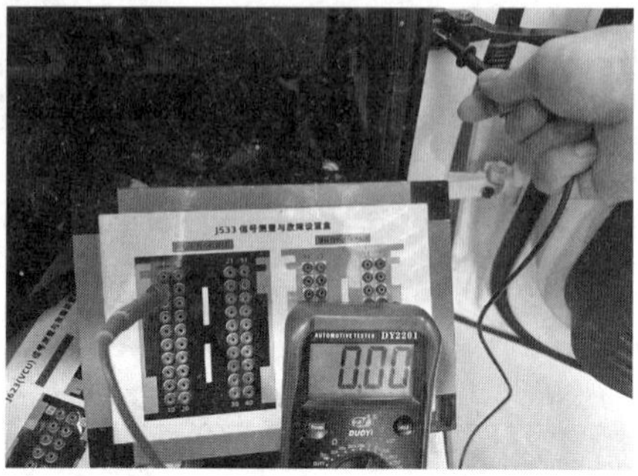	异常
3	J533CAN-LT40aa/1 对地电压	打开点火开关，在 J533 模块端用万用表检测 T40aa/1 对地电压	0 V	1.5 ~ 2.5 V	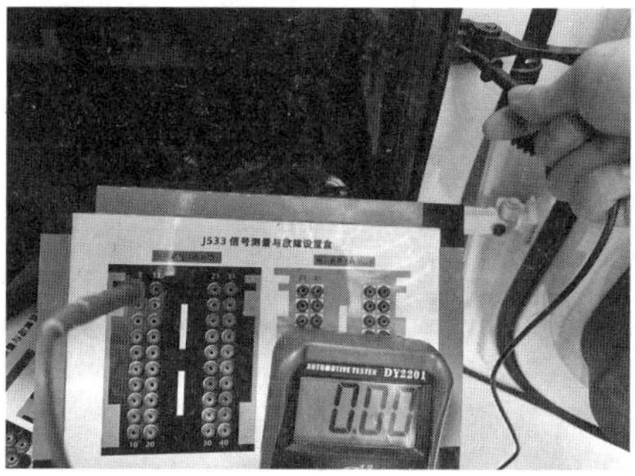	异常
4	J533 电源保险 SC41 上游对地电压	关闭点火开关，用万用表检测保险 SC41 上游对地电压	11.82 V	12 V	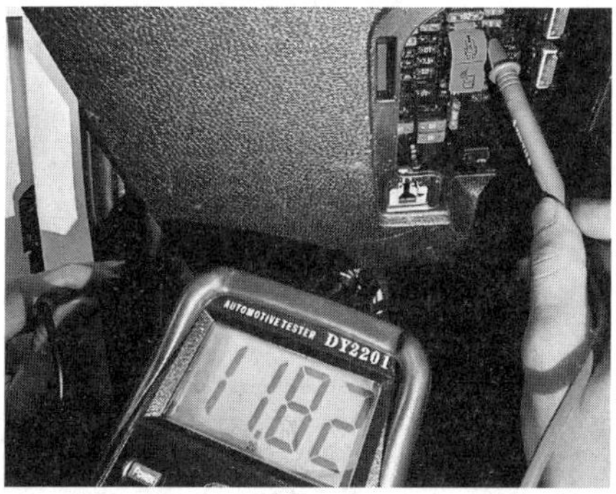	正常
5	J533 电源保险 SC41 下游对地电压	关闭点火开关，用万用表检测保险 SC41 下游对地电压	0 V	12 V	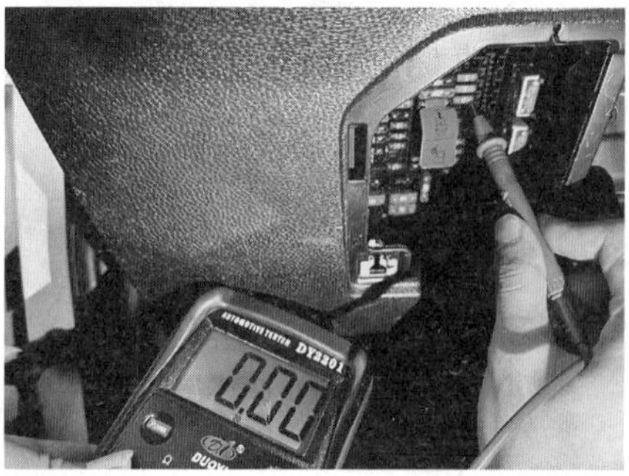	异常

续表

序号	检测对象	检测方法	测量值	标准值	检测示意图	结论
6	保险 SC41 电阻	断开蓄电池负极，拔下保险 SC41，用万用表检测保险两针脚之间电阻	无穷大	约 0 Ω	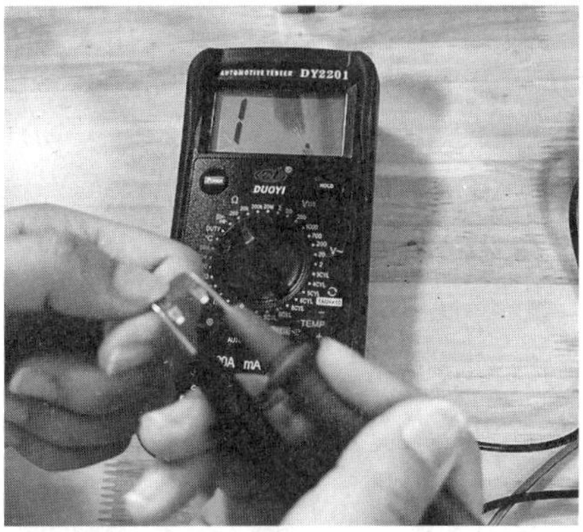	保险 SC41 断路（由于 J533 电源保险 SC41 断路，J533 模块不工作，导致 CAN-H 与 CAN-L 异常）
7	故障恢复验证	更换保险，踩下制动踏板，按下点火开关，仪表 READY 正常点亮	—	—		故障排除

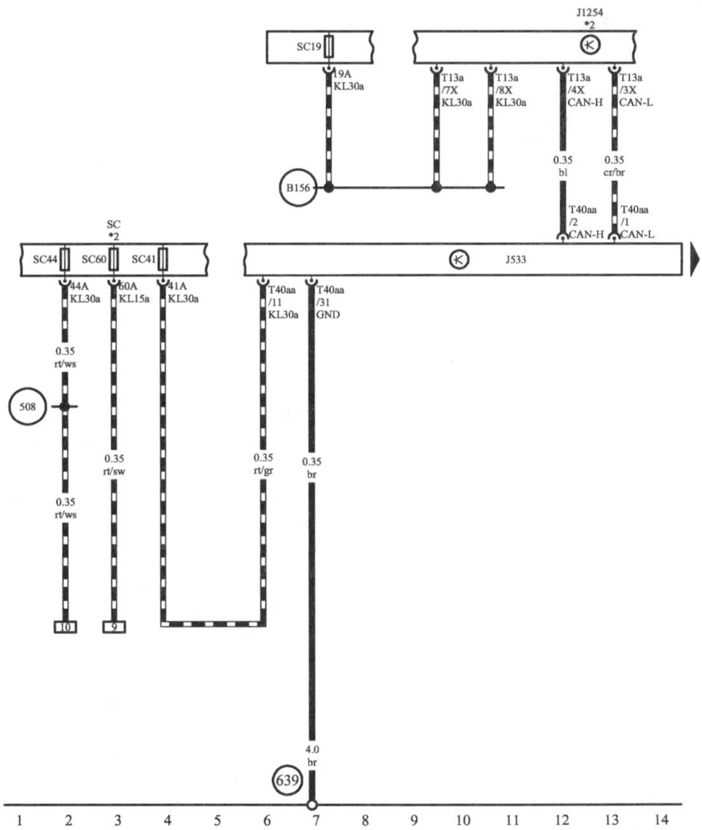

图 4-2-2　大众 ID4 新能源汽车仪表及报警系统局部电路图

2．非常规故障

大众 ID4 车型出现液晶仪表盘、中控屏存在同时黑屏的故障，经过检查仪表的电源线，通信线均正常，车辆蓄电池电压也正常，此情况可以尝试采用以下方法解决：

（1）快速点击车机屏幕左下角的开关键至少 10 下。

（2）长按车机屏幕左下角的车机电源键，持续 1 ~ 2 min 后，屏幕重启完成。

（3）在空旷安全的路段，黑屏驾驶一段时间，然后长按车机电源键 1 ~ 2 min 重启屏幕。

（4）在着车状态下，踩刹车挂 D 挡或 R 挡（持续踩刹车），长按车机电源键 1 ~ 2 min 钟（可能需要重复多次）。

（5）在着车状态下，踩刹车挂 D 挡或 R 挡（持续踩刹车），反复按方向盘右下 START 启动按键，反复 10 多次后屏亮。

（6）按住车机开关键（在中空屏左下角）不放，按到屏幕亮。

（7）按两次大灯开关 MAX 后，等待屏幕亮起，或重启车机屏幕。

（8）开启暖风空调，待车机温度上升后，车机屏幕恢复正常。

任务实施

一、任务准备

（1）绝缘工具套装。

（2）万用表、故障诊断仪、绝缘工具套装。

（3）大众 ID4 新能源汽车电路图。

（4）大众 ID4 新能源汽车维修手册。

（5）大众 ID4 新能源汽车整车。

二、任务实施过程

根据现场实操任务，完成表 4-2-4。

表 4-2-4　新能源汽车报警系统检测及故障诊断工单

1. 准备工作	
设置隔离栏	□ 是　　□ 否
放置安全警示牌	□ 是　　□ 否
检查灭火器	□ 是　　□ 否
检查个人防护用品	□ 是　　□ 否
检查测量工具	□ 是　　□ 否
放置车轮挡块	□ 是　　□ 否
安装翼子板布和驾驶室内防护套装	□ 是　　□ 否

续表

2. 车辆基本信息采集				
记录车辆信息	品牌		动力电池工作电压	
	VIN 码		驱动电机型号	
车辆基本检查	辅助蓄电池电压：________ V		□ 正常	□ 异常
	高压部件安装及连接器连接情况：		□ 正常	□ 异常

3. 大众 ID4 驾驶员信息系统控制及显示单元各图标含义

请在实车进行上电/下电/挂挡操作，分析仪表上方框中相应图标的含义。（注意：将车辆驱动轮举升离开地面）

图 1

图 2

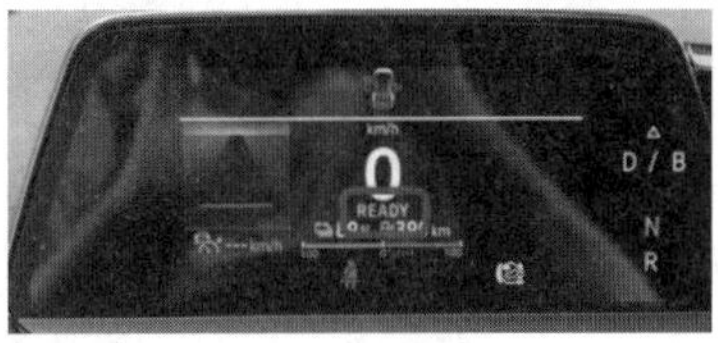

图 3

（1）图 1：图标含义____________，点亮图标的操作方法________________________，车辆高压电______输出（是/否）。

（2）图 2：图标含义____________，点亮图标的操作方法________________________，车辆高压电______输出（是/否）。

（3）图 3：图标含义____________，点亮图标的操作方法________________________，车辆高压电______输出（是/否）。

4. 绘制大众 ID4 驾驶员信息系统控制及显示单元（J1254）相关电路图

5. 测量大众 ID4 驾驶员信息系统控制及显示单元相关线路

序号	测量对象	编号	测量值	标准值	结论
1	电源线对地电压				□ 正常　□ 异常
2	搭铁线对地电压				□ 正常　□ 异常
3	CAN-L 对地电压				□ 正常　□ 异常
4	CAN-H 对地电压				□ 正常　□ 异常

续表

<table>
<tr><td colspan="6">6. 故障诊断
（由教师根据实际情况针对驾驶员信息系统控制及显示单元设置故障）</td></tr>
<tr><td colspan="6">（1）确认故障现象</td></tr>
<tr><td>故障现象
初步判定</td><td colspan="5"></td></tr>
<tr><td colspan="6">（2）读取故障相关信息</td></tr>
<tr><td>数据流</td><td colspan="5"></td></tr>
<tr><td>故障码</td><td colspan="5"></td></tr>
<tr><td colspan="6">（3）分析故障范围</td></tr>
<tr><td colspan="6"></td></tr>
<tr><td colspan="6">（4）故障测量</td></tr>
<tr><td>序号</td><td>测量对象</td><td>测量条件</td><td>实测值</td><td>标准值</td><td>结论</td></tr>
<tr><td>1</td><td></td><td></td><td></td><td></td><td></td></tr>
<tr><td>2</td><td></td><td></td><td></td><td></td><td></td></tr>
<tr><td>3</td><td></td><td></td><td></td><td></td><td></td></tr>
<tr><td>....</td><td></td><td></td><td></td><td></td><td></td></tr>
<tr><td colspan="6">（5）确定故障点</td></tr>
<tr><td colspan="6"></td></tr>
<tr><td colspan="6">（6）故障恢复</td></tr>
<tr><td colspan="4">相关用电设备是否能正常工作</td><td colspan="2">□ 是　　□ 否</td></tr>
<tr><td colspan="4">车辆是否能高压上电</td><td colspan="2">□ 是　　□ 否</td></tr>
<tr><td colspan="6">7. 场地恢复</td></tr>
<tr><td colspan="4">复位工具、仪器</td><td colspan="2">□ 是　　□ 否</td></tr>
<tr><td colspan="4">恢复翼子板布和驾驶室内防护套装</td><td colspan="2">□ 是　　□ 否</td></tr>
<tr><td colspan="4">恢复车轮挡块</td><td colspan="2">□ 是　　□ 否</td></tr>
<tr><td colspan="4">清洁工作场地</td><td colspan="2">□ 是　　□ 否</td></tr>
<tr><td colspan="4">恢复安全警示牌</td><td colspan="2">□ 是　　□ 否</td></tr>
<tr><td colspan="4">恢复隔离栏</td><td colspan="2">□ 是　　□ 否</td></tr>
</table>

强化提升

结合教材相关内容、网络文字资料、视频资源，完成表 4-2-5。

表 4-2-5　资讯与决策工单

班级：________________	日期______年______月______日
姓名：________________	学号：________________

1. 知识强化

（1）新能源你汽车故障灯包含________、________、________。

（2）汽车报警系统有三种颜色的提示灯，分别是________、________、________，一般情况下，________表示车辆正常；________起警示作用，车辆可以正常行驶，但车辆处在不正常的状态，需要停车进行检查；________起警告作用，车辆已经无法正常行驶。

（3）动力电池故障指示灯和（动力）系统故障报警指示的区别是____。

（4）充电连接确认指示灯为________（颜色），图标为________，是______对______的确认。（车端/桩端）

（5）仪表上 READY 点亮时，车辆的高压电________输出。（是/否）

（6）新能源汽车能量回馈程度（级别）________调整。（是/否）

（7）什么情况下电机过热指示灯会点亮？____。

（8）动力电池故障报警指示灯和 12 V 蓄电池故障指示灯的区别什么？____。

（9）请根据新能源汽车仪表标识，写出各图标的含义，并填入表格。

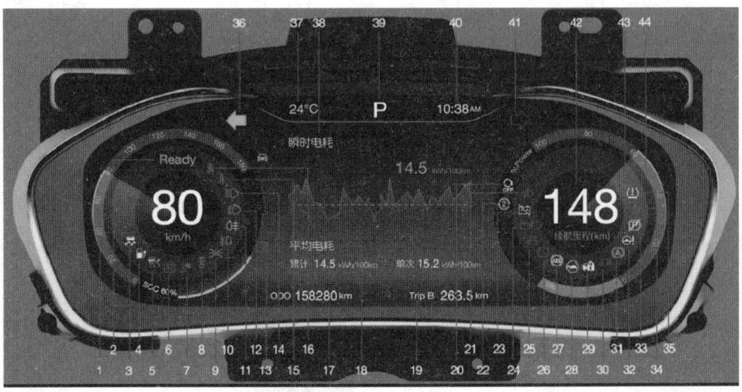

续表

序号	指示项说明	序号	指示项说明	序号	指示项说明
1		17		33	
2		18		34	
3		19		35	
4		20		36	
5		21		37	
6		22		38	
7		23		39	
8		24		40	
9		25		41	
10		26		42	
11		27		43	
12		28		44	
13		29		45	
14		30		46	
15		31		47	
16		32		48	

（10）请列出新能源汽车与传统燃油车进行比较，哪些图标是新能源汽车报警系统特有的标识？

____

____

____

（11）请简要写出比亚迪 R5 下列图标的工作原理。

图标	含义	图标	含义
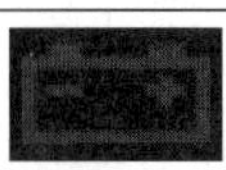			

续表

2. 实战训练 （1）所需资料、工具。   （2）小组成员分工。   （3）任务计划。

任务考评

考核内容		考核评分		
项目	内容	配分	得分	批注
工作准备（30%）	能够正确理解工作任务内容、范围及工作指令	5		
	能够查阅汽车维修手册，填写车辆基本信息	5		
	能够正确穿戴防护及劳保用品	5		
	准备工作场地，能够识别工作场所的安全隐患	5		
	准备任务所需的工具和检具	10		
实施程序（50%）	正确采集车辆信息	5		
	正确完成实车大众ID4组合仪表图标含义确认	5		
	正确绘制大众ID4组合仪表相关电路图	5		
	正确测量大众ID4组合仪表相关线路	5		
	正确确认故障现象	5		
	正确读取故障信息	5		
	正确分析故障范围	5		
	正确绘制相关电路图	5		
	正确进行故障测量	5		
	正确确定故障点并排除	5		
完工清理（20%）	车辆复位	5		
	工位清洁垃圾、清洁和整理工作区域	5		
	全程规范操作，无工具或零件跌落	5		
	作业工单填写规范，字迹工整	5		
考核评语		考核成绩		
	考核人员 | 日期 | 年 月 日			

续表

组内学生互评				
评价项目	评价内容			得分
	优秀（90～100分）	良好（80～89分）	加油（0～79分）	
沟通交流能力	能够有效地运用多种交流形式	基本能运用多种交流形式	很难运用多种交流形式	
合作交往能力	尊重他人，能与他人良好合作交流	基本上能做到与他人合作交流	不能与他人良好地合作交流	
观察事物能力	观察能力强，细致全面，观察深刻	按要求观察，能发现事物一些特征	无观察目的，不能把握事物特征	
动手操作能力	能积极主动按项目指引完成操作	能按要求完成操作	不能完成操作	
想象创造能力	能够有拓展性地完成工作任务	能够想到新的方式完成任务	按照课本要求完成基本工作	
小组评语	评价人签字：　　年　月　日		互评成绩	

企业导师评价			
评价项目	评价内容	评价成绩	备注
工作准备	任务领会、资讯查询、器材准备	□A □B □C □D □E	
知识储备	系统认知、原理分析、技术参数	□A □B □C □D □E	
计划决策	任务分析、任务流程、实施方案	□A □B □C □D □E	
任务实施	专业能力、沟通能力、实施结果	□A □B □C □D □E	
职业道德	纪律素养、安全卫生、器材维护	□A □B □C □D □E	
其他评价			
导师签字：		日期　　年　月　日	

注：在选项“□”里打“√”，其中A为90～100分；B为80～89分；C为70～79分；D为60～69分；E不合格。

项目五

新能源汽车辅助电气系统检修

任务一 新能源汽车雨刮洗涤系统检修

任务导入

<table>
<tr><td colspan="2">任务名称</td><td colspan="4">汽车雨刮洗涤系统检修</td></tr>
<tr><td>姓 名</td><td></td><td>班 级</td><td></td><td>成 绩</td><td></td></tr>
<tr><td>组 别</td><td></td><td>组 长</td><td></td><td>场 地</td><td></td></tr>
<tr><td>日 期</td><td></td><td>学 时</td><td></td><td>指导教师</td><td></td></tr>
<tr><td rowspan="3">任务目标</td><td>知识目标</td><td colspan="4">1. 掌握汽车雨刮洗涤系统的功能和组成；
2. 握汽车雨刮洗涤系统的工作原理；
3. 掌握汽车雨刮器翻新及更换流程；
4. 掌握汽车雨刮洗涤系统电路读识方法</td></tr>
<tr><td>能力目标</td><td colspan="4">1. 能按照流程正确翻新及更换汽车雨刮器；
2. 能绘制汽车雨刮洗涤系统相关电路图；
3. 能使用检查工具对汽车雨刮洗涤系统进行检测和诊断</td></tr>
<tr><td>素质目标</td><td colspan="4">1. 树立安全意识；
2. 培养 6S 现场管理意识；
3. 严格执行行业规范，培养职业素养；
4. 树立团队协作意识</td></tr>
<tr><td>情景案例</td><td colspan="5">大众 ID4 车主在正常启动车辆后，发现前挡风玻璃较脏，于是开启洗涤挡清洗并刮除挡风玻璃上的灰尘。但是洗涤泵工作喷出洗涤液时，雨刮器并不工作，车主只能手动用抹布擦干净前挡风玻璃，然后前往维修站对车辆雨刮器系统进行检修</td></tr>
</table>

知识讲解

雨刮洗涤系统可以刮掉雨雪、泥沙、灰尘、昆虫尸体等，让驾驶员保持视野清晰，在保障行车安全方面起着重要作用。有统计显示，在雨天行车过程中，因雨刷故障引起的事故率比平常高出大约 5 倍。可见它在主动安全方面确实有着十分重要的作用。

一、汽车雨刮洗涤系统结构及工作原理

1．汽车雨刮系统分类

汽车雨刮系统按驱动方式可分为机械式、真空式、气压式、液压式和电动式。目前，新能源汽车一般采用电动刮水系统，其优点是结构简单、控制方便。

按照雨刮系统安装的位置可分为前雨刮系统［见图 5-1-1（a）］和后雨刮系统［见图 5-1-1（b）］。一般两厢车、SUV、MPV 等没有突出尾箱设计的车型后风挡容易被卷起的污水和泥沙弄脏，因此，需要后雨刮系统刮走污水和泥沙，便于驾驶员从后视镜透过后挡风玻璃观察后方车辆的情况。前雨刮系统和后雨刮器是两个独立系统，可单独控制。大众 ID4 安装了前雨刮和后雨刮，比亚迪 E5 只安装了前雨刮。

（a）前雨刮系统　　（b）后雨刮系统

图 5-1-1　汽车雨刮系统按驱动方式分类

按照雨刮臂总成数量可分为单刮臂、双刮臂和三刮臂（见图 5-1-2），绝大多数新能源汽车采用双刮臂形式。大众 ID4 和比亚迪 E5 均为双刮臂类型。

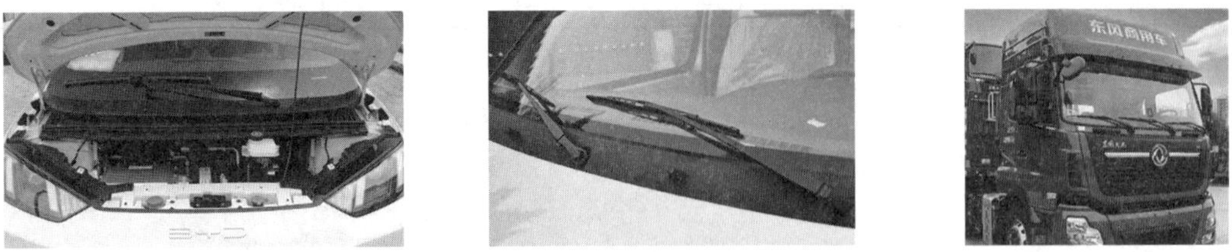

（a）单刮臂　　（b）双刮臂　　（c）三刮臂

图 5-1-2　汽车雨刮系统按雨刮臂总成数量分类

按雨刮臂摆动方向可分为对摆式和同摆式，如图 5-1-3 所示。其中，对摆式雨刮系统的

风窗玻璃高宽比小于 1：1.75，多用于大型客车货车；同摆式雨刮系统的风窗玻璃的高宽比大于 1：1.75，用于一般车辆。大众 ID4 和比亚迪 E5 均为同摆式。

（a）对摆式

（b）同摆式

图 5-1-3　汽车雨刮系统按雨刮臂摆动方向分类

按雨刮刷频率可分为低速、高速和间歇，其中，低速频率为 20～45 次/分钟，用于中、小雨雪天气，高速频率大于 45 次/分用于大雨雪天气，间歇频率为 2～12 s 一次用于蒙蒙细雨天气。大众 ID4 和比亚迪 E5 雨刮系统开关选择不同挡位有不同的刮水频率。

2．汽车雨刮系统组成

汽车雨刮系统包括雨刮器、洗涤器和除霜装置等。

1）雨刮器组成

汽车雨刮器由刮臂、刮片、联动机构、电机及减速机构、雨刮器开关组成，如图 5-1-4 所示 。

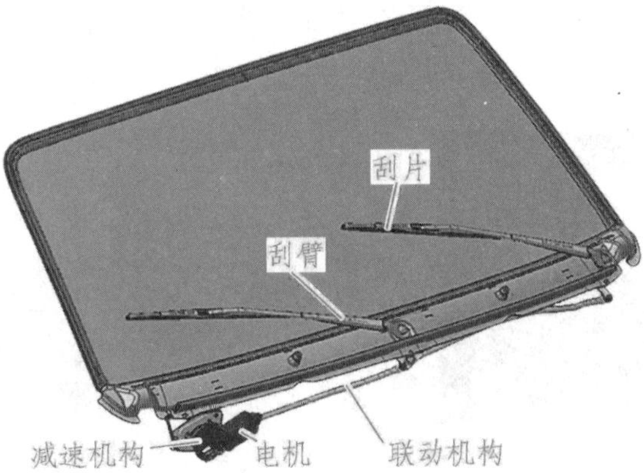

图 5-1-4　汽车雨刮系统结构

电机是雨刮器的动力源，是整个雨刮系统的核心。采用直流永磁电动机，由车上低压 12 V 电源供电，通过正反转驱动雨刮器往复运动。

减速机构一般与电机做成一个整体。减速机构通常采用蜗轮蜗杆结构（见图 5-1-5），减速机构的作用是减速增扭，其输出轴带动四连杆机构，通过四连杆机构把连续的旋转运动转变为左右摆动的运动。

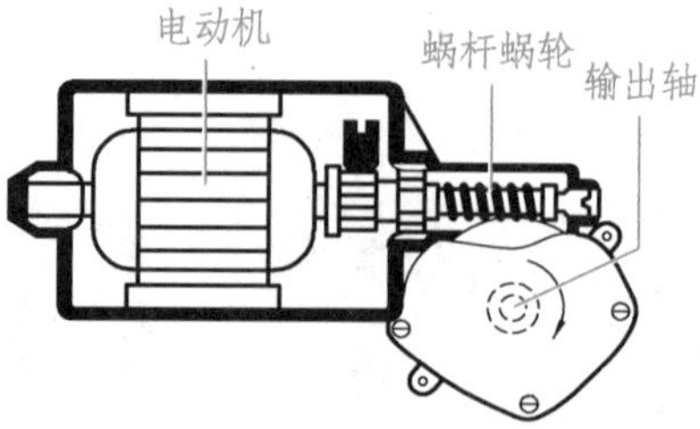

图 5-1-5　汽车雨刮系统减速机构

联动机构分为钢索式和连杆式，新能源汽车一般采用连杆机构，连杆机构效率为 80% ~ 90%，刮刷角度在 110° 范围内，而且构造简单、无噪声、耐用、成本低，所以被广泛采用。

雨刮臂由刮臂头部、刮片弹簧、刮杆和夹持架构成。刮臂对刮片的压紧力要求，平刮时每厘米刮片压力为 0.09 ~ 0.13 N，曲刮时为 0.12 ~ 0.16 N。

刮片是雨刮器的执行器件，它由四连杆机构通过安装在前围板上的转轴来带动刮刷风窗玻璃。材料一般为氯丁橡胶与天然橡胶的合成胶，产品性能和寿命都要满足 GB 15085 中相关的试验要求。雨刮器应符合《汽车风窗玻璃电动刮水器的型式与尺寸》（JB 3032—81）规定的刮片长度（200 mm、225 mm、250 mm、275 mm、300 mm、325 mm、350 mm、400 mm、450 mm、500 mm、550 mm、600 mm）。雨刮片功能是将玻璃表面的雨水抹平形成均一的水膜层，使光线顺利穿过，不会产生折射和弯曲变形。

雨刮器开关是开启、关闭以及调节雨刮器挡位的操作装置，一般安装于方向盘右侧转向柱上。以大众 ID 车型的雨刮器开关为例，如图 5-1-6 所示，雨刮器向上是关闭，向下是开启，一共有 6 个挡位，分别是 1 × 点动挡、OFF 关闭挡、INT 自动/间歇挡、LOW 慢挡、HIGH 快挡，洗涤挡。其中，1 × 挡为手动挂一次；INT 挡为打开自动雨刮为自动挡，未打开自动雨刮为间歇挡，雨滴图标是调整 INT 挡的灵敏度，调节方式是向脸的方向为降挡，向仪表的方向为升挡；洗涤挡包括前挡风玻璃洗涤和后挡风玻璃洗涤，前玻璃的洗涤功能是向脸的方向提，停止喷洗涤液以后雨刮器继续会继续刮 2 ~ 3 次，具体操作方法可参考图 5-1-7。

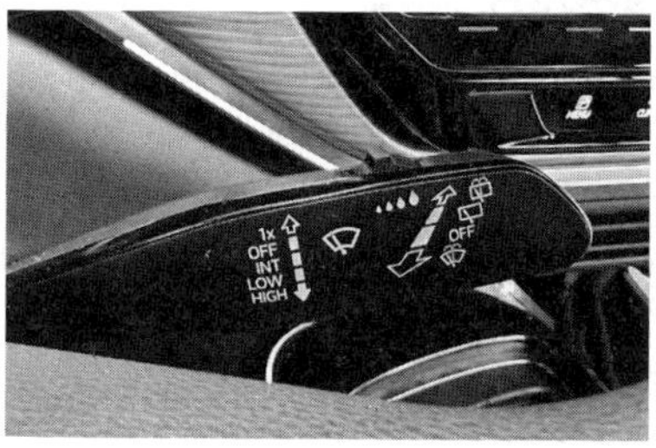

图 5-1-6　汽车雨刮开关

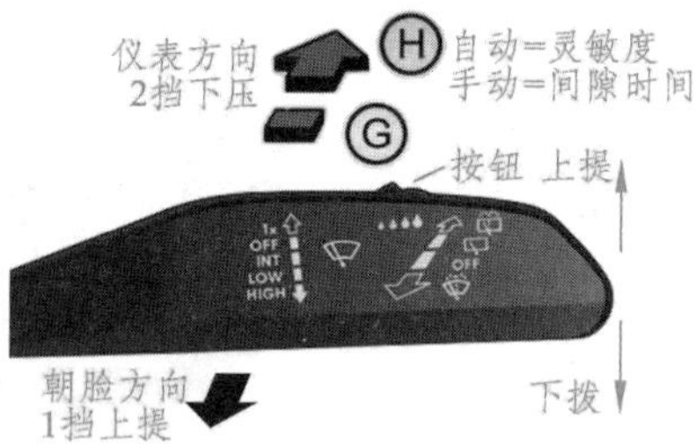

图 5-1-7　汽车雨刮开关操作示意

2）洗涤器组成

洗涤器是汽车上很普通的装置，由储液罐、洗涤泵、输水管、喷嘴、洗涤开关组成，如图 5-1-8 所示。其中，储液罐一般是 1.5 ~ 2 L 的塑料罐。洗涤泵是一种微型电动离心泵，国标要求不小于 1 L，它将洗涤液通过输水管输向喷嘴，经过喷嘴的挤压作用将洗涤水分成细小的射流喷向挡风玻璃。洗涤器与刮水器配合使用，用来清除风窗玻璃上的杂物，保持驾驶员的良好视线。洗涤液由水和适量的添加剂组成。添加剂有助于清洁或降低冰点，如在水中加入 5% 的氯化钠（食盐）可提高洗涤液的润湿与清洁能力，在寒冷地区为了防止洗涤液冻结，可在水中加入 50%的甲醇或异丙基酒精。

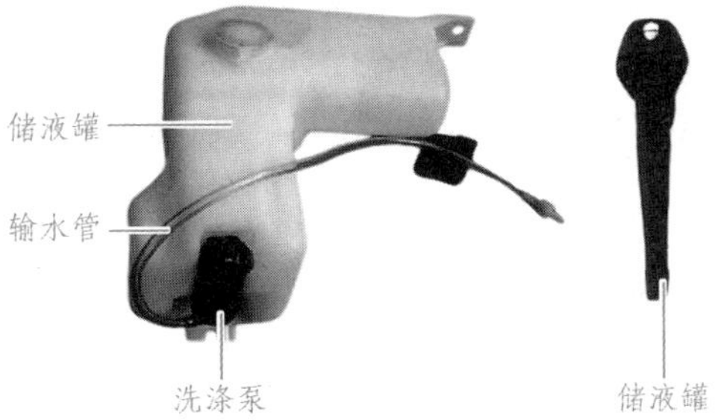

图 5-1-8　汽车洗涤器

3．汽车雨刮器工作原理

雨刮器具有自动复位功能，当司机关闭雨刮器时，雨刮臂可能不会停在适当的位置，阻碍司机的视线。为解决这一问题，雨刮器设有一个回位开关，控制雨刮器电机。当电机停止运转时，雨刮臂就会停在风窗玻璃下的适当位置。

如图 5-1-9 所示，比亚迪 E5 雨刮电机和洗涤电机均由 MCU 模块控制，当组合开关打到相应的挡位，挡位信号将通过 CAN 线传递给 MCU 模块，MCU 模块给对应继电器（K11-1、K11-2、K11-3）线圈通电，继电器触点吸合为雨刮电机或洗涤电机供电，电机转动带动雨刮器工作或洗涤器工作。而雨刮器复位功能由电脑板根据雨刮器关闭信号，直接给雨刮器电机供电，不通过继电器控制。

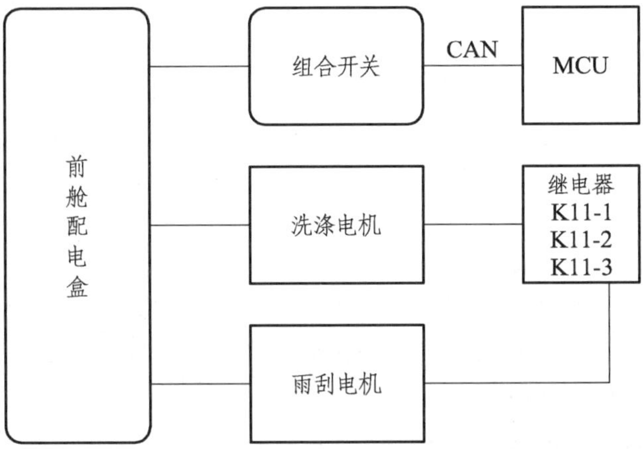

图 5-1-9　比亚迪 E5 雨刮器原理

大众 ID4 雨刮器系统，是带 LIN（LocalInterconnect Network）通信的智能雨刮，简单地说，可以实现一些类智能化的功能，让雨刮系统可以更智能、更实用。它通过红外发射器将红外光射到前玻璃上，红外光在玻璃表面折射回接受器，雨量越大，雨滴对红外光的漫反射就越大，相对玻璃折射回去的红外光越小，反之亦然。即通过雨水与光线识别传感器将红外光信号转换成车辆通信信号，给雨刮系统进行计算后自动逐级调整。

由图 5-1-10 可知，大众 ID4 雨刮器系统有两种开启模式，一种是开关手动开启，另一种是自动开启。当驾驶员拨动雨刮洗涤开关至相应挡位，挡位信号将传递至车载电网控制单元

J519，由 J519 根据挡位信号控制前后窗玻璃清洗泵 V59、雨刮器电机控制单元 J400 或后窗玻璃刮水电机 V12 工作。其中，J519 和 J400 通过 LIN 线通信，J400 接收到信号后控制电机转速以实现不同的刮水频率。另一种是车上的雨量与光线识别传感器 G397 检测到前挡风玻璃上的雨量，自动开启雨刮器，G397 与 J519 同样通过 LIN 线连接，能将不同的雨量信息通过电信号传递给 J519，从而能自动调节雨刮器的刮水频率。后窗玻璃刮水电机为硬线连接，无自动功能。

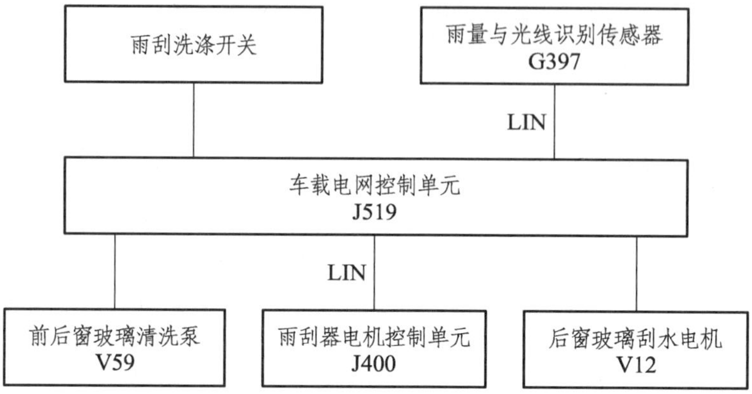

图 5-1-10　大众 ID4 雨刮洗涤系统原理

4．汽车雨刮器翻新及更换

由于雨刮片为橡胶材质，为易损件，长期使用后容易出现刮水不干净的现象，影响驾驶员视线，可以对雨刮片进行翻新，若翻新效果不明显，可以选择更换雨刮片。

1）雨刮器更换

在操作过程中要主要防止车窗玻璃刮水臂意外折回，可能会损坏车窗玻璃刮水片或车窗玻璃。从前窗玻璃上拔下刮水片时，只能在刮水片固定件区域内抓住刮水片。水臂和车窗玻璃刮水片有损坏危险，避免车窗玻璃刮水臂和车窗玻璃刮水片弯曲。

进入信息娱乐系统，点击车辆图标，在外部界面中找到并点击雨刮器至维护位置图标，雨刮器就会抬到维护位置；只需要反转雨刮器壁离开玻璃；按住雨刮器壁中间的分离按钮，沿箭头方向就可以拉出刮水片；把规格和长度相同的新雨刮片平行插到雨刮器壁上，卡紧至听到固定卡的卡止声；放下雨刮器，再次点击雨刮器至维护位置图标；雨刮器会自动返回初始位置，具体操作流程如图 5-1-11 ~ 图 5-1-18 所示。

图 5-1-11　点击雨刮器至维护位置图标

图 5-1-12　雨刮器置维护位置

图 5-1-13　反转雨刮器壁离开玻璃

图 5-1-14　按住雨刮器壁中间的分离按钮

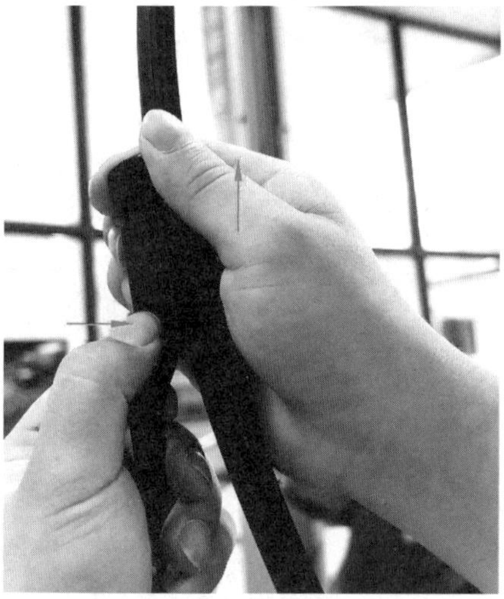

图 5-1-15　沿箭头方向拉出刮水片

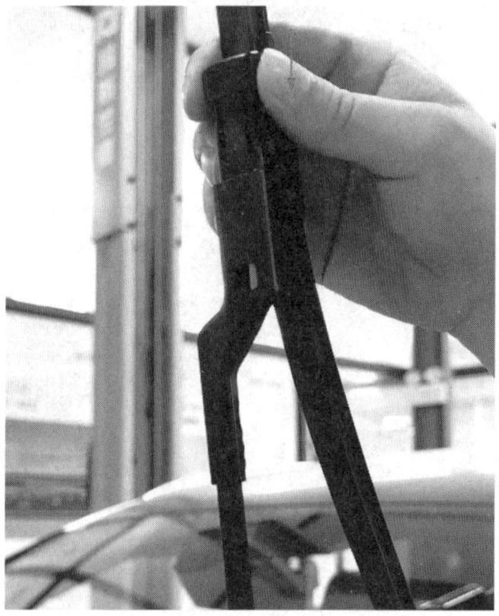

图 5-1-16　更换新雨刮器（向下插入）

图 5-1-17　再次点击雨刮器至维护位置图标

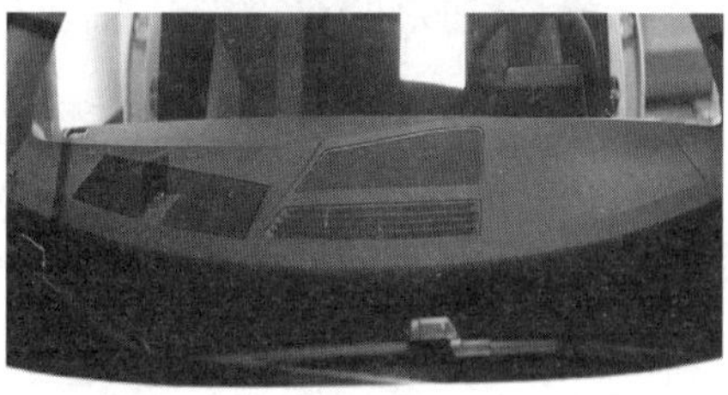

图 5-1-18　雨刮器回到初始位置

2）雨刮片翻新

雨刮片翻新只需要“浸、清、磨、滑”四个步骤（见图 5-1-19），使用工具为 600 号或 800 号砂纸以及铅笔。第一步“浸”：将雨刮器浸泡于水中，软化雨刮片胶条表面；第二步“清”：用湿纸巾清理泡过的旧雨刮片表面的污垢；第三步“磨”：用砂纸打磨雨刮片老化的表面，把硬的雨刮胶条打磨掉漏出新的柔软的雨刮胶条，手握成 V 字形贴合雨刮片表面来回打磨 3 ~ 5 次，不需要过度打磨；第四步“滑”：润滑打磨好的雨刮片。新的雨刮片手摸上去有滑滑的感觉，是因为刮片表面有喷涂的石墨涂层，石墨涂层在雨刮条上的作用是隔绝空气，延长雨刮条的寿命，减少摩擦阻力。雨刮片翻新好后，若试用后发现翻新效果不佳，则需要更换雨刮器。

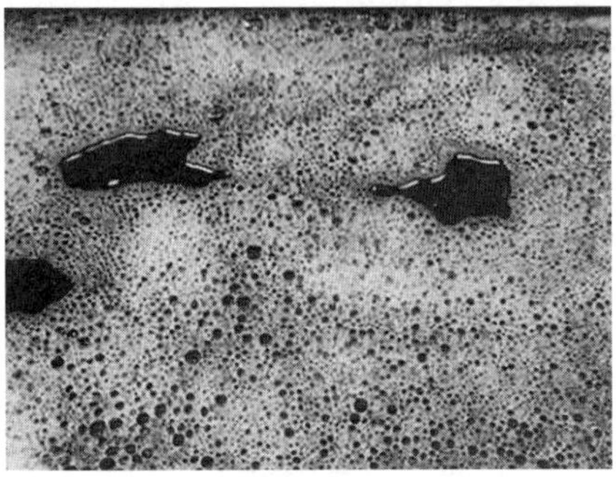

（a）第一步“浸”

（b）第二步“清”

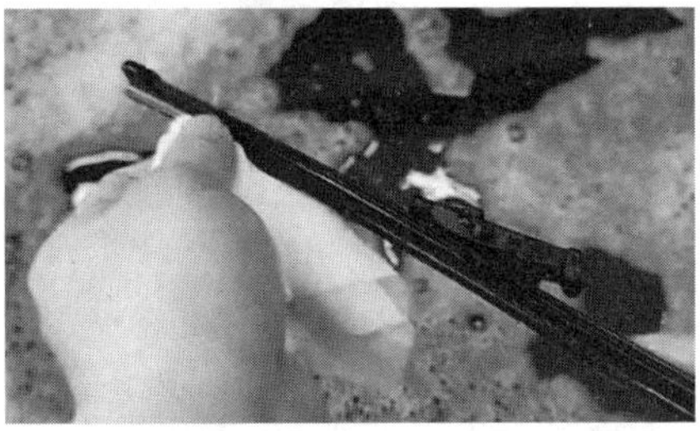

（c）第三步“磨”

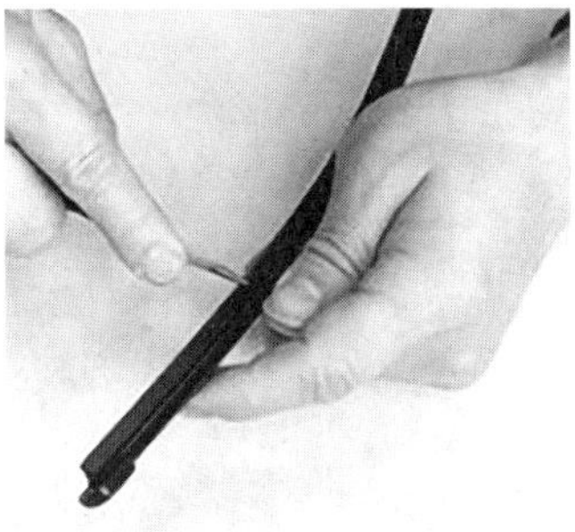

（d）第四步“滑”

图 5-1-19　雨刮器翻新示意

二、汽车雨刮洗涤系统故障诊断

大众 ID4 车主在正常启动车辆后，发现前挡风玻璃较脏，于是开启洗涤挡清洗并刮除挡风玻璃上的灰尘。但是洗涤泵工作喷出洗涤液时，雨刮器并不工作，车主只好手动用抹布擦干净前挡风玻璃，然后前往维修站对车辆雨刮器系统进行检修。

电路分析：根据故障现象并结合电路图初步判断，J519 能控制洗涤泵能正常工作，说明雨刮洗涤器开关正常，J519 模块电源、CAN 通信网络正常（若异常则会引起 J519 无法正常工作），雨刮器不能正常工作的故障范围是 J519 与 J400 之间的通信线（LIN 线）、J400 模块本身、J400 电源线和搭铁线故障。J400 电源线为常电，电源线上的保险为 SB10，检测点为 T4af/1，搭铁线为 T4af/2，LIN 线 J400 端针脚为 T4af/4。

故障分析：对该故障进行检测，连接解码器，在 J519 车载电网控制单位模块读取故障码，故障代码为“E7404 刮水器电机控制单元，无通信。测量值：前挡风玻璃雨刮器模块状态：未激活。”根据故障码并结合电路图（见图 5-1-20）分析故障原因为：① J400 电源故障；② J400 控制线束故障；③ J400 局部故障；④ J519 局部故障。下面对车辆进行检修，具体方法和步骤见表 5-1-1。

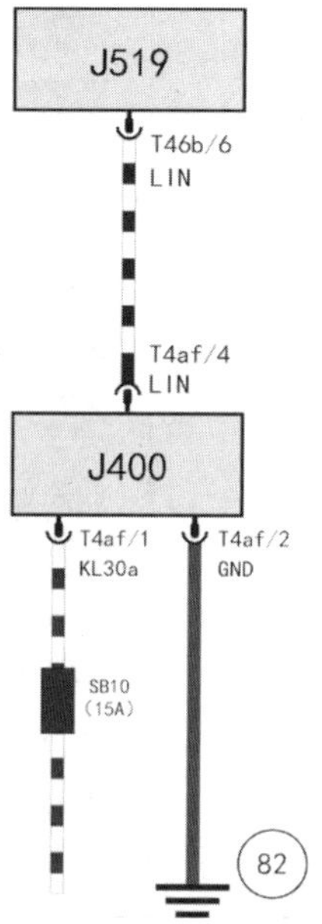

图 5-1-20　大众 ID4 雨刮器电路图

表 5-1-1　大众 ID4 雨刮器电路检测流程

序号	检测对象	检测方法	测量值	标准值	检测示意图	结论
1	J400 电源线 T4af/1 对地电压	断开蓄电池负极，拔下 J400 插接器，连接蓄电池负极，打开点火开关，用万用表测量 T4af/1 对地电压	12.67 V	12 V	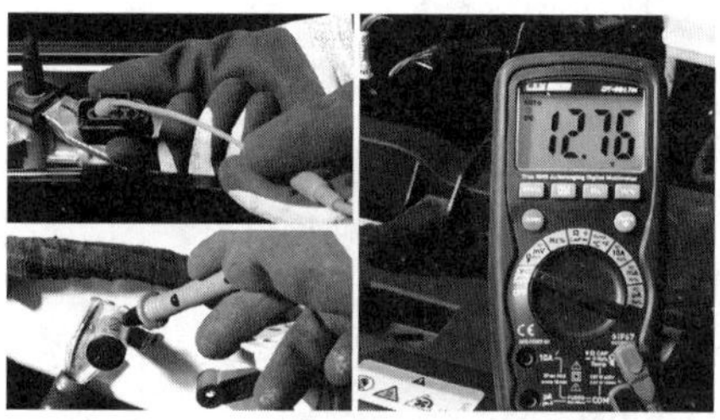	正常
2	J400 搭铁线 T4af/2 对地电压	打开点火开关，用万用表测量 T4af/2 对地电压	2.8 mV	0 V	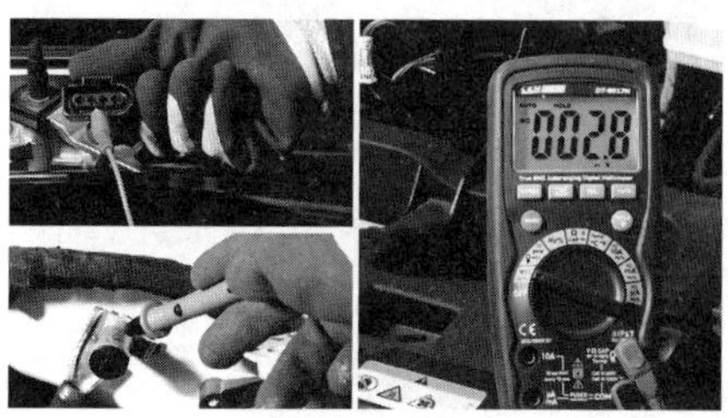	正常

续表

序号	检测对象	检测方法	测量值	标准值	检测示意图	结论
3	J400 端 LIN 线 T4af/4 波形	打开雨刮器开关，用示波器测量 T4af/4 波形	无波形	矩形波	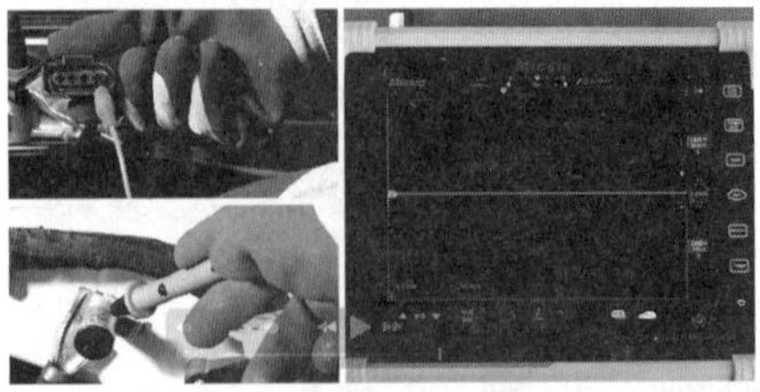	异常
4	J519 端 LIN 线 T46b/6 波形	打开雨刮器开关，用示波器测量 T46b/6 波形	矩形波	矩形波	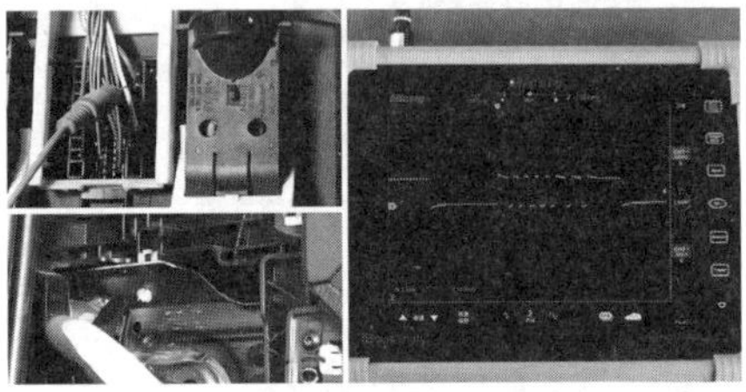	正常
5	J519 端 T46b/6 与 J400 端 T4af/4 之间的电阻	断开蓄电池负极，拔下 J519 的 T46b/6 插接器，用万用表测量 T46b/6 与 T4af/4 之间的电阻	无穷大	0 V	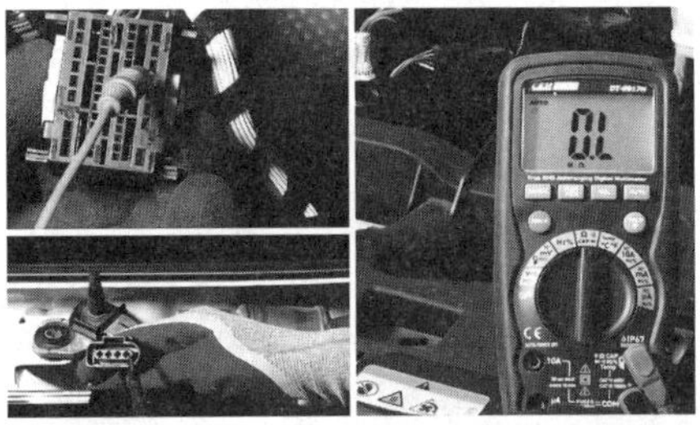	T46b/6 与 T4af/4 之间线束断路
6	故障恢复验证	1. 打开点火开关，仪表正常点亮； 2. 踩下制动踏板挂挡，车辆行驶准备就绪指示灯（READY）点亮，高压上电正常； 3. 操作雨刮器开关，前挡风玻璃雨刮器正常工作	—	—	1. 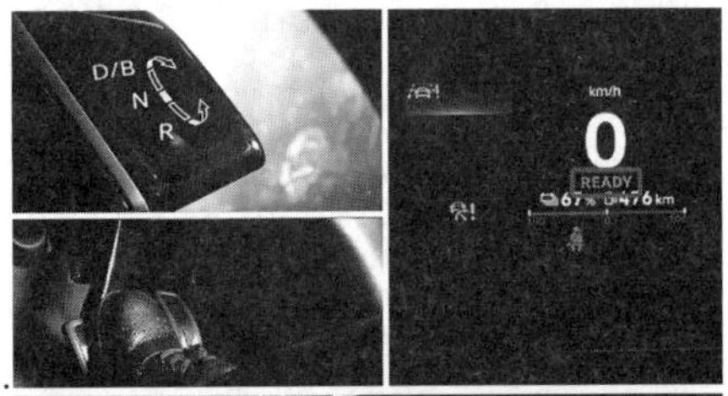 2. 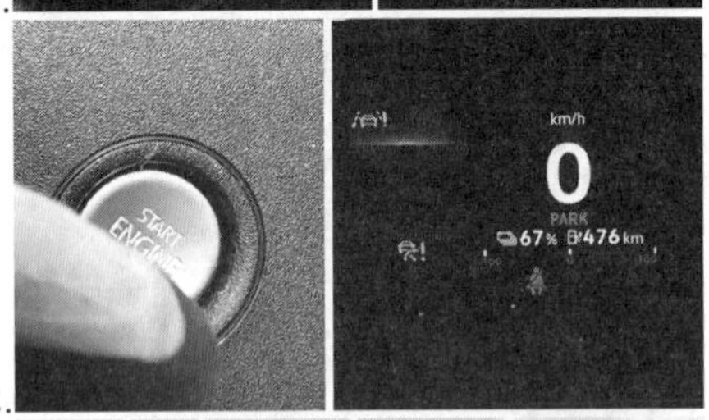 3. 	故障排除

任务实施

一、任务准备

（1）绝缘工具套装。
（2）万用表、故障诊断仪、转接线。
（3）大众 ID4 新能源汽车电路图。
（4）大众 ID4 新能源汽车维修手册。
（5）大众 ID4 新能源汽车整车。

大众 ID4
刮水器故障检修

混合动力汽车
丰田双擎刮水器
总成故障检修

二、任务实施过程

根据现场实操任务，完成表 5-1-2。

表 5-1-2　汽车雨刮洗涤系统检测及故障诊断工单

<table>
<tr><td colspan="5">1. 准备工作</td></tr>
<tr><td colspan="3">设置隔离栏</td><td colspan="2">□ 是　　□ 否</td></tr>
<tr><td colspan="3">放置安全警示牌</td><td colspan="2">□ 是　　□ 否</td></tr>
<tr><td colspan="3">检查灭火器</td><td colspan="2">□ 是　　□ 否</td></tr>
<tr><td colspan="3">检查个人防护用品</td><td colspan="2">□ 是　　□ 否</td></tr>
<tr><td colspan="3">检查测量工具</td><td colspan="2">□ 是　　□ 否</td></tr>
<tr><td colspan="3">放置车轮挡块</td><td colspan="2">□ 是　　□ 否</td></tr>
<tr><td colspan="3">安装翼子板布和驾驶室内防护套装</td><td colspan="2">□ 是　　□ 否</td></tr>
<tr><td colspan="5">2. 车辆基本信息采集</td></tr>
<tr><td rowspan="2">记录车辆信息</td><td>品牌</td><td></td><td>动力电池工作电压</td><td></td></tr>
<tr><td>VIN 码</td><td></td><td>驱动电机型号</td><td></td></tr>
<tr><td rowspan="2">车辆基本检查</td><td colspan="2">辅助蓄电池电压：__________ V</td><td colspan="2">□ 正常　　□ 异常</td></tr>
<tr><td colspan="2">高压部件安装及连接器连接情况：</td><td colspan="2">□ 正常　　□ 异常</td></tr>
<tr><td colspan="5">3. 拆卸及安装大众 ID4 雨刮器操作</td></tr>
<tr><td colspan="5">大众 ID4 雨刮器拆卸流程及注意事项：

大众 ID4 雨刮器安装流程及注意事项：

</td></tr>
</table>

续表

<table>
<tr><td colspan="6">4. 绘制大众 ID4 雨刮器电路图</td></tr>
<tr><td colspan="6"></td></tr>
<tr><td colspan="6">5. 测量大众 ID4 雨刮器相关线路</td></tr>
</table>

序号	测量对象	编号	测量值	标准值	结论
1	雨刮器电源线对地电压				□ 正常 □ 异常
2	雨刮器搭铁线对地电阻				□ 正常 □ 异常
3	雨刮器 LIN 线电压				□ 正常 □ 异常
4	雨刮器 LIN 线波形				□ 正常 □ 异常

<table>
<tr><td colspan="6">6. 故障诊断
（由教师根据实际情况针雨刮器相关线路设置故障）</td></tr>
<tr><td colspan="6">（1）确认故障现象</td></tr>
<tr><td>故障现象
初步判定</td><td colspan="5"></td></tr>
<tr><td colspan="6">（2）读取故障相关信息</td></tr>
<tr><td>数据流</td><td colspan="5"></td></tr>
<tr><td>故障码</td><td colspan="5"></td></tr>
<tr><td colspan="6">（3）分析故障范围</td></tr>
<tr><td colspan="6"></td></tr>
<tr><td colspan="6">（4）故障测量</td></tr>
<tr><td>序号</td><td>测量对象</td><td>测量条件</td><td>实测值</td><td>标准值</td><td>结论</td></tr>
<tr><td>1</td><td></td><td></td><td></td><td></td><td></td></tr>
<tr><td>2</td><td></td><td></td><td></td><td></td><td></td></tr>
<tr><td>3</td><td></td><td></td><td></td><td></td><td></td></tr>
<tr><td>⋮</td><td></td><td></td><td></td><td></td><td></td></tr>
</table>

续表

（5）确定故障点	
（6）故障恢复	
相关用电设备是否能正常工作	□ 是　　□ 否
车辆是否能高压上电	□ 是　　□ 否
7. 场地恢复	
复位工具、仪器	□ 是　　□ 否
恢复翼子板布和驾驶室内防护套装	□ 是　　□ 否
恢复车轮挡块	□ 是　　□ 否
清洁工作场地	□ 是　　□ 否
恢复安全警示牌	□ 是　　□ 否
恢复隔离栏	□ 是　　□ 否

强化提升

结合教材相关内容、网络文字资料、视频资源，完成表 5-1-3。

表 5-1-3　资讯与决策工单

1. 知识强化 （1）雨刮洗涤系统作用是____ ____ ____。 （2）雨刮器分类： 按驱动方式分：____。 按雨刮系统安装的位置分：____________________________________。 按雨刮臂总成数量分为：______________________________________。 按雨刮臂摆动方向分：____。 按雨刮刷频率分：____。 （3）汽车雨刮系统包括______________、______________和______________等。 （4）汽车雨刮器由________________、________________、________________、 ________________、________________组成。 （5）大众 ID4 雨刮器开关一个有______档位，分别为____________________________ ____。 （6）洗涤器是汽车上很普通的装置，由______________、______________、______________、 ______________、______________组成 （7）请简述比亚迪 E5 雨刮器原理。   （8）请简述大众 ID4 雨刮洗涤系统原理。   （9）大众 ID4 雨刮器在电路图中连接线束有______根，分别是什么________________。
2. 实战训练 （1）所需资料、工具。   （2）小组成员分工。   （3）任务计划。

任务评价

考核内容		考核评分		
项目	内容	配分	得分	批注
工作准备（30%）	能够正确理解工作任务内容、范围及工作指令	5		
	能够查阅汽车维修手册，填写车辆基本信息	5		
	能够正确穿戴防护及劳保用品	5		
	准备工作场地，能够识别工作场所的安全隐患	5		
	准备任务所需的工具和检具	10		
实施程序（50%）	正确采集车辆信息	5		
	正确完成拆卸及安装大众 ID4 雨刮器	5		
	正确绘制大众 ID4 雨刮器电路图	5		
	正确测量大众 ID4 雨刮器相关线路数据	5		
	正确确认故障现象	5		
	正确读取故障信息	5		
	正确分析故障范围	5		
	正确绘制相关电路图	5		
	正确进行故障测量	5		
	正确确定故障点并排除	5		
完工清理（20%）	车辆复位	5		
	工位清洁垃圾、清洁和整理工作区域	5		
	全程规范操作，无工具或零件跌落	5		
	作业工单填写规范，字迹工整	5		
考核评语		考核成绩		
	考核人员 | 日期 | 年 月 日			

续表

组内学生互评				
评价项目	评价内容			得分
	优秀（90～100分）	良好（80～89分）	加油（0～79分）	
沟通交流能力	能够有效地运用多种交流形式	基本能运用多种交流形式	很难运用多种交流形式	
合作交往能力	尊重他人，能与他人良好合作交流	基本上能做到与他人合作交流	不能与他人良好地合作交流	
观察事物能力	观察能力强，细致全面，观察深刻	按要求观察，能发现事物一些特征	无观察目的，不能把握事物特征	
动手操作能力	能积极主动按项目指引完成操作	能按要求完成操作	不能完成操作	
想象创造能力	能够有拓展性地完成工作任务	能够想到新的方式完成任务	按照课本要求完成基本工作	
小组评语	评价人签字：　　　年　月　日		互评成绩	

企业导师评价			
评价项目	评价内容	评价成绩	备注
工作准备	任务领会、资讯查询、器材准备	□A □B □C □D □E	
知识储备	系统认知、原理分析、技术参数	□A □B □C □D □E	
计划决策	任务分析、任务流程、实施方案	□A □B □C □D □E	
任务实施	专业能力、沟通能力、实施结果	□A □B □C □D □E	
职业道德	纪律素养、安全卫生、器材维护	□A □B □C □D □E	
其他评价			
导师签字：　　　日期　　　年　月　日			

注：在选项“□”里打“√”，其中A为90～100分；B为80～89分；C为70～79分；D为60～69分；E不合格。

任务二 新能源汽车电动玻璃升降系统检修

任务导入

<table>
<tr><td colspan="2">任务名称</td><td colspan="4">新能源汽车电动玻璃升降系统检修</td></tr>
<tr><td>姓 名</td><td></td><td>班 级</td><td></td><td>成 绩</td><td></td></tr>
<tr><td>组 别</td><td></td><td>组 长</td><td></td><td>场 地</td><td></td></tr>
<tr><td>日 期</td><td></td><td>学 时</td><td></td><td>指导教师</td><td></td></tr>
<tr><td rowspan="3">任务目标</td><td>知识目标</td><td colspan="4">1. 掌握新能源汽车电动玻璃升降系统的功能和组成；
2. 掌握新能源汽车电动玻璃升降系统的工作原理；
3. 掌握新能源汽车电动玻璃升降系统电路读识方法</td></tr>
<tr><td>能力目标</td><td colspan="4">1. 能绘制新能源汽车电动玻璃升降系统相关电路图；
2. 能使用检查工具对汽车电动玻璃升降系统进行检测和诊断</td></tr>
<tr><td>素质目标</td><td colspan="4">1. 树立安全意识；
2. 培养 6S 现场管理意识；
3. 严格执行行业规范，培养职业素养；
4. 树立团队协作意识</td></tr>
<tr><td>情景案例</td><td colspan="5">一位车主反映，其驾车在路收费站缴费，当按下驾驶员侧车窗按钮时，一键降窗挡和手动降窗挡均不能使用，且车辆灯光异常点亮。车主立即将车子开到 4S 店进行维修</td></tr>
</table>

知识讲解

汽车电动玻璃升降系统是针对乘坐舒适性，并使车窗玻璃具备良好的密封性和防盗性而设计的玻璃升降系统。

一、汽车电动玻璃升降系统结构及工作原理

汽车电动玻璃升降系统包括玻璃升降器总成、车门、玻璃导轨（前导轨、后导轨、上导轨）、车窗玻璃、玻璃胶条、内外水切条，如图 5-2-1 所示。

玻璃升降器总成的功能是实现玻璃上下升降；车门的功能是将升降系统的各个零部件紧固在车门上；玻璃导轨的功能是保证玻璃沿设计轨迹升降；玻璃胶条的功能是密封、降噪，对升降器及玻璃缓冲保护，减少玻璃升降时的摩擦阻力；内外水切能防尘防水、隔音，减少脏物挂在车门玻璃上，降低玻璃升降阻力。

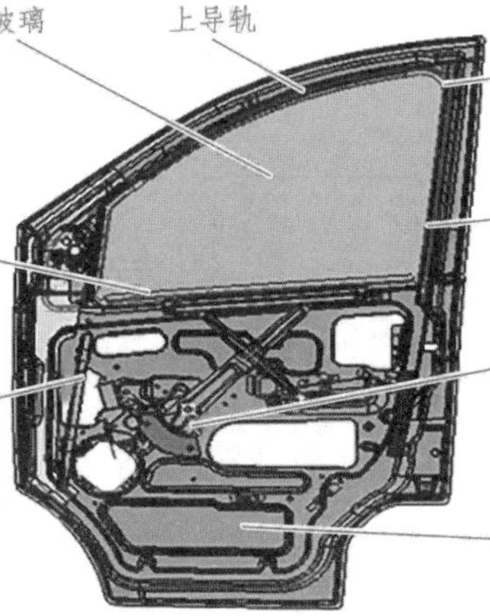

图 5-2-1　汽车电动玻璃升降系统

1．电动玻璃升降器总成结构

电动玻璃升降器是指由电机驱动，通过传动机构将玻璃导向槽上升或下降，并能按要求停留在任意位置的装置。目前，大部分新能源汽车采用柔轴式双导轨玻璃升降器，其优点是工作平稳，售后问题相对较少，制造精度较高。

电动玻璃升降器由电动机、减速器、钢丝绳、导向板和玻璃安装托架等零部件组成，如图 5-2-2 所示。安装时，门窗玻璃固定在玻璃安装托架上，玻璃导向槽与钢丝绳导向板平行。开启电动机，由电动机带动减速器输出动力，拉动钢丝绳移动玻璃安装托架，迫使门窗玻璃做上升或下降的直线运动。电动机为电动玻璃升降器提供动力，减速机构起到减速增扭的作用；钢丝绳起到传递动力的作用，导向板是玻璃上升和下降的轨道，玻璃安装托架用于安装和固定玻璃。

动力传动路线：电动机—减速器—钢丝绳—玻璃安装托架—玻璃。

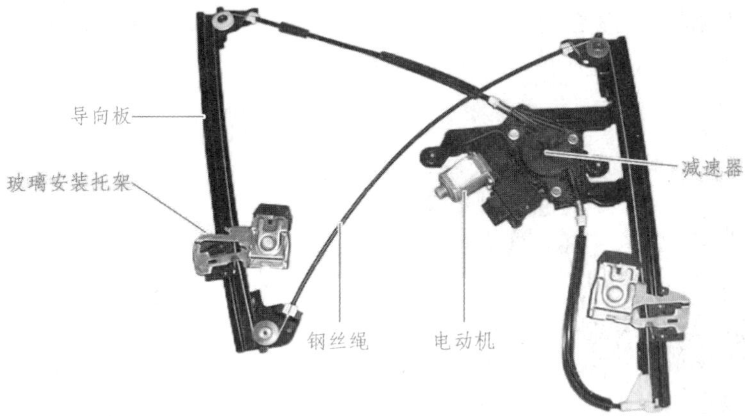

图 5-2-2　电动玻璃升降器结构

2．电动玻璃升降器总成工作原理

1）玻璃升降器总成

如图 5-2-3 所示，大众 ID4 的玻璃升降功能均由控制单元控制，分别为驾驶员侧车门控制单元 J386、副驾驶员侧车门控制单元 J387、左后车门控制单元 J388、右后车门控制单元 J389。车窗升降器操作单元 EX31 位于驾驶员侧中控面板上，包含驾驶员侧前部车窗升降器按钮 E710、驾驶员侧后部车窗升降器按钮 E712、副驾驶员侧后部车窗升降器按钮 E714、副驾驶员侧车窗升降器按钮 E715 共 4 个控制升降器的开关，当按下驾驶员侧前部车窗升降器按钮 E710，信号通过 LIN 线传递给 J386，通过 J386 控制 V147 工作；当按下 E712、E714、E715 中的一个，信号同样通过 LIN 线传递给 J386，J386 通过通信网络 CAN 线将信号传递给 J387、J388、J389，对应模块则给电机通电，电机运转，正向接通电机正传，反向接通电则电机反转。若按下单独 E716、E52、E54 中的一个，则直接由对应的车门控制单元控制车窗升降器工作。

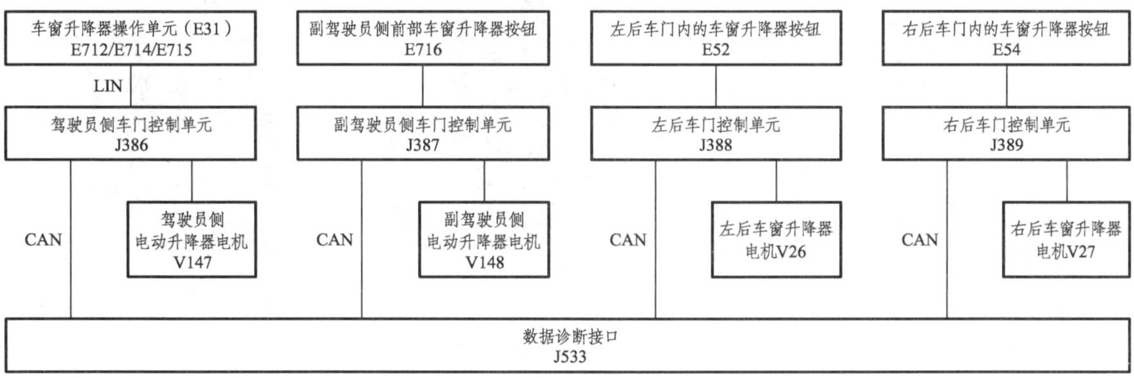

图 5-2-3　大众 ID4 电动玻璃升降器原理

2）车窗升降器按钮

大众 ID4 副驾驶员侧车窗升降器按钮（见图 5-2-4），其电路如图 5-2-5 所示。升降器按钮有 3 根线束连接至 J387 模块，其中，T4bh/4 为升降器按钮背光灯线束，T4bh/1 为搭铁线，T4bh/3 为信号线。升降器按钮有 4 个挡位，分别为上升、一键上升、下降、一键下降。测量升降器按钮 T4bh/1 和 T4bh/3 之间电阻值在不同挡位有不同值, 接入电路后, 车辆启动至 PARK 挡，T4bh/1 和 T4bh/3 之间电压值也不同。

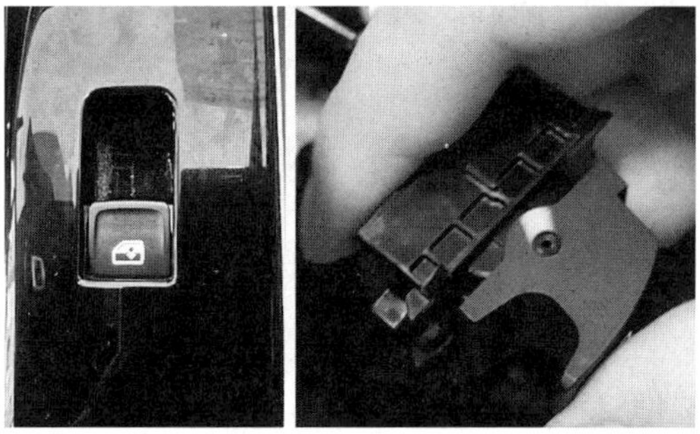

图 5-2-4 大众 ID4 副驾驶员侧车窗升降器按钮

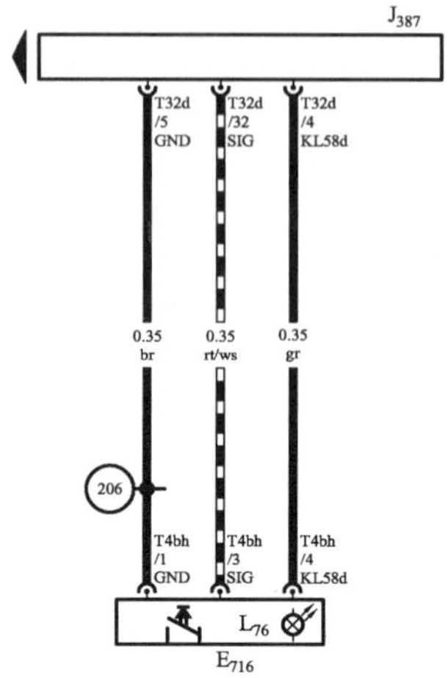

图 5-2-5 大众 ID4 副驾驶员侧车窗升降器按钮电路图

现对大众 ID4 副驾驶员侧车窗升降器按钮 E716 进行测量，用万用表测量蓄电池两端电压 12 V，拆下车门面板，背插 T4bh/1 和 T4bh/3，打开启动开关至 PARK 挡，用万用表电压挡测量 T4bh/1 和 T4bh/3 之间正常电压；关闭点火开关，断开蓄电池负极，拆下车窗升降器按钮，用万用表电阻挡测量 T4bh/1 和 T4bh/3 之间电阻，具体数值记录见表 5-2-1。

表 5-2-1 大众 ID4 升窗器按钮检测流程

序号	档位	操作方法	电阻测量值	电压测量值
1	下降	轻按按钮下降侧	88.6 Ω 	0.39 V（下降到最低点后电压降为 0.27 V） 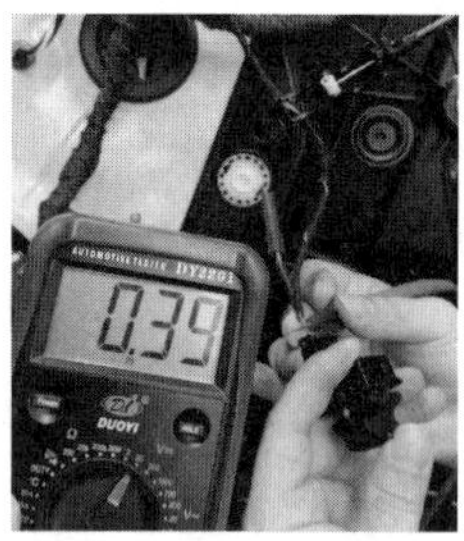
2	一键下降	重按按钮下降侧	0 Ω 	0.18 V（下降到最低点后电压为 0 V） 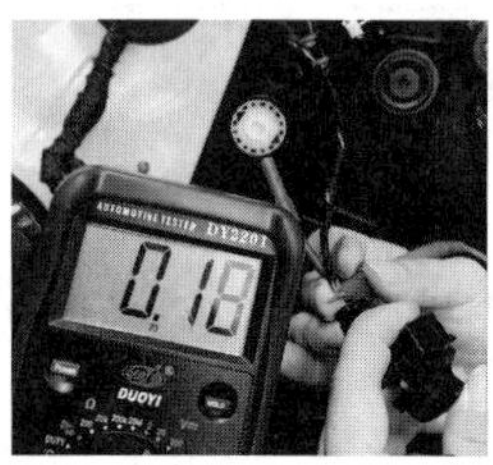

续表

序号	档位	操作方法	电阻测量值	电压测量值
3	上升	轻按按钮上降侧	816 Ω 	1.45 V（上升到最高点后电压降为 1.26 V） 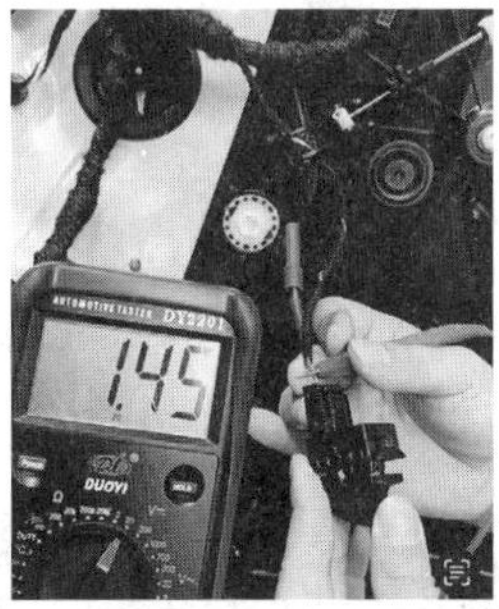
4	一键上降	重按按钮上降侧	269 Ω 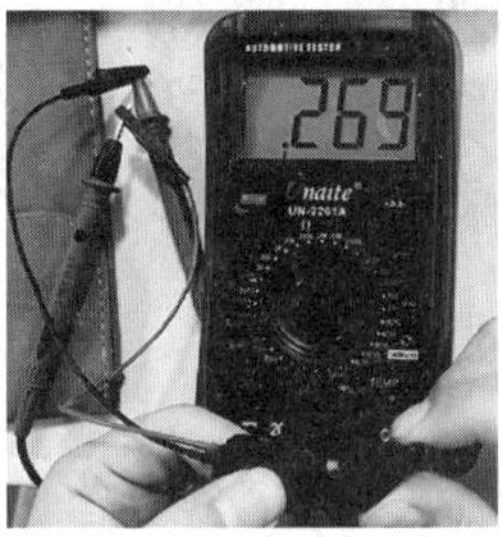	0.83 V（上升到最高点后电压为 0.62 V） 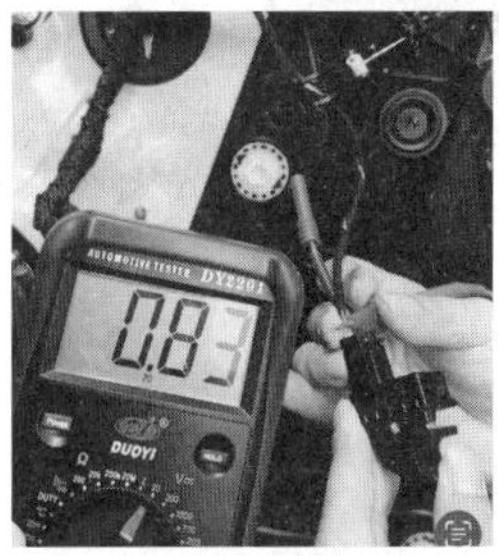
5	无操作	不按按钮	无穷大 	2.54 V 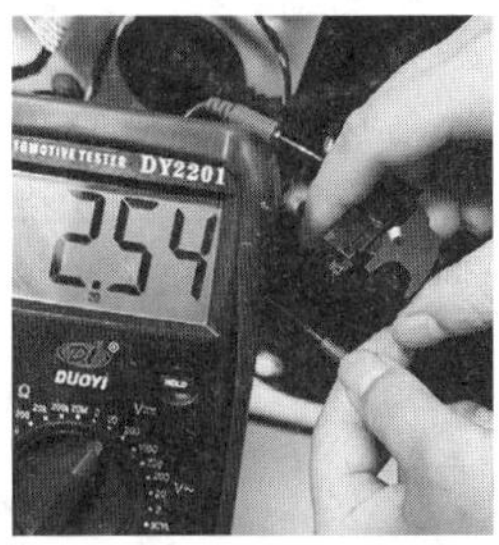

二、电动玻璃升降器总成故障诊断

一位车主反映，其在高速路收费站停车缴费时，按下驾驶员侧车窗按钮，车窗玻璃无法下降，且车辆灯光异常点亮，车主立即将车子开到 4S 店进行维修，维修技师对车辆进行了初步检查。检查情况如下：

（1）打开点火开关，仪表正常点亮。

（2）踩下制动踏板挂挡，车辆行驶准备就绪，指示灯正常点亮，车辆上电正常。

（3）仪表中央报警灯点亮，仪表提示“车辆照明故障”“电子儿童锁故障”，如图 5-2-6 所示。

（4）示廓灯和近光灯异常点亮且无法关闭。

（5）驾驶员车门上的车窗升降器操作单元不工作，按钮背景灯不亮。

（6）操作玻璃升降器开关无法进行车窗升降。

（7）操作中控锁开关无法进行车辆解锁或者闭锁。

（8）操作电子儿童锁开关，儿童锁不工作。

（9）操作后视镜调节开关无法调节后视镜。

（10）照明控制单元不工作（操作示廓灯开关，示廓灯无法关闭；操作近光灯开关，近光灯无法关闭；操作雾灯开关雾灯不亮；操作不利天气车灯开关，不利天气车灯无法点亮；操作前挡风玻璃加热开关前挡风玻璃加热不工作）。

（11）中部仪表板开关模块不工作。

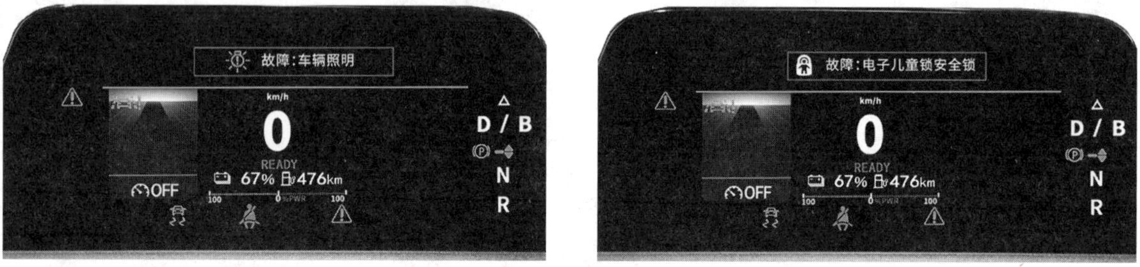

图 5-2-6　大众 ID4 仪表故障指示灯

电路分析：无法连接诊断仪。查阅电路图 5-2-7，车窗升降器操作单元 EX31 照明操作单元 EX36 中部仪表板开关模块 EX22 诊断接口 U31 模块均不正常工作，分析故障原因可能为：① 电源故障；② J519 局部故障；③ J386 局部故障；④ 开关控制单元故障。其中，各模块共用电源故障的可能性比较大，SC44 为 EX31、EX36、EX22、U31、WX3 共用电源线上的保险，可以从这里入手进行检修，具体见表 5-2-2。

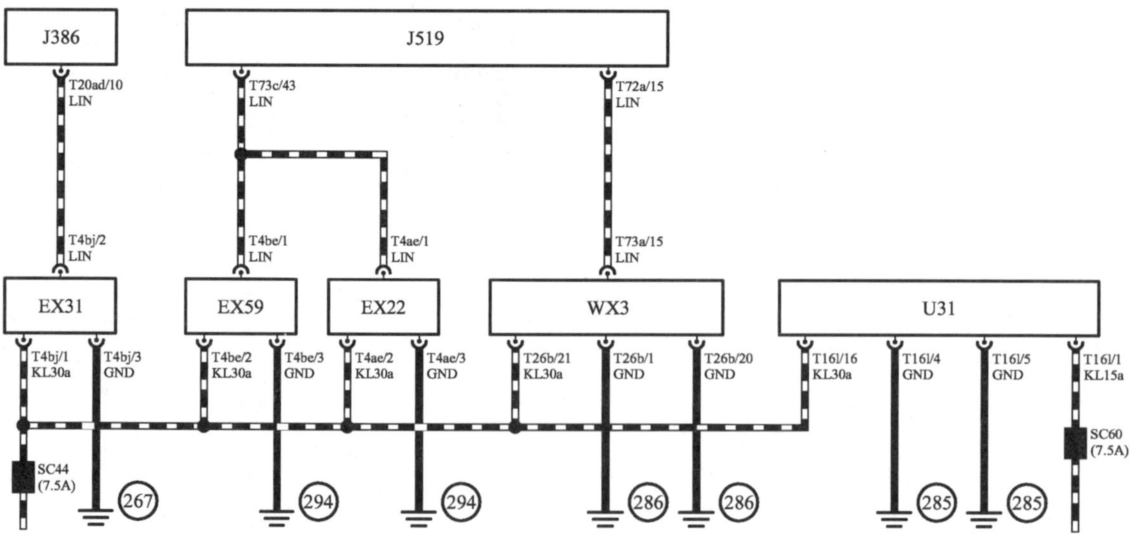

图 5-2-7　大众 ID4 驾驶员车门控制单元电路图

表 5-2-2　大众 ID4 升窗器故障拉测流程

序号	检测对象	检测方法	测量值	标准值	检测示意图	结论
1	保险 SC44 下游对地电压	打开点火开关，用万用表电压挡检测保险 SC44 下游对地电压	32.5 mV	14 V	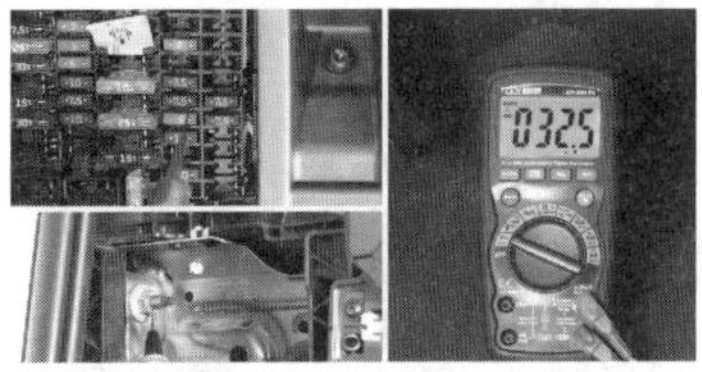	异常
2	保险 SC44 上游对地电压	打开点火开关，用万用表电压挡检测保险 SC44 上游对地电压	14.16 V	14 V		正常
3	保险 SC44 电阻	断开蓄电池负极，拔下保险 SC44； 用万用表电阻挡测量保险 SC 44 电阻	无穷大	0 V	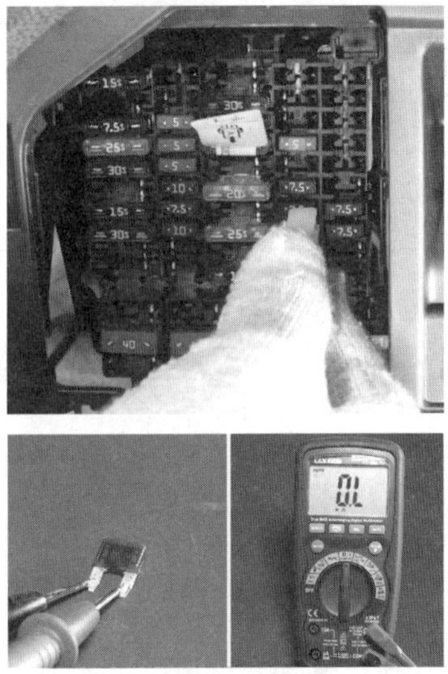	故障点为保险 SC44 断路
4	故障恢复验证	更换保险 SC44，踩下制动踏板，按下点火开关，仪表 READY 正常点亮，仪表显示正常，玻璃升降器等各模块可以正常工作	—	—		故障排除

任务实施

一、任务准备

（1）绝缘工具套装。
（2）万用表、故障诊断仪、转接线。
（3）大众 ID4 新能源汽车电路图。
（4）大众 ID4 新能源汽车维修手册。
（5）大众 ID4 新能源汽车整车。

大众 ID4
玻璃升降器故障检修

二、任务实施过程

根据现场实操任务，完成表 5-2-3。

表 5-2-3　汽车电动玻璃升降系统检测及故障诊断工单

1. 准备工作				
设置隔离栏			□ 是	□ 否
放置安全警示牌			□ 是	□ 否
检查灭火器			□ 是	□ 否
检查个人防护用品			□ 是	□ 否
检查测量工具			□ 是	□ 否
放置车轮挡块			□ 是	□ 否
安装翼子板布和驾驶室内防护套装			□ 是	□ 否
2. 车辆基本信息采集				
记录车辆信息	品牌		动力电池工作电压	
	VIN 码		驱动电机型号	
车辆基本检查	辅助蓄电池电压：__________ V		□ 正常	□ 异常
	高压部件安装及连接器连接情况：		□ 正常	□ 异常

续表

<table>
<tr><td colspan="6">3. 拆卸及安装大众 ID4 车门内饰板操作（依据维修手册）</td></tr>
<tr><td colspan="6">为进行大众 ID4 车窗玻璃升降系统检测，请先将车门内饰板拆卸下来。
（1）大众 ID4 车门内饰板拆卸流程及注意事项：

（2）大众 ID4 车门内饰板安装流程及注意事项：</td></tr>
<tr><td colspan="6">4. 绘制大众 ID4 车窗玻璃升降系统电路图</td></tr>
<tr><td colspan="6"></td></tr>
<tr><td colspan="6">5. 测量大众 ID4 车窗玻璃升降系统相关线路（选择其中 1 个车门进行测量）</td></tr>
<tr><td>序号</td><td>测量对象</td><td>编号</td><td>测量值</td><td>标准值</td><td>结论</td></tr>
<tr><td>1</td><td>______电源线对地电压</td><td></td><td></td><td></td><td>□ 正常　□ 异常</td></tr>
<tr><td>2</td><td>______搭铁线对地电阻</td><td></td><td></td><td></td><td>□ 正常　□ 异常</td></tr>
<tr><td>3</td><td>______LIN 线电压</td><td></td><td></td><td></td><td>□ 正常　□ 异常</td></tr>
<tr><td>4</td><td>______LIN 线波形</td><td></td><td></td><td></td><td>□ 正常　□ 异常</td></tr>
<tr><td colspan="6">6. 故障诊断
（由教师根据实际情况针车窗玻璃升降系统相关线路设置故障）</td></tr>
<tr><td colspan="6">（1）确认故障现象</td></tr>
<tr><td>故障现象
初步判定</td><td colspan="5"></td></tr>
<tr><td colspan="6">（2）读取故障相关信息</td></tr>
<tr><td>数据流</td><td colspan="5"></td></tr>
<tr><td>故障码</td><td colspan="5"></td></tr>
<tr><td colspan="6">（3）分析故障范围</td></tr>
<tr><td colspan="6"></td></tr>
</table>

续表

<table>
<tr><td colspan="6">（4）故障测量</td></tr>
<tr><td>序号</td><td>测量对象</td><td>测量条件</td><td>实测值</td><td>标准值</td><td>结论</td></tr>
<tr><td>1</td><td></td><td></td><td></td><td></td><td></td></tr>
<tr><td>2</td><td></td><td></td><td></td><td></td><td></td></tr>
<tr><td>3</td><td></td><td></td><td></td><td></td><td></td></tr>
<tr><td>.....</td><td></td><td></td><td></td><td></td><td></td></tr>
<tr><td colspan="6">（5）确定故障点</td></tr>
<tr><td colspan="6"></td></tr>
<tr><td colspan="6">（6）故障恢复</td></tr>
<tr><td colspan="4">相关用电设备是否能正常工作</td><td colspan="2">□ 是　　□ 否</td></tr>
<tr><td colspan="4">车辆是否能高压上电</td><td colspan="2">□ 是　　□ 否</td></tr>
<tr><td colspan="6">7. 场地恢复</td></tr>
<tr><td colspan="4">复位工具、仪器</td><td colspan="2">□ 是　　□ 否</td></tr>
<tr><td colspan="4">恢复翼子板布和驾驶室内防护套装</td><td colspan="2">□ 是　　□ 否</td></tr>
<tr><td colspan="4">恢复车轮挡块</td><td colspan="2">□ 是　　□ 否</td></tr>
<tr><td colspan="4">清洁工作场地</td><td colspan="2">□ 是　　□ 否</td></tr>
<tr><td colspan="4">恢复安全警示牌</td><td colspan="2">□ 是　　□ 否</td></tr>
<tr><td colspan="4">恢复隔离栏</td><td colspan="2">□ 是　　□ 否</td></tr>
</table>

强化提升

结合教材相关内容、网络文字资料、视频资源，完成表 5-2-4。

表 5-2-4 资讯与决策工单

1. 知识强化

（1）汽车电动玻璃升降系统包括______、______、______、______、______、______。

（2）请分别阐述汽车电动玻璃升降系统各组成部分的作用：

____

____

____

____

（3）请在下方汽车电动玻璃升降系统结构图中写出各部分名称。

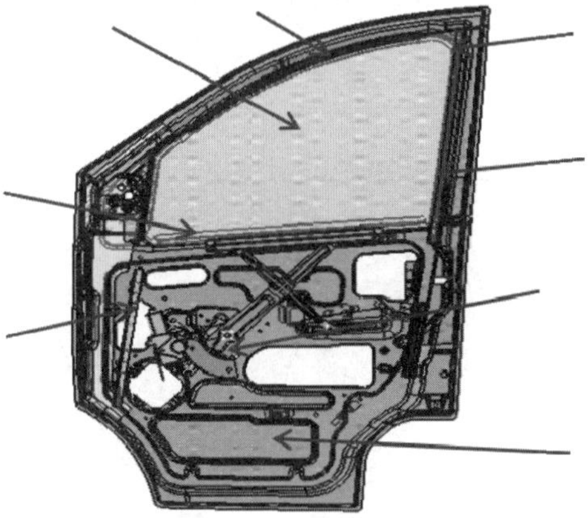

（4）请在下图中标注出电动玻璃升降器的各组成部分。

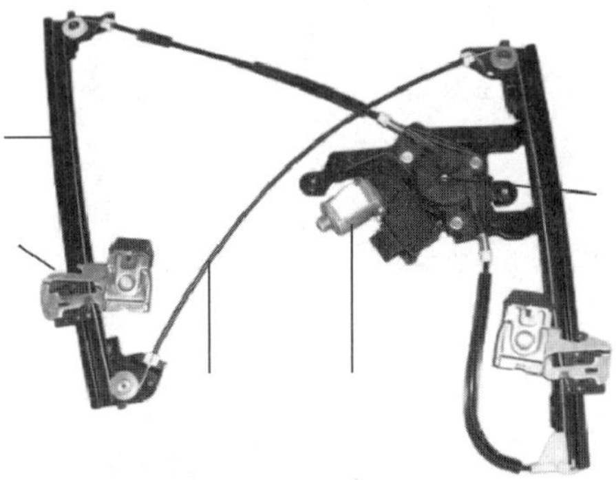

（5）请简述电动玻璃升降器各部分间是如何协同完成升降玻璃动作的____________________

____

____。

（6）请根据大众 ID4 电动玻璃升降器原理图回答以下问题。

① E31 通过＿＿＿＿＿＿＿＿和 J386 连接，J386 通过＿＿＿＿＿＿＿＿和 J533 连接。

② 驾驶员如何控制右后玻璃升降？

③ 图中 J533 连接了哪些模块，J533 有什么作用？

④ 车窗玻璃升降是通过控制单元控制电机＿＿＿＿＿＿＿＿来实现的。

（7）请根据大众 ID4 副驾驶员侧车窗升降器按钮电路图回答以下问题。

① 大众 ID4 副驾驶员侧车窗升降器按钮编号是＿＿＿＿＿＿，与＿＿＿＿＿模块连接。

② 连接线束分别是：＿＿＿＿＿＿＿＿＿＿＿＿＿＿＿＿＿＿＿＿

③ 每根连接线束的含义是：＿＿＿＿＿＿＿＿＿＿＿＿＿＿＿＿＿＿

④ 大众 ID4 副驾驶员侧车窗升降器按钮有几个挡位，每个挡位含义是什么？

⑤ 如何测量大众 ID4 副驾驶员侧车窗升降器按钮的电阻，请简述测量方法？

2. 实战训练

（1）所需资料、工具。

（2）小组成员分工。

（3）任务计划。

任务考评

考核内容		考核评分		
项目	内容	配分	得分	批注
工作准备（30%）	能够正确理解工作任务内容、范围及工作指令	5		
	能够查阅汽车维修手册，填写车辆基本信息	5		
	能够正确穿戴防护及劳保用品	5		
	准备工作场地，能够识别工作场所的安全隐患	5		
	准备任务所需的工具和检具	10		
实施程序（50%）	正确采集车辆信息	5		
	正确完成拆卸及安装大众 ID4 车门内饰板	5		
	正确绘制大众 ID4 车窗玻璃升降器电路图	5		
	正确测量大众 ID4 车窗玻璃升降器相关线路数据	5		
	正确确认故障现象	5		
	正确读取故障信息	5		
	正确分析故障范围	5		
	正确绘制相关电路图	5		
	正确进行故障测量	5		
	正确确定故障点并排除	5		
完工清理（20%）	车辆复位	5		
	工位清洁垃圾、清洁和整理工作区域	5		
	全程规范操作，无工具或零件跌落	5		
	作业工单填写规范，字迹工整	5		
考核评语		考核成绩		
	考核人员 | | 日期 | 年　月　日			

续表

组内学生互评				
评价项目	评价内容			得分
	优秀（90～100分）	良好（80～89分）	加油（0～79分）	
沟通交流能力	能够有效地运用多种交流形式	基本能运用多种交流形式	很难运用多种交流形式	
合作交往能力	尊重他人，能与他人良好合作交流	基本上能做到与他人合作交流	不能与他人良好地合作交流	
观察事物能力	观察能力强，细致全面，观察深刻	按要求观察，能发现事物一些特征	无观察目的，不能把握事物特征	
动手操作能力	能积极主动按项目指引完成操作	能按要求完成操作	不能完成操作	
想象创造能力	能够有拓展性地完成工作任务	能够想到新的方式完成任务	按照课本要求完成基本工作	
小组评语	评价人签字：　　　　年　月　日		互评成绩	

企业导师评价			
评价项目	评价内容	评价成绩	备注
工作准备	任务领会、资讯查询、器材准备	□A □B □C □D □E	
知识储备	系统认知、原理分析、技术参数	□A □B □C □D □E	
计划决策	任务分析、任务流程、实施方案	□A □B □C □D □E	
任务实施	专业能力、沟通能力、实施结果	□A □B □C □D □E	
职业道德	纪律素养、安全卫生、器材维护	□A □B □C □D □E	
其他评价			
导师签字：		日期　　　年　月　日	

注：在选项“□”里打“√”，其中A为90～100分；B为80～89分；C为70～79分；D为60～69分；E不合格。

项目六

新能源汽车空调系统检修

任务一 新能源汽车空调系统认知

任务导入

<table>
<tr><td colspan="2">任务名称</td><td colspan="4">新能源汽车空调系统认知</td></tr>
<tr><td>姓 名</td><td></td><td>班 级</td><td></td><td>成 绩</td><td></td></tr>
<tr><td>组 别</td><td></td><td>组 长</td><td></td><td>场 地</td><td></td></tr>
<tr><td>日 期</td><td></td><td>学 时</td><td></td><td>指导教师</td><td></td></tr>
<tr><td rowspan="3">任务目标</td><td>知识目标</td><td colspan="4">1. 掌握新能源汽车空调系统的功能和分类；
2. 掌握新能源汽车空调系统与传统空调系统的异同；
3. 掌握新能源汽车制冷式空调系统的结构和工作原理；
4. 掌握新能源汽车热泵式空调系统的结构和工作原理</td></tr>
<tr><td>能力目标</td><td colspan="4">1. 能在新能源汽车实车上找到制冷式空调系统的制冷循环系统并绘制冷循环路径图；
2. 能在新能源汽车实车上找到制冷式空调系统的制暖循环系统并绘制暖循环路径图；
3. 能在新能源汽车实车上找到热泵式空调系统的制冷循环系统并绘制冷循环路径图；
4. 能在新能源汽车实车上找到热泵式空调系统的制暖循环系统并绘制暖循环路径图</td></tr>
<tr><td>素质目标</td><td colspan="4">1. 树立安全意识；
2. 培养 6S 现场管理意识；
3. 严格执行行业规范，培养职业素养；
4. 树立团队协作意识</td></tr>
<tr><td>情景案例</td><td colspan="5">一位顾客打算将自己的燃油车卖掉置换为新能源汽车。其来到 4S 销售门店购车，看到一辆新能源汽车的前舱有一个高压模块，同时和他的燃油车一样有管路连接到储液罐。他认为这是空调系统的部件，但是他非常好奇为什么自己的燃油车上储液罐附近没有连接这个高压模块。这个模块有什么作用，新能源汽车和传统燃油车空调系统有什么区别？</td></tr>
</table>

知识讲解

一、新能源汽车空调系统概述

1．新能源汽车空调系统功用及分类

新能源汽车空调系统和传统空调系统一样由制冷系统、暖风系统、通风和空气净化装置及控制系统组成。空调系统作用是根据室外环境随时调节汽车内部的温度、湿度和通风状况，改善车内空气质量，保持最舒适的驾车环境。除此之外，新能源汽车空调系统还能在高温时冷却或者低温时加热水冷式动力电池包冷却循环系统，保持动力电池较佳的工作温度，以改善其运行效率并延长动力电池的寿命。

新能源汽车上常用的空调是制冷式空调和热泵式空调。

制冷式空调是目前应用最广泛的汽车空调系统之一。它通过压缩制冷剂，使其在汽车空调系统中循环流动，并在蒸发器中释放出冷空气，从而降低车内的温度。该系统的维护和保养较为简单，但需要定期检查和更换制冷剂。

热泵式空调是一种能够实现制冷和加热的空调系统。它利用热泵原理，从室外空气中吸收热能，通过制冷剂循环将热能释放到车内空气中，实现制冷或加热效果。该系统在节能、环保方面具有较高的优势。其制冷剂和制热剂是共用的，因此在进行维护时需要注意不要混淆。目前，一些中高端车上会采用此类空调。

2．新能源汽车空调系统与传统汽车空调系统的异同

新能源汽车和传统燃油车上都配置有空调系统，但由于新能源汽车与传统新燃油车的驱动系统存在非常大的区别，两者的空调系统也存在较大差异，主要是制冷系统的压缩机驱动形式和电源类型不同，以及暖风系统的制热方式不同。

制冷系统中，纯电动汽车没有发动机、插电式混动动力汽车发动机不是实时工作的，而一些传统燃油车型上的发动机通过皮带驱动空调压缩机无法应用到新能源汽车上，电机驱动形式发生变化，新能源汽车压缩机普遍采用电动压缩机来实现制冷功能。目前，很多传统燃油车也使用电动压缩机，但是压缩机电源为低压电源，而纯电动汽车中的压缩机使用的是高压电源，由动力电池提供高压电。

暖风系统中，冬天空调的暖风热源来自发动机的冷却系统，发动机工作以后冷却液升温，通过热传递的方式制暖，非常节能。而纯电动汽车没有了发动机作为暖风系统就的热源，需要安装专门的制热装置。新能源汽车上普遍采用 PTC 加热器来实现制热功能。

3．新能源汽车空调系统的特点

（1）汽车空调安装在行驶的车辆上，承受着剧烈频繁的振动和冲击，因此，各部件应有足够的强度和抗振能力，接头应牢固并防漏。

（2）汽车空调的特定工作环境要求汽车空调的制冷、制热能力尽可能地大。

（3）由于汽车本身的特点，要求汽车空调结构紧凑，质轻、量小，能在有限的空间进行安装。

4．新能源汽车空调系统的性能指标

汽车空调为满足乘员的舒适性要求，应完成四大功能：调温、调湿、通风、滤气。而衡量这些功能的指标有：

（1）温度指标：温度是最重要的一个指标。温度是用来衡量物体冷热程度的物理量，测量温度的标尺称为温标。

（2）湿度指标：湿度的指标用相对湿度来表示。即空气的含湿程度。湿空气中所含水蒸气的质量，叫空气的绝对湿度。由于湿空气是空气和水蒸气的均匀混合物，所以绝对湿度在数值上等于水蒸气的密度。

（3）空气的清新度：由于空间小，乘员密度大，在密闭的空间内极易出现缺氧和二氧化碳浓度过高。

二、新能源汽车制冷式空调系统结构及原理

1．制冷系统组成

汽车空调制冷系统主要由空调压缩机、冷凝器、蒸发器、膨胀阀、储液干燥器、高低压管路等部件组成，如图 6-1-1 所示。各部件通过高压管路和低压管路连接，高低压管路中加注制冷剂。

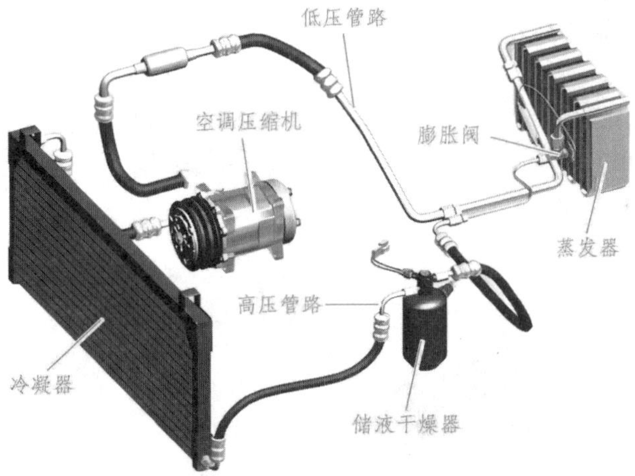

图 6-1-1　汽车空调制冷系统结构

（1）空调压缩机（见图 6-1-2）是汽车空调制冷系统的心脏，其作用是维持制冷剂在制冷系统中的循环流动，吸入来自蒸发器的低温低压的气态制冷剂，压缩成高温高压的状态，并送往冷凝器。空调压缩机是制冷系统中低压和高压、低温和高温的分界线。新能源汽车中空调压缩机使用的是高压电。

（2）冷凝器是一种由管子与散热片组合起来的热交换器，如图 6-1-3 所示。安装在车辆前部，作用是将压缩机排出的高温、高压制冷剂蒸气进行冷却，使其凝结为高压制冷剂液体。汽车空调系统冷凝器均采用风冷式结构，外界空气强制通过冷凝器的散热片，将高温的制冷剂蒸汽的热量带走，使之成为液态制冷剂。制冷剂蒸汽所放出的热量，被周围空气带走，排到大气中。

图 6-1-2　汽车空调压缩机

图 6-1-3　汽车空调制冷凝器

（3）蒸发器和冷凝器一样，也是一种热交换器（见图 6-1-4），其作用刚好和冷凝器相反，是制冷循环中获得冷气的直接器件。它将来自热力膨胀阀的低温、低压液态制冷剂在其管道中蒸发，使蒸发器和周围空气的温度降低，同时对空气起减湿作用。进入蒸发器排管内的低温、低压液态制冷剂，通过管壁吸收穿过蒸发器传热表面空气的热量，使之降温。与此同时，空气中所含的水分由于冷却而凝结在蒸发器表面，经收集排出，使空气减湿，被降温、减湿后的空气由鼓风机吹进车室内，就可使车内获得冷气。因此，蒸发器是制冷装置中产生和输出冷气的设备。

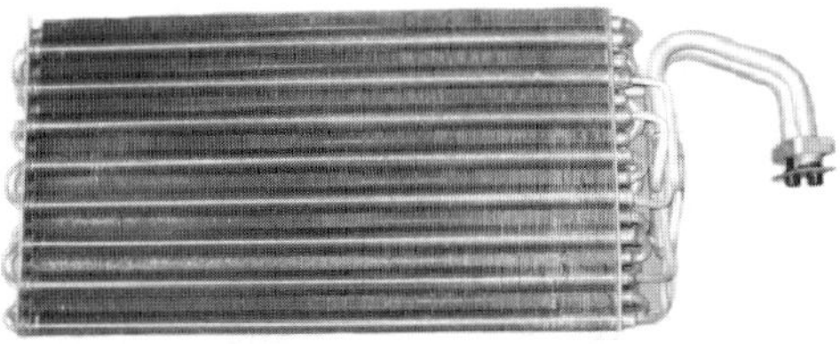

图 6-1-4　汽车空调蒸发器

（4）储液干燥器（见图 6-1-5）的作用是临时储存从冷凝器流出的液态制冷剂，以便制冷负荷变动和系统中有微漏时，能及时补充和调整供给热力膨胀阀的液态制冷剂量。同时，可

图 6-1-5　汽车空调储液干燥器

防止过多的液态制冷剂储存在冷凝器里，使冷凝器的传热面积减少而使散热效率降低。而且，还可滤除制冷剂中的杂质，吸收制冷剂中的水分，以防止制冷系统管路脏堵和冰塞，保护设备部件不受侵蚀，从而保证制冷系统的正常工作。

（5）膨胀阀，也称节流阀，是组成汽车空调制冷系统的主要部件，安装在蒸发器入口处，是汽车空调制冷系统的高压与低压的分界点。其功用是把来自储液干燥器的高压液态制冷剂节流减压（转变为容易蒸发的低温低压的雾状），调节和控制进入蒸发器中的液态制冷剂量，使之适应制冷负荷的变化，同时可防止压缩机发生液击现象（即未蒸发的液态制冷剂进入压缩机后被压缩，极易引起压缩机阀片的损坏）和蒸发器出口蒸气异常过热。图 6-1-6 所示为冷媒直冷系统电子膨胀阀，用于控制冷媒制冷系统的开闭及对应状态下的冷媒流通量，电子膨胀阀顶部有充气隔膜，上端连接低压通道，下端连接高压通道，通过驱动电机带动其工作，控制端连接器用于将电子膨胀阀接入电路。

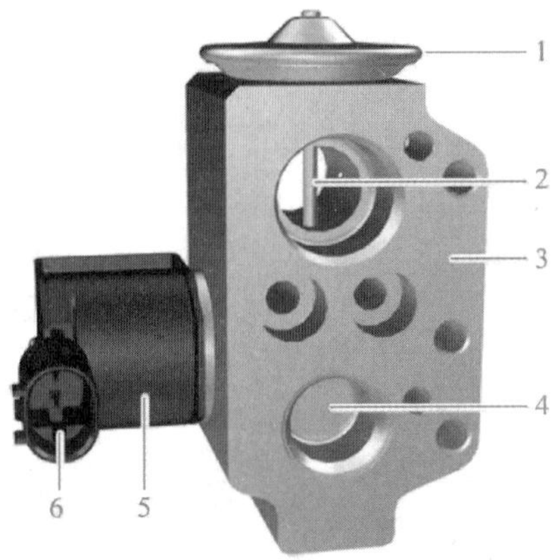

1—充电气隔膜；2—低压管道连接口；3—电子膨胀阀本体；4—高压管道连接口；5—驱动电机；6—控制端连接器。

图 6-1-6　电子膨胀阀

（6）高低压管用于连接空调系统各部件，分高压管路和低压管路两种，高压管路较细，低压管路相对较粗。它们是连接压缩机和冷凝器的管道，主要用于输送高压制冷剂。空调高压管需要承受较高的压力和振动，因此需要具备优良的耐压、耐腐蚀、抗振性能，以确保空调系统的正常运行；低压管空调是空调承载制冷剂的流动，起到传输制冷剂和保证制冷剂流量的作用。

（7）制冷剂是制冷循环当中的载体，通过状态变化吸收和放出热量，因此要求制冷剂在常温下很容易汽化，加压后很容易液化，在状态变化时尽可能多地吸收和放出热量（潜热大）同时制冷剂还应当具备不易燃易爆、无毒、无腐蚀性、对环境无害等性质。目前，汽车空调常用的制冷剂为 R134a（$C_2H_2F_4$ 四氟乙烷），R410a（由 R32 二氟甲烷和 R125 五氟乙烷组成的混合物），是比较环保的制冷剂。

（8）制冷剂油也叫冷冻油，也叫压缩机油，主要作用是润滑空调压缩机，降低压缩机功耗，延长使用寿命，同时还具有冷却、密封、清洁作用。空调系统中，制冷剂油一般是以液态的形式存在的，并且其与制冷剂有一定的互溶性，同时冷冻油的热传导性比制冷剂差，因此当制冷剂中溶入冷冻油后，会在冷凝部分妨碍制冷剂与冷凝器管道间的热交换，并形成明显的温度梯度，并且制冷剂中溶入的冷冻油越多，其热交换能力就越差，造成冷凝散热恶化。

2. 制冷系统工作原理

当电动压缩机通电后，压缩机运转，将蒸发器内产生的低温低压制冷剂蒸气吸入并压缩后，在高温高压（约 70 °C，1 471 kPa）的状况下变成气态。这些高温高压气态制冷剂流入冷凝器，并在此受到散热器和冷却风扇的作用强制冷却到 50℃左右。这时，制冷剂由气态变成液态。被液化了的制冷剂，进入干燥过滤器，除去水分和杂质后，流入膨胀阀。高压的液态制冷剂从膨胀阀的小孔流出，变为低压液态雾状后流入蒸发器。雾状制冷剂在蒸发器内吸热气化变成气态制冷剂，从而使蒸发器表面温度下降。从鼓风机进来的空气，不断流过蒸发器表面，被冷却后送进车厢内，使车厢内降温。气态制冷剂通过蒸发器后又重新被压缩机吸入，这样反复循环即可达到制冷的目的。

制冷循环的工作原理具体由压缩、放热、节流和吸热四个过程组成，如图 6-1-7 所示。

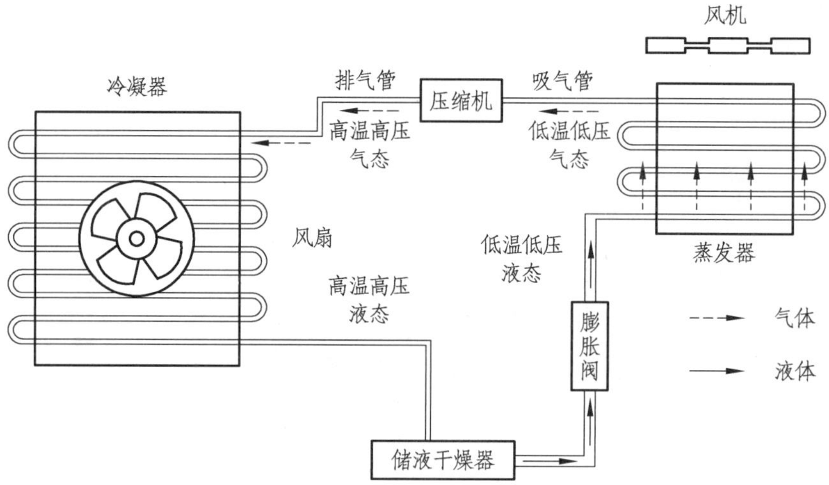

图 6-1-7　汽车空调制冷系统工作原理

1）压缩过程

压缩机吸入蒸发器出口处的低温低压的制冷剂气体，把它压缩成高温高压的气体，然后送入冷凝器。此过程的主要作用是压缩增压，以便气体易于液化。压缩过程中，制冷剂状态不发生变化，而温度、压力不断升高，形成过热气体。

2）放热过程

高温高压的过热制冷剂气体进入冷凝器（散热器）与大气进行热交换。由于压力及温度的降低，制冷剂气体冷凝成液体，并放出大量的热。此过程作用是排热、冷凝。冷凝过程的特点是制冷剂的状态发生变化，即在压力、温度不变的情况下，由气态逐渐向液态转变。冷凝后的制冷剂液体是高压高温液体。制冷剂液体过冷，过冷度越大，在蒸发过程中其蒸发吸热的能力也就越大，制冷效果越好，即产冷量相应增加。

3）节流过程

高压高温制冷剂液体经膨胀阀节流降温降压，以雾状（细小液滴）排出膨胀装置。该过程的作用是使制冷剂降温降压，由高温高压液体，迅速地变成低温低压液体，以利于吸热、控制制冷能力以及维持制冷系统正常运行。

4）吸热过程

经膨胀阀降温降压后的雾状制冷剂液体进入蒸发器，因此时制冷剂沸点远低于蒸发器内温度，故制冷剂液体在蒸发器内蒸发、沸腾成气体。在蒸发过程中大量吸收周围的热量，降低车内温度。而后低温低压的制冷剂气体流出蒸发器等待压缩机再次吸入。吸热过程的特点是制冷剂状态由液态变化到气态，此时压力不变，即在定压过程中发生这一状态变化。

3．暖风系统组成

汽车空调暖风系统主要由 PTC 加热器模块、暖风芯体、储液罐、电动水泵等部件组成，如图 6-1-8 所示。各部件通过软管连接，管路中为冷却液。

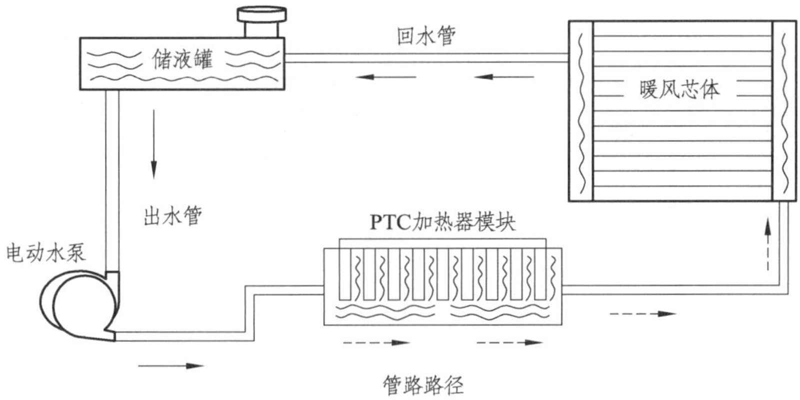

图 6-1-8　汽车空调暖风系统结构

1）PTC 加热器

新能源汽车暖风系统的热源为 PTC 加热电阻，这种加热系统属于风加热 PTC 模块。而对于部分车型，使用 PTC 加热电阻来加热冷却液作为热源，由车辆高压系统供电。PTC 加热器是一个正温度系数的加热电阻。在起始加热阶段，PTC 加热器的电阻较小，PTC 加热效果明显；随着温度的上升，PTC 的电阻变大，加热电流变小，加热效果就会变差。这样可以有效保护 PTC 加热器的温度，能够根据自身特性有效自我控制。

PTC 加热器（见图 6-1-9）因其结构简单、成本低、加热速度快，已被纯电动汽车（尤其是低端车型）广泛采用。其最大的特点在于安全性，当风扇堵塞时，PTC 加热器将不会完全耗散，电源电压将急剧下降从而保证安全。当然 PTC 加热也有明显的缺点，热能利用率低，耗电量大，对纯电动汽车续航里程影响大。

图 6-1-9　PTC 加热器

2）暖风芯体

暖风芯体是热交换场所，暖风芯体的加热方式有两种，一种是通过水循环加热，另一种是通过电加热，图 6-1-9 所示为水加热模式。

在水循环加热的方式中，暖风芯体内部的芯体管与暖风系统的水路相通，被 PTC 加热后的水流经暖风芯体内部的芯体管，将芯体管内的冷空气加热，然后将热空气送入车内。这种方式的优点是加热效率高。

在电加热的方式中，暖风芯体内部的芯体管则被加热丝所代替，当电加热器工作时，加热丝会将芯体管内的冷空气加热，然后将热空气送入车内。这种方式的优点是加热速度快，但需要消耗大量的电能。

3）储液罐

储液罐用于储存水循环加热暖风系统中的冷却液，由于在暖风系统工作过程中热胀冷缩的原理，系统中的冷却液升温膨胀，所以必须增加一个储液罐，防止系统压力过高而导致的泄漏，储液罐通常用塑料材质，上面有液位线，便于观察系统中冷却液的情况，当冷却液低压最低液位时，需要添加至不超过最高液位。

4）电动水泵

电动水泵为低压元器件，在新能源汽车上由 12 V 低压蓄电池供电，其作用是为暖风系统提供动力，是整个循环系统的动力源。

4．暖风系统工作原理

如图 6-1-8 所示，暖风系统工作原理是利用 PTC 水加热器加热系统中的冷却液，加热的冷却液通过空调电动水泵进行循环，流经暖风芯体后与穿过暖风芯体的气流进行热交换，加热后的气流通过鼓风机带入乘员舱，冷却的冷却液重新回到 PTC 里面进行加热。如此循环，达到 EV 模式的采暖。

三、新能源汽车热泵式空调系统结构及原理

中高端纯电动汽车为了减少加热系统对续航里程的影响，采用了热泵空调系统。热泵可将车外低温空气中的热量“泵”至相对高温的乘坐室内。冬季使用热泵空调制热，与使用传统 PTC 制热相比，可降低约 60% 的能耗，增加 25% 左右的续行里程。以大众 ID4 为例，根据欧洲车型数据，在低温制热工况下，使用 CO_2 热泵系统的车型比 PTC 制热的车型可提升约 63 km（30%）的续航里程。为了提升制热效果，一些车型现使用热泵和 PTC 辅助共同制暖。

1．热泵空调组成

新能源汽车热泵空调系统由电动压缩机、四通换向阀、内部换热器、膨胀阀、外部换热器、储液罐、风扇等组成，如图 6-1-10 所示。

1）电动压缩机

热泵空调系统的压缩机与新能源汽车传统制冷式空调系统的压缩机一样作为整个热泵空调循环系统的动力源，需要动力电池供电，驱动压缩机工作。

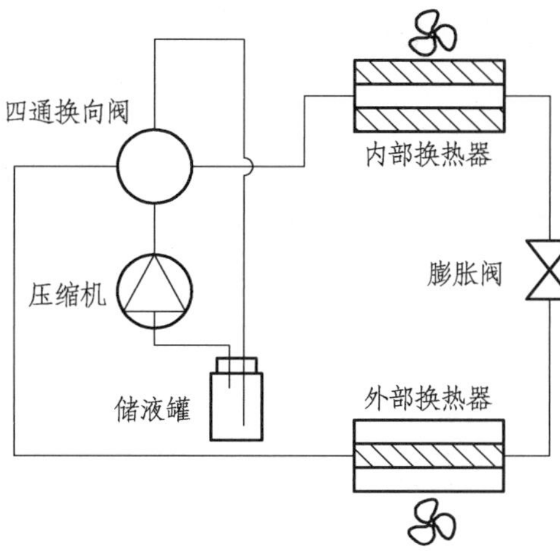

图 6-1-10　新能源汽车热泵空调结构

2）四通换向阀

四通换向阀的作用就是在制冷循环和制热循环之间切换，使得热泵空调系统能够根据需要实现制冷和制热。当需要制冷时，四通换向阀会将制冷剂流向制冷循环的路径，使得空调室内温度降低；而当需要制热时，四通换向阀则会将制热剂流向制热循环的路径，使得空调室内温度升高。

四通换向阀的工作原理是通过电磁铁的控制来实现的。当电磁铁通电时，四通换向阀会被吸引，使得制冷剂流向制热循环的路径；而当电磁铁断电时，四通换向阀会被释放，使得制冷剂流向制冷循环的路径。通过控制电磁铁的通断，就可以实现制冷和制热之间的切换。四通换向阀的运行是自动控制的，可以根据室内温度的需求来自动进行制冷或制热。这种自动控制的方式使得热泵空调系统更加智能化和节能。

3）储液罐

储液罐的作用和传统制冷式空调系统一样，用于存储制冷剂，便于观察制冷剂在系统中的液位情况等。

4）膨胀阀

膨胀阀的作用和传统制冷式空调系统的一样，是制冷系统中的一个重要部件，膨胀阀使中温高压的液体制冷剂通过节流成为低温低压的湿蒸气。

5）内部热交换器/外部热交换器

热交换器是热交换的场所，内部热交换器位于驾驶室内，副驾驶仪表台里，在制冷循环中相当于传统制冷式空调的蒸发器，在制热循环中相当于传统制冷式空调的冷凝器；外部热交换器位于前舱车辆前端，在制冷循环中相当于传统制冷式空调的冷凝器，在制热循环中相当于传统制冷式空调的蒸发器。

6）制冷剂

汽车热泵空调采用的是二氧化碳 R744 制冷剂。二氧化碳的化学式是 CO_2，不会损害地球的臭氧层。使用二氧化碳 R744 制冷剂的空调系统的工作压力约为传统制冷剂的 10 倍。由于较高的压力以及二氧化碳分子比 R134a 制冷剂的分子小，制冷剂管路必须更坚固耐压。表 6-1-1 对比了传统制冷式空调系统使用的制冷剂 R134a 和热泵空调使用的制冷剂 R744 特性。

表 6-1-1　不同种类制冷剂的特性

特征	R134a	R744
化学分子式	$C_2H_2F_4$	CO_2
化学名称	四氟乙烷	二氧化碳
沸点（1 bar 的绝对压力，1 bar = 100 kPa）/°C	−26	−78.7
全球升温潜能值	1 430	1
工作压力	3.0 MPa	14 MPa
制冷剂类型	合成	自然
易燃性	不易燃	不易燃
颜色	无色	无色
毒性	无毒	无毒
回收要求	需回收	不回收

二氧化碳是一种天然气体，在大气中的含量约为 0.039%，无色、无气味。使用过程中需注意以下几点：

（1）液体快速蒸发可引起冻伤。

（2）二氧化碳比空气重约 1.5 倍，因此会在较低位置区域集聚（如地坑），空气流动弱时，可以停留几个小时。

（3）二氧化碳被认为是无毒的，但是如果呼吸的空气中含有的二氧化碳浓度较高会出现以下情况：浓度 3% ~ 5% 时，则会引起头痛、头晕、麻木、嗜睡和恶心；浓度超过 5% 时，会失去协调能力和丧失意识；浓度超过 8% 时，会导致呼吸停止甚至死亡。

2. 热泵空调工作原理

传统空调的制冷原理，是利用制冷剂的物态变化，由气态变液态会散发热量，而由液态变气态则会吸热的原理。热泵空调利用一个“四通电磁换向阀”，即可实现制冷循环或制热循环，使车内得到冷气或热气。如图 6-1-10 所示，热泵空调的工作原理是将低温物体中的热量通过逆循环方式引导到高温物体，以实现能量的循环利用。

制冷循环：利用制冷循环中室内换热器为蒸发器，室外换热器为冷凝器。如图 6-1-11 所示，低温低压气体经过四通阀进入储液干燥器，干燥气被压缩机吸入压缩成为高温高压的气体排出，气体经四通阀进入室外换热器放热冷凝，成为过冷液。过冷液经膨胀阀后成为低温低压液态，进入室内换热器蒸发吸热，然后再一次经四通阀进入下一循环。

制暖循环：利用换向阀可改变空调制冷剂的流向，使蒸发器在反向循环中充当冷凝器放热，形成“热源”。室内换热器成为冷凝器，室外换热器成为蒸发器。如图 6-1-12 所示，低温低压的气态制冷剂进入压缩机，压缩机做功将其压缩成高温高压的制冷剂；随后，高温高压的制冷剂经四通换向阀流进内部换热器，此时，制冷剂向车室内散热，等压冷凝后成为中温高压的液体；经节流机构后压力骤降，制冷剂由液态转化为气液混合物流向外部换热器，从外部环境中吸收热量，蒸发成为低温低压的气体；最后制冷剂流入压缩机进入下一次循环。这样，只消耗小部分电能，就能将外界大量热量，搬运“泵”进纯电动汽车内。不过，热泵在低温环境下的制热效果还有待提升。

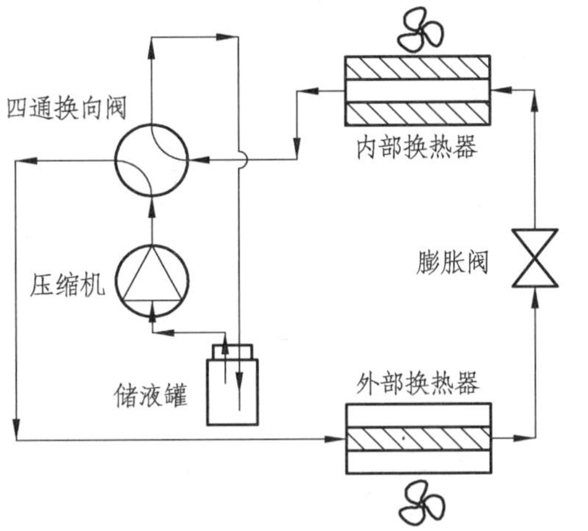

图 6-1-11　新能源汽车热泵空调制冷循环

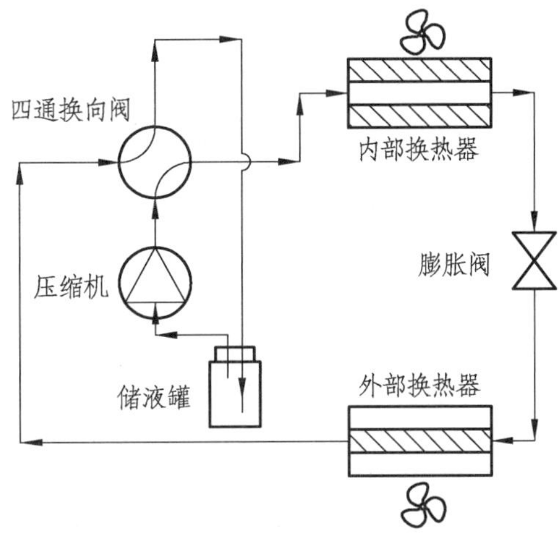

图 6-1-12　新能源汽车热泵空调制暖循环

任务实施

一、任务准备

（1）穿好工作服、绝缘鞋。

（2）比亚迪 E5 和大众 ID4 新能源汽车电路图。

（3）比亚迪 E5 和大众 ID4 新能源汽车整车。

（4）双柱式举升机。

注：以上车型可更换为其他制冷式空调系统新能源车型和热泵式空调系统新能源车型。

二、任务实施过程

根据所学知识举一反三，运用新能源实车完成表 6-1-2。

表 6-1-2　新能源汽车电气元件查找工单

<table>
<tr><td colspan="5">1. 准备工作</td></tr>
<tr><td colspan="3">设置隔离栏</td><td colspan="2">☐ 是　☐ 否</td></tr>
<tr><td colspan="3">放置安全警示牌</td><td colspan="2">☐ 是　☐ 否</td></tr>
<tr><td colspan="3">检查灭火器</td><td colspan="2">☐ 是　☐ 否</td></tr>
<tr><td colspan="3">检查个人防护用品</td><td colspan="2">☐ 是　☐ 否</td></tr>
<tr><td colspan="3">检查测量工具</td><td colspan="2">☐ 是　☐ 否</td></tr>
<tr><td colspan="3">放置车轮挡块</td><td colspan="2">☐ 是　☐ 否</td></tr>
<tr><td colspan="3">安装翼子板布和驾驶室内防护套装</td><td colspan="2">☐ 是　☐ 否</td></tr>
<tr><td colspan="5">2. 车辆基本信息采集</td></tr>
<tr><td rowspan="2">记录车辆信息</td><td>品牌</td><td></td><td>动力电池工作电压</td><td></td></tr>
<tr><td>VIN 码</td><td></td><td>驱动电机型号</td><td></td></tr>
<tr><td rowspan="2">车辆基本检查</td><td colspan="2">辅助蓄电池电压：__________ V</td><td colspan="2">☐ 正常　☐ 异常</td></tr>
<tr><td colspan="2">高压部件安装及连接器连接情况：</td><td colspan="2">☐ 正常　☐ 异常</td></tr>
<tr><td colspan="5">3. 制冷式空调系统认知</td></tr>
<tr><td colspan="5">（1）在比亚迪 E5（其他制冷式空调系统车型）实车上找到制冷循环系统并指出各元件的位置。
（2）根据找到的制冷循环系统绘制出该车型的制冷循环路径。

（3）在比亚迪 E5（其他制冷式空调系统车型）实车上找到制暖循环系统并指出各元件的位置。
（4）根据找到的制暖循环系统绘制出该车型的制暖循环路径。</td></tr>
</table>

续表

<table>
<tr><td colspan="3">4. 热泵式空调系统认知</td></tr>
<tr><td colspan="3">（1）在大众 ID4（其他制冷式空调系统车型）实车上找到制冷循环系统并指出各元件的位置。
（2）根据找到的制冷循环系统绘制出该车型的制冷循环路径。

（3）在大众 ID4（其他制冷式空调系统车型）实车上找到制暖循环系统并指出各元件的位置。
（4）根据找到的制暖循环系统绘制出该车型的制暖循环路径。</td></tr>
<tr><td colspan="3">5. 场地恢复</td></tr>
<tr><td>复位工具、仪器</td><td>□ 是</td><td>□ 否</td></tr>
<tr><td>恢复翼子板布和驾驶室内防护套装</td><td>□ 是</td><td>□ 否</td></tr>
<tr><td>恢复车轮挡块</td><td>□ 是</td><td>□ 否</td></tr>
<tr><td>清洁工作场地</td><td>□ 是</td><td>□ 否</td></tr>
<tr><td>恢复安全警示牌</td><td>□ 是</td><td>□ 否</td></tr>
<tr><td>恢复隔离栏</td><td>□ 是</td><td>□ 否</td></tr>
</table>

强化提升

结合教材相关内容、网络文字资料、视频资源，完成表 6-1-3。

表 6-1-3　资讯与决策工单

<table>
<tr><td>班级：________________</td><td>日期________年______月______日</td></tr>
<tr><td>姓名：________________</td><td>学号：____________________</td></tr>
<tr><td colspan="2">
1. 知识强化
（1）新能源汽车空调系统有什么作用？
____
____
（2）新能源汽车上常用的空调是____________和____________。
（3）新能源汽车空调系统与传统汽车空调系统的异同是什么？
____
____
____
____
（4）请在下图的框中填入汽车空调制冷系统组成部件名称。
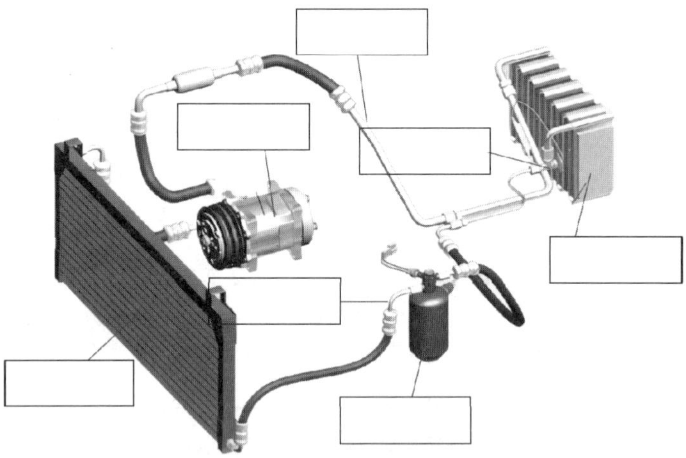
（5）新能源汽车上采用的压缩机是____________（电动式/机械式），其使用的是____________（低压电/高压电）。经过压缩机的制冷剂是____________（高温高压/低温高压），是（液态/气态）。
（6）冷凝器的冷凝原理是____________________________________
____
（7）传统空调系统用的制冷剂是____________，热泵空调用的制冷剂是____________。
（8）空调系统中的高压管路________，低压管路________（粗/细）。
</td></tr>
</table>

（9）在下图虚线框中填入空调系统各部件名称，在实线框中填入制冷剂在管路中的状态。

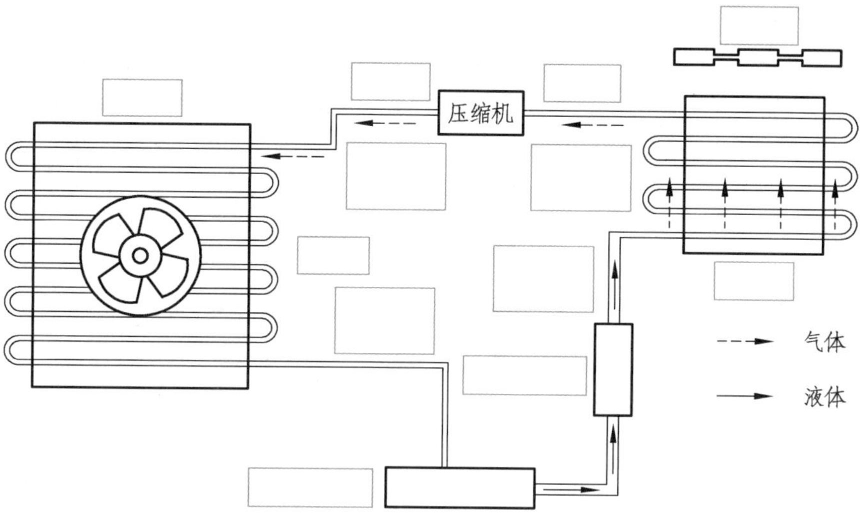

（10）汽车空调暖风系统主要由 ________、________、________、________等部件组成。

（11）PTC 加热器的作用是________________________________。

（12）请简述制冷式新能源汽车暖风系统工作原理。

____

____

____

（13）热泵空调和传统 PTC 制暖空调比较，优点是________________________________。

（14）请在下方热泵空调结构及工作原理图中填写部件 1～6 的名称，并简述热泵空调在制冷和制暖循环的工作原理。

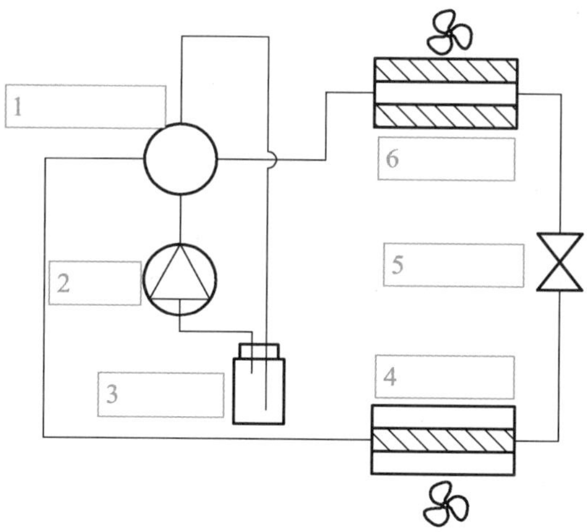

① 制冷循环工作原理：____

____

____

② 制暖循环工作原理__________ __________ __________ ③ 部件1的作用是什么？__________ __________ __________ __________
2. 实战训练 （1）所需资料、工具。   （2）小组成员分工。   （3）任务计划。

任务考评

考核内容		考核评分		
项目	内容	配分	得分	批注
工作准备（30%）	能够正确理解工作任务内容、范围及工作指令	5		
	能够查阅汽车维修手册，填写车辆基本信息	5		
	能够正确穿戴防护及劳保用品	5		
	准备工作场地，能够识别工作场所的安全隐患	5		
	能够正确使用双柱式举升机举升车辆	10		
实施程序（50%）	正确在实车上找到比亚迪 E5（其他制冷式空调系统）制冷循环系统各部件	10		
	正确绘制比亚迪 E5（其他制冷式空调系统）制冷循环路径图	15		
	正确在实车上找到大众 ID4（其他热泵式空调系统）制冷循环系统各部件	10		
	正确绘制大众 ID4（其他热泵式空调系统）制冷循环路径图	15		
完工清理（20%）	车辆复位	5		
	工位清洁垃圾、清洁和整理工作区域	5		
	全程规范操作，无工具或零件跌落	5		
	作业工单填写规范，字迹工整	5		
考核评语		考核成绩		
	考核人员 | | 日期 | 年 月 日			

续表

组内学生互评				
评价项目	评价内容			得分
	优秀（90～100 分）	良好（80～89 分）	加油（0～79 分）	
沟通交流能力	能够有效地运用多种交流形式	基本能运用多种交流形式	很难运用多种交流形式	
合作交往能力	尊重他人，能与他人良好合作交流	基本上能做到与他人合作交流	不能与他人良好地合作交流	
观察事物能力	观察能力强，细致全面，观察深刻	按要求观察，能发现事物一些特征	无观察目的，不能把握事物特征	
动手操作能力	能积极主动按项目指引完成操作	能按要求完成操作	不能完成操作	
想象创造能力	能够有拓展性地完成工作任务	能够想到新的方式完成任务	按照课本要求完成基本工作	
小组评语	评价人签字：　　年　月　日		互评成绩	

企业导师评价			
评价项目	评价内容	评价成绩	备注
工作准备	任务领会、资讯查询、器材准备	□A □B □C □D □E	
知识储备	系统认知、原理分析、技术参数	□A □B □C □D □E	
计划决策	任务分析、任务流程、实施方案	□A □B □C □D □E	
任务实施	专业能力、沟通能力、实施结果	□A □B □C □D □E	
职业道德	纪律素养、安全卫生、器材维护	□A □B □C □D □E	
其他评价			
导师签字：		日期　　年　月　日	

注：在选项“□”里打“√”，其中 A 为 90～100 分；B 为 80～89 分；C 为 70～79 分；D 为 60～69 分；E 不合格。

任务二 新能源汽车空调系统检修

任务导入

<table>
<tr><td colspan="2">任务名称</td><td colspan="4">新能源汽车空调系统检修</td></tr>
<tr><td>姓 名</td><td></td><td>班 级</td><td></td><td>成 绩</td><td></td></tr>
<tr><td>组 别</td><td></td><td>组 长</td><td></td><td>场 地</td><td></td></tr>
<tr><td>日 期</td><td></td><td>学 时</td><td></td><td>指导教师</td><td></td></tr>
<tr><td rowspan="3">任务目标</td><td>知识目标</td><td colspan="4">1. 掌握比亚迪 E5 自动空调系统的结构及工作原理；
2. 掌握比亚迪 E5 自动空调系统的控制原理；
3. 掌握大众 ID4 自动空调系统的结构及工作原理；
4. 掌握大众 ID4 自动空调系统的控制原理</td></tr>
<tr><td>能力目标</td><td colspan="4">1. 能绘制亚迪 E5 自动空调系统电路图；
2. 能对亚迪 E5 自动空调系统进行检测；
3. 能绘制大众 ID4 自动空调系统电路图；
4. 能对大众 ID4 自动空调系统进行检测</td></tr>
<tr><td>素质目标</td><td colspan="4">1. 树立安全意识；
2. 培养 6S 现场管理意识；
3. 严格执行行业规范，培养职业素养；
4. 树立团队协作意识。</td></tr>
<tr><td>情景案例</td><td colspan="5">维修厂的技师接到两辆新能源故障车，均为空调系统问题。一辆比亚迪 E5 纯电动车能正常上电，但是操作空调控制面板开启制冷功能，空调不制冷，调节鼓风机挡位，鼓风机可以正常运转；另一辆大众 ID4 开启空调制冷模式，空调无冷风，打开鼓风机，鼓风机也不运转。这两辆车的故障现象不一样，它们有什么区别，要怎样维修呢？</td></tr>
</table>

知识讲解

一、比亚迪 E5 新能源汽车空调系统检修

1. 比亚迪 E5 新能源汽车空调系统组成及控制原理

比亚迪 E5 新能源汽车采用的是自动空调，空调系统由电动压缩机模块、PTC 加热器模块、空调控制器、室外温度传感器、室内温度传感器、蒸发器温度传感器、压力温度传感器、压力传感器、主控 ECU、散热风扇、电子膨胀阀、空调水泵等组成，控制原理如图 6-2-1 所示，在实车上的位置如图 6-2-2 所示。

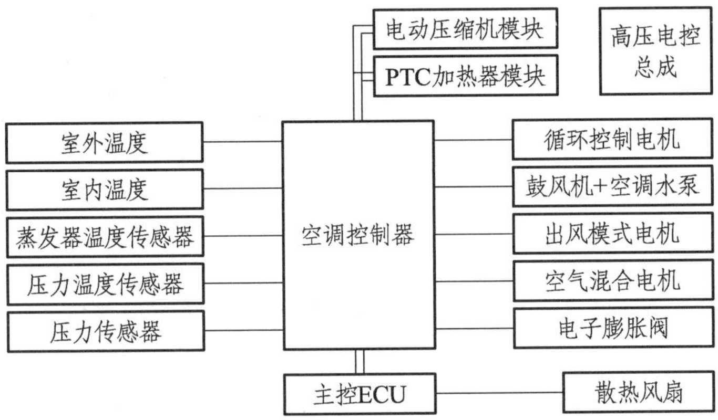

图 6-2-1　比亚迪 E5 自动空调系统控制原理

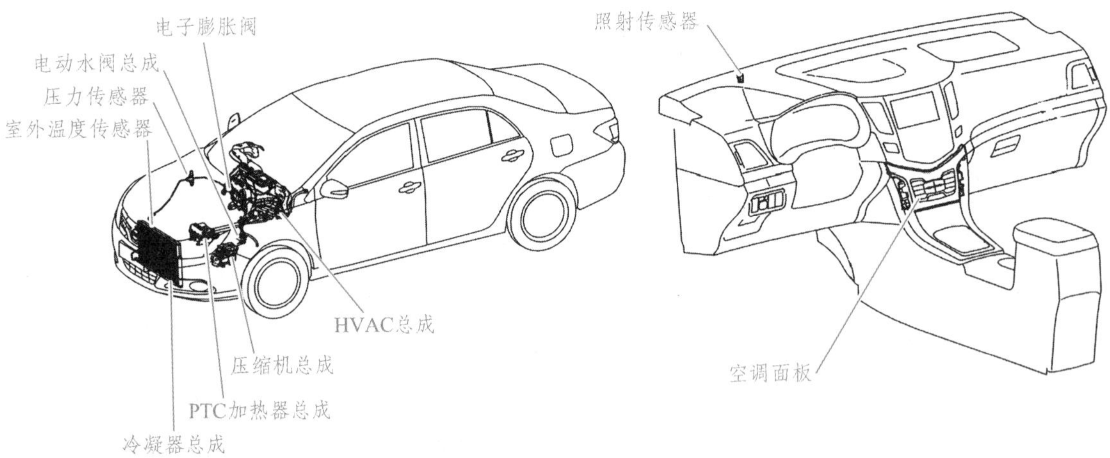

图 6-2-2　比亚迪 E5 自动空调系统位置

1）电动压缩机

制冷系统采用电动压缩机，额定功率 2 kW，如图 6-2-3（a）所示。电动压缩机位于前机舱左侧，固定在变速器上。系统工作时，高压压力为 2.0 ~ 3.0 MPa，低压压力为 0.5 ~ 1 MPa，它在空调系统回路中起驱动制冷剂的作用，将机械能转换为热能。目前，电动压缩机的主流

形式是控制器与压缩机本体集成，其主要结构是压缩机与电控装置的组合体。比亚迪 E5 车型也不例外，它采用适合高电压、变频节能的一体化涡旋式压缩机。

2）PTC 加热器

暖风系统采用 PTC 加热器，额定功率 6 kW。PTC 加热冷却液后供给暖风芯体，PTC 加热器自带冷却液温度传感器、高压互锁装置、IGBT 温度传感器、电压采集、电流采集及对应的自动保护程序，安装位置如图 6-2-3（b）所示。PTC 加热器上装有冷却液温度传感器，以监测流经 PTC 加热器后的冷却液温度。PTC 加热器的输中功率由空调控制器根据车内温度、设定温度、冷却液温度等信息综合判断后决定。

3）电子膨胀阀

电子膨胀阀和变频压缩机协同工作，安装位置及外观如图 6-2-3（d）所示。同时，利用其精确控制流量的功能整体提升空调系统的工作效率，可实时调节开阀速度、开度，相较 TXV 有更灵活的可控性。根据控制器的脉冲电压信号，线圈驱动步进转子旋转。通过精密丝杆传动，转子将旋转运动转化为阀芯的轴向直线移动。通过上述运动，阀芯在控制器的控制下调节阀体通道大小，以实现制冷剂的设计流量。

4）传感器

在空调系统中，ECU 是根据各种传感器的信号和设定的温度进行自动调节，以达到车内预定的温度的。不同车型所用的传感器会有不同。相关传感器主要有车内温度传感器、车外温度传感器、阳光传感器、蒸发器温度传感器、出风口温度传感器以及压力传感器等。

（1）室内温度传感器、室外温度传感器。

室内温度传感器和室外温度传感器影响车内空气温度的自动控制，这些传感器都是对温度敏感的热敏元件，传感器的电阻和温度成反比对应关系，电阻值确定了传给空调控制模块信号的级别。室内温度传感器吸入车内空气，以确定乘客舱的平均气温，用于确定温度风门的位置、鼓风机的转速、进气门的位置及模式门的位置。室外温度传感器，是自动空调的重要传感器之一，它能影响出风口空气的温度、出风口风量、模式风门和进气风门的位置等，一般安装在前保险杠内或散热器上。

（2）蒸发器温度传感器。

蒸发器温度传感器一般安装在蒸发器翅片上。蒸发器温度传感器的作用是检测蒸发器表面的温度，一是用来修正空气混合风门位置，调节车内温度；二是控制鼓风机的转速；三是控制压缩机，防止蒸发器表面结冰。

（3）阳光传感器。

阳光传感器（阳光强度传感器）位于仪表板上部装饰衬垫中间。阳光传感器通过测量阳光的强弱来修正温度风门的位置与鼓风机的转速。当阳光增强时，温度风门移向“冷”侧，鼓风机转速提高；反之，当阳光减弱时，温度风门移向“热”侧，鼓风机转速降低。实时自动调整空调风量和冷、热风混合比例，让所有乘员均能获得最舒适的感觉。

（4）压力传感器。

空调压力传感器将制冷剂高压管路的压力值转换为电压值，空调控制模块根据此信号控制冷却风扇低速或高速运转，通常采用的是压敏电阻型。空调压力传感器安装在空调高压管路上，如图 6-2-3（e）所示。当检测到空调制冷管路压力过低或过高时，控制系统停止压缩机运转，以免对空调系统造成损坏。当制冷剂压力达到中等压力值时，散热器风扇高速运转，从而降低空调制冷剂压力。

5）暖风电动水泵

暖风电动水泵安装在电动压缩机后上方，在四合一总成安装支架上固定，如图 6-2-3（g）所示。

6）空调控制器

空调控制器是整个空调系统（包括制冷和采暖）的总控中心，协调控制空调系统的工作。它安装在蒸发箱底部，如图 6-2-3（h）所示。空调控制器在整车 CAN 网络上属于舒适网，但它与电动压缩机模块、PTC 模块组成一个空调子网。在制动踏板旁的仪表台盖板内。

7）充注阀口

比亚迪 E5 空调系统采用的是 R410a 制冷剂，抽真空和加注分为 2 套设备，并没有专用的充注阀口，如图 6-2-3（i）所示。R410a 属于高压制冷剂，维修空调系统时，如需更换零部件，一定要用制冷剂回收设备或压力表放出制冷剂，以避免高压制冷剂喷出，给维修人员带来伤害。

8）散热风扇

空调打开后，且 ECU 检测到中压开关低电平信号后，控制风扇高速转。风扇高速工作之前，低速风扇必须先运行 2 s，然后才能高速运转。

开启压缩机的同时，空调控制器检测系统压力值，向主控请求电子风扇挡位：

（1）当空调系统压力 < 2.7 MPa 时，发送低速挡位。

（2）当空调系统压力 ≥ 2.7 MPa 时，发送高速挡位。

（a）电动空调压缩机

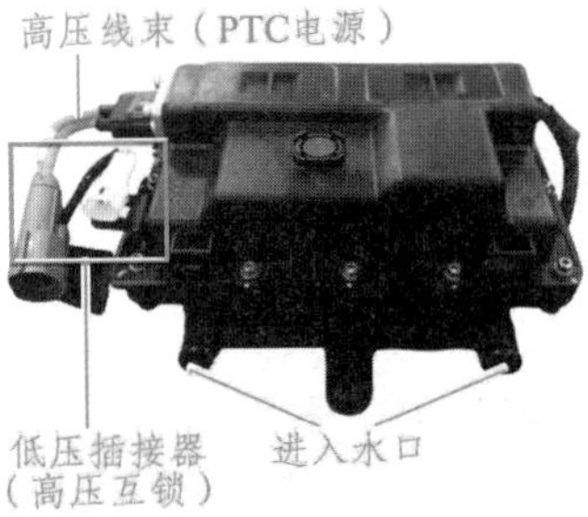

（b）PTC 总成

（c）暖风系统储水壶

（d）膨胀阀

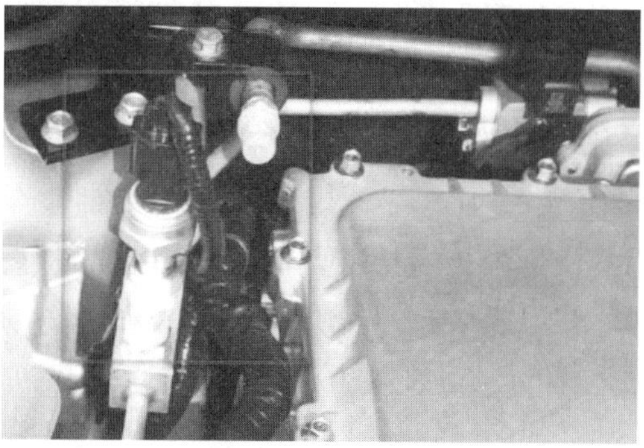

（e）压力传感器

（f）温度压力传感器

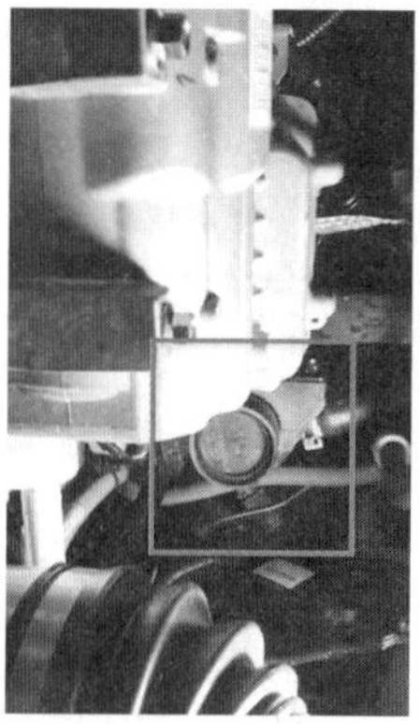

（g）电子水泵

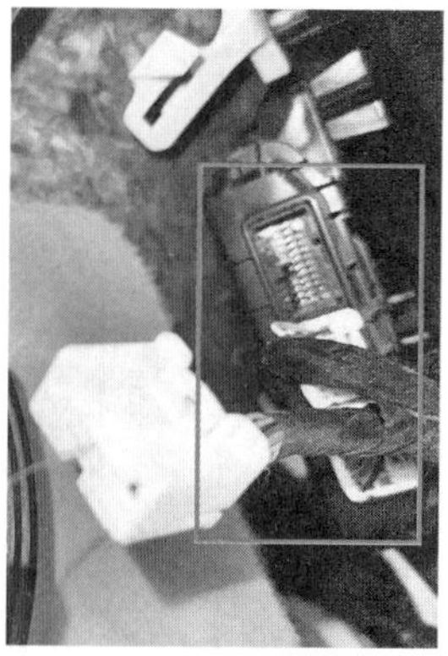

（h）空调控制器

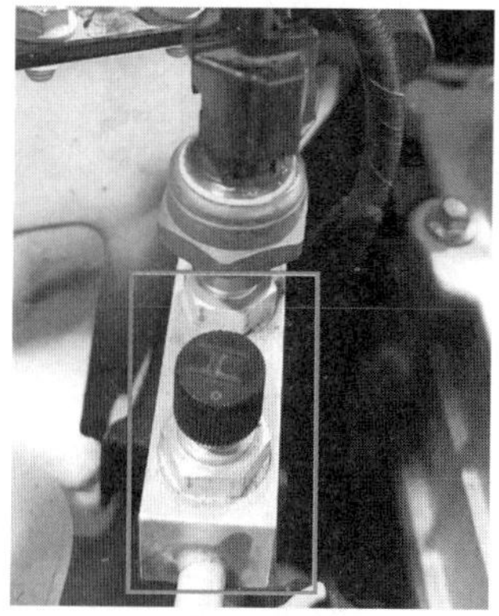

（i）充注阀口

图 6-2-3　比亚迪 E5 自动空调系统各部件实物图

2．比亚迪 E5 新能源汽车空调系统故障诊断

一辆比亚迪 E5 纯电动车能正常上电，但是操作空调控制面板开启制冷功能，空调不制冷，调节鼓风机挡位，鼓风机可以正常运转，空调系统故障。

（1）首先进行外观排查，对车辆空调系统进行外观直观检查，发现冷却液正常、管路无泄漏现象，无灰尘沉积，无油渍。

（2）将空调控制面板打开，查看内部的线路连接情况，发现连接完好，按键也能正常按动，但无法操控系统处于运行状态。

（3）检查低压蓄电池供电是否正常，发现电压为 12 V，正常。

（4）采用解码仪与车辆连接，选择车辆型号，确定连接成功，进入空调控制器模块读取故障码，故障码为“B2A4E13 高压管路的压力传感器开路”“B2A2F09 高压管路处于高压状态或低压状态”。

（5）由故障码可以分析出该车故障部位可能为空调系统，具体部位还需进行下一步检查；读取空调系统数据流，读取数据流为“压力状态：故障”，因此可以大致判断出故障位置为压力传感器及其周围部件。

（6）找到压力传感器，对其进行外观检查，发现其外观无污染，线路外观正常， 可以先从相关线路或者电源等方面作为切入点进一步检测。

电路分析：如图 6-2-4 所示，压力传感器电路与空调控制器模块连接，传感器为三线式，共有 3 根线束，搭铁线为 B13/3，电源线为 B13/1，信号线为 B13/2。传感器由空调控制器提供 5 V 电压（电压由空调控制器端发出），压力传感器将信号传递给空调控制器，正常值为 1 ~ 3 V（电压由要传感器端发出，实际测量的电压值会有一定浮动，一般小于 0.5 V 时，空调无法正常工作），电源线和信号线均经过中间插接器 GJB05。现对压力传感器进行检测，步骤见表 6-2-1。

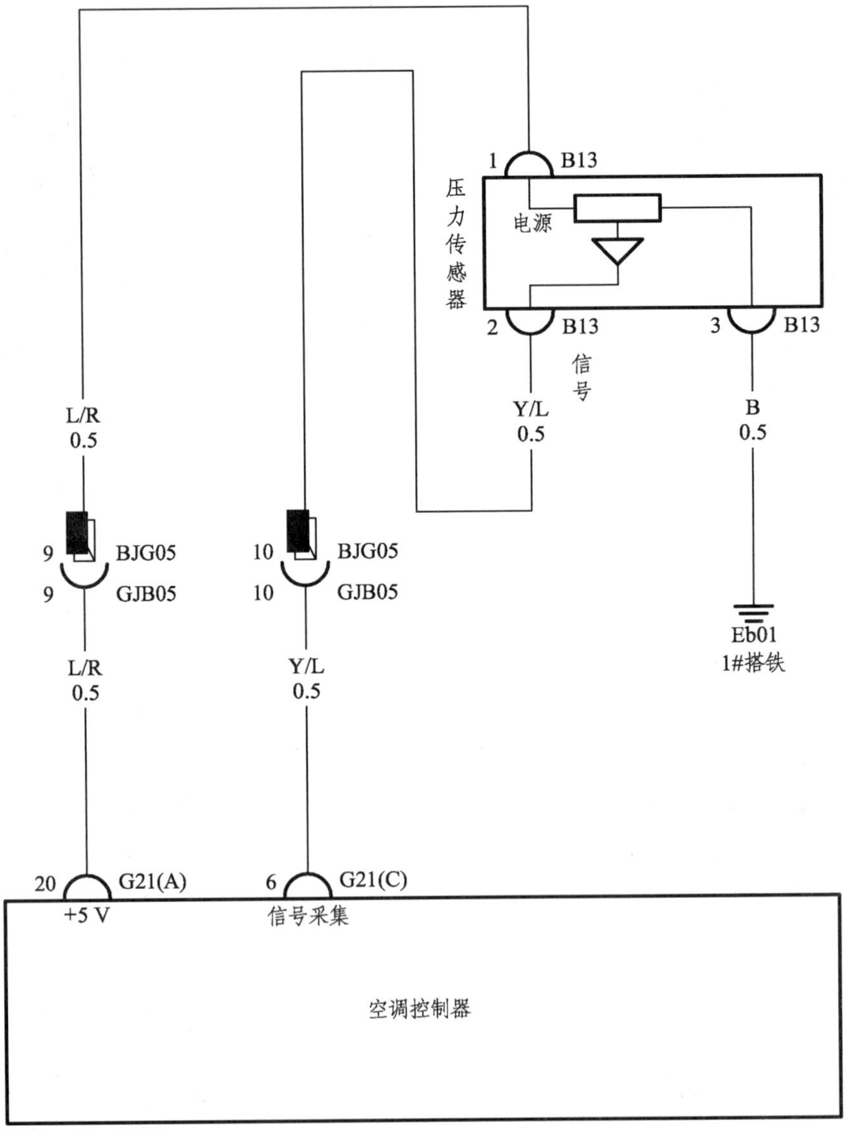

图 6-2-4　比亚迪 E5 自动空调压力传感器电路图

表 6-2-1　比亚迪 E5 自动空调压力传感器检测

序号	检测对象	检测方法	测量值	标准值	检测示意图	结论
1	压力传感器的 B13/1 对 B13/3 电压	打开点火开关，用万用表测量 B13/1 对 B13/3 电压	4.71 V	5 V	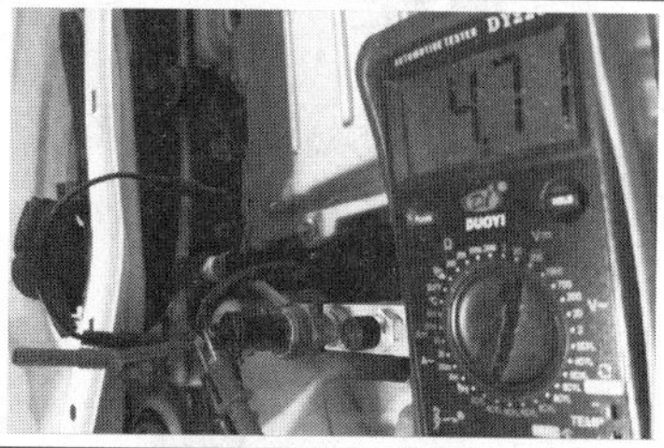	正常
2	压力传感器的 B13/2 对地电压	用万用表测量 B13/2 对地电压	0.86 V	约 1～3 V		正常
3	空调控制器端信号线 G21/6 对地电压	打开点火开关，用万用表测量 G21/6 对地电压	0 V	约 1～3 V	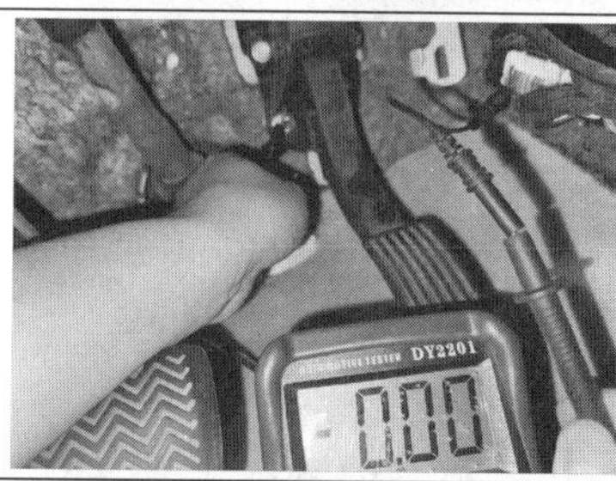	异常
4	中间连接器信号线 GJB05/10 对地电压	打开点火开关，用万用表测量 GJB05/10 对地电压	0.86 V	1～3 V		正常
5	空调控制器端 G21/6 与中间连接器 GJB05/10 之间的电阻	断开蓄电池负极，拔下 G21 与 GJB05 插接器，用万用表测量 G21/6 与 GJB05/10 之间的电阻	无穷大	0 Ω	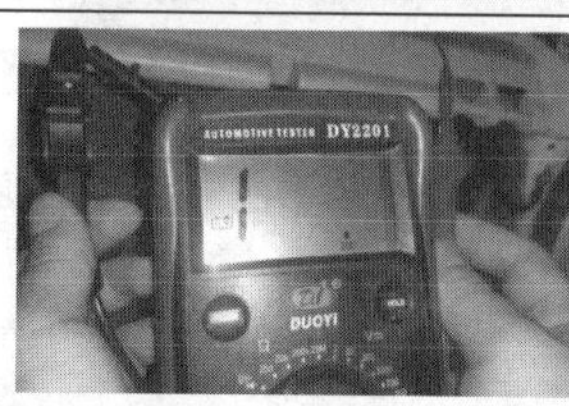  	G21/6 与 GJB05/10 之间线束断路

二、大众 ID4 新能源汽车空调系统检修

1. 大众 ID4 新能源汽车空调系统组成

大众 ID4 标准版采用 R134a 全自动空调系统由电动压缩机、制冷剂循环回路压力传感器、制冷剂压力和制冷剂温度传感器、电子膨胀阀、制冷剂截止阀、高压电加热器（PTC）、带热力膨胀阀的蒸发器、高压电蓄电池热交换器等组成，结构如图 6-2-5 所示。

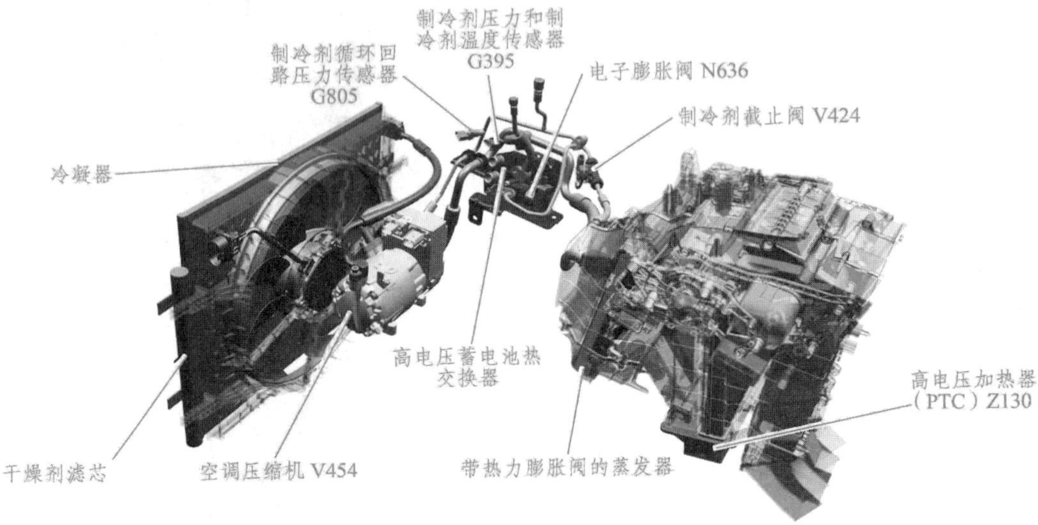

图 6-2-5 大众 ID4 全自动空调结构

1）空调压缩机

该空调采用旋涡式压缩机（见图 6-2-6），压缩机总成主要由低压管路、低电压接口、空调压缩机控制单元、电动压缩机、高压管路、泄压阀组成。螺旋形内盘由三相交流同步电机通过一个轴驱动并进行偏心旋转。通过固定式螺旋形外盘上的两个开口吸入低温低压气态制冷剂，然后通过两个螺旋形盘的移动使制冷剂压缩、变热。转动三圈后，吸入的制冷剂压缩、变热，可通过外盘中部的开口以气态形式释放。高温高压气态制冷剂从此处经油气分离器向冷凝器方向流至空调压缩机接口。电动制冷剂压缩机最高转速为 8 600 r/min，最大可产生约 3 MPa 的工作压力。

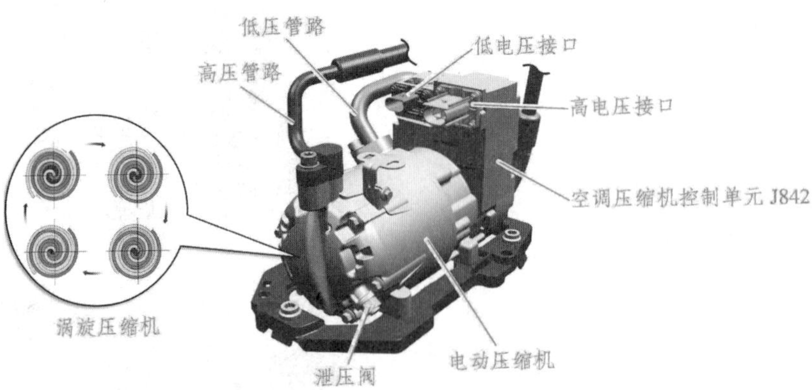

图 6-2-6 大众 ID4 空调压缩机

2）制冷剂截止阀

制冷剂截止阀是一种电磁阀（见图 6-2-7），通过通电控制阀体移动程度，从而改变制冷剂流通通道大小，实现制冷剂流量控制。首先，空调截止阀可以通过调节截止阀的开度，控制冷却剂的流量大小，从而调节空调系统的制冷或制热效果，这对于保持室内温度的稳定性非常重要。其次，空调截止阀还可以通过调节截止阀的开闭度控制冷却剂的压力，这有助于保持系统的稳定性和安全性；此外，空调截止阀还可以用于切断或开启冷却剂的供应。当空调系统需要停止运行或进行维修时，可以关闭截止阀，切断冷却剂的供应；而当系统重新启动时，可以打开截止阀，恢复冷却剂的供应。

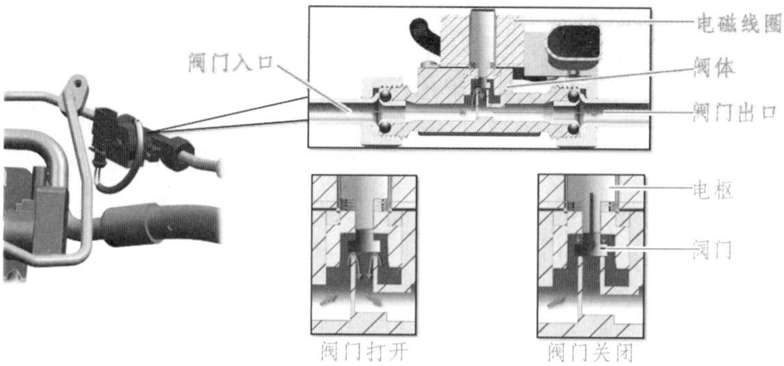

图 6-2-7　大众 ID4 制冷剂截止阀

3）高压蓄电池热交换器

高压蓄电池热交换器即动力电池热交换器（见图 6-2-8），其冷却液接口用于动力电池冷却系统流通路径。制冷剂接口用于空调系统，若动力电池需要冷却，则在热交换器中实现热交换，制冷剂带走动力电池系统冷却液的温度，从而给动力电池降温，若动力电池不需要冷却，则其冷却系统水泵不工作，热交换器不进行热交换，仅仅作为制冷剂管路连通部件。

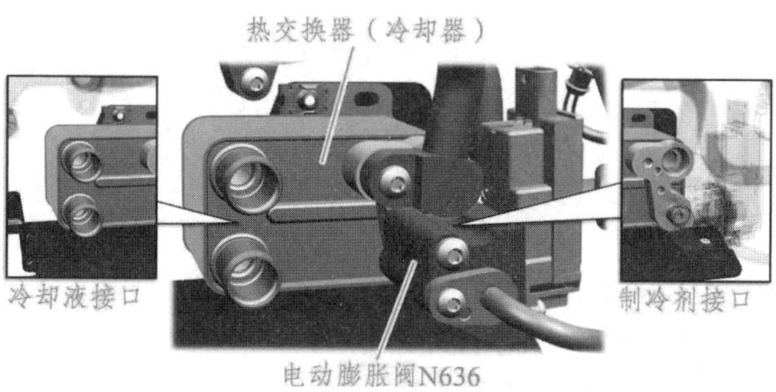

图 6-2-8　大众 ID4 高压蓄电池热交换器

4）其他部件

大众 ID4 全自动空调系统的电子膨胀阀、制冷剂压力传感器、低压制冷剂压力和温度传感器和其他空调系统差不多，这里不赘述，其结构如图 6-2-9 所示。

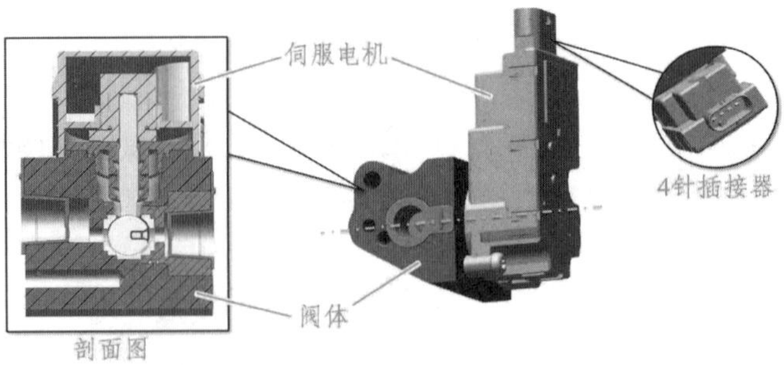

（a）电子膨胀阀

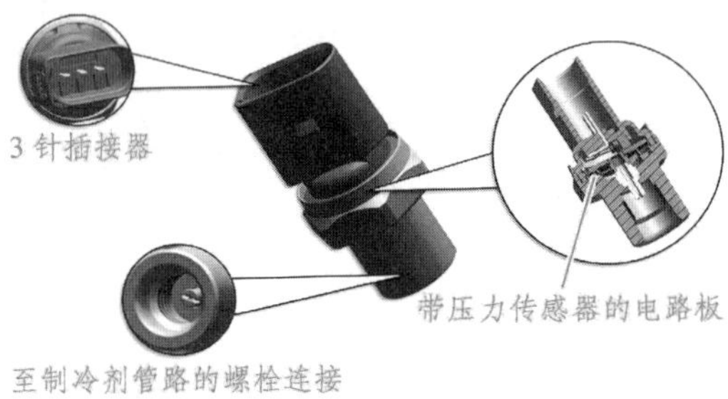

（b）制冷剂压力传感器

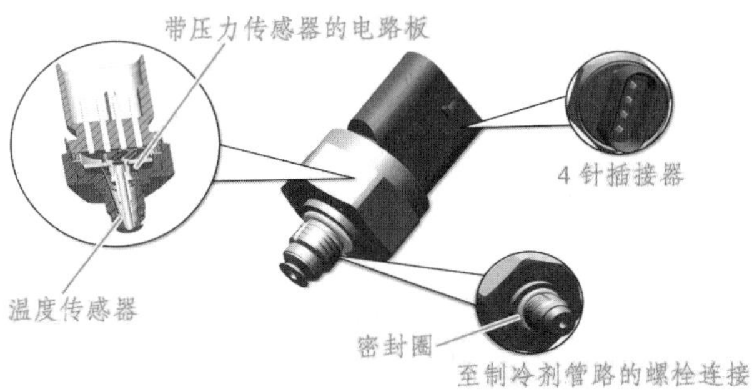

（c）低压制冷剂压力和温度传感器

图 6-2-9　大众 ID4 空调系统部件

2．大众 ID4 新能源汽车空调系统控制原理

由图 6-2-10 所示，压缩机 J842、PTC、AQS 空气质量传感器（G238）、鼓风机（J126）、车内温度传感器（G1090）、制冷剂压力传感器（G805）、空调微细粉尘含量传感器 （G930）、制冷剂温压传感器（G395）、膨胀阀（N636）、制冷剂截止阀（V424）、空调控制单元（J979）等组成。除了对制冷剂截止阀的控制采用硬线外，其余连接均为 LIN 线。G283 和 G930 用于空气净化模式。根据输入的传感器信号及驾驶员对空调控制面板的操作输入而控制制冷系统和暖风系统的运行。制冷模式下，J979 通过 LIN 线控制压缩机低压电路，从而是压缩机高压回路接通，压缩机工作，过程中通过传感器检测温度和压力，从而调节制冷剂在系统中的循环速率和流量，实现温度恒定。

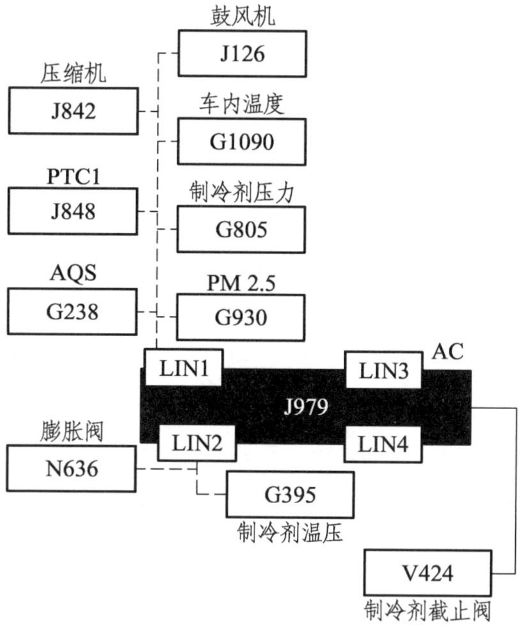

图 6-2-10　大众 ID4 全自动空调控制原理部件

3. 大众 ID4 新能源汽车空调系统故障诊断

车主反馈，车辆行驶过程中开启空调制冷模式，空调不工作，打开鼓风机，鼓风机也不运转，空调无法使用。维修人员对车辆进行检查，发现启动车辆后，仪表上会显示黄色雪花图标，同时仪表上还显示“空调故障-请前往售后服务特约维修站”。根据故障提示，维修人员初步判断是新鲜空气和循环空气风门故障或鼓风机故障。

当空调系统出现表 6-2-2 中所列故障，仪表上会显示黄、红、白三种警告图标。

表 6-2-2　大众 ID4 空调系统故障仪表显示表

序号	图标	仪表提示	含义
1		空调故障-请前往售后服务特约维修站（1 声长信号音）	识别到二氧化碳传感器故障超过 10 s；新鲜空气和循环空气风门故障；鼓风机故障
2		通过车窗给车辆通风	二氧化碳传感器报告车内二氧化碳浓度增加了 1.5Vol% 至 2.5Vol%
3		通过车窗给车辆紧急通风或离开车辆（3 声短信号音并重复）	二氧化碳传感器报告汽车内部空间的二氧化碳浓度增加了 2.5Vol% 以上
4		一般提示信息：车辆过热！必须调节温度（无信号音）	ICASe 过热，空调开启

连接诊断仪，进入“空调/暖风电子装置”模块。能进入 J979 模块说明模块的电源线、搭铁线、通信线正常，排除空调控制单元 J979 故障。读取故障码为“B10BE31 前部新鲜空气鼓风机无信号”，初步判断是鼓风机及相关线路故障，下一步找到鼓风机测量端子进行检测。

电路分析：如图 6-2-11 所示，新鲜空气鼓风机控制单元 J126 有三根连接线束，电源线 T4ai/3，搭铁线 T4ai/1，信号线 T4ai/4（LIN 线），由空调控制单元 J979 发出，T17/k 和 T17/b、T3/k 和 T3/i 为中间插接器，G805 为制冷剂循环回路压力传感器。现从鼓风机入手进行测量，由于检测的鼓风机控制单元 J126 需要进行拆装，根据由简单到复杂的原则，可以先从前舱直接能看到又便于测量的中间插接器 T3/k 开始检查，具体步骤见表 6-2-3。

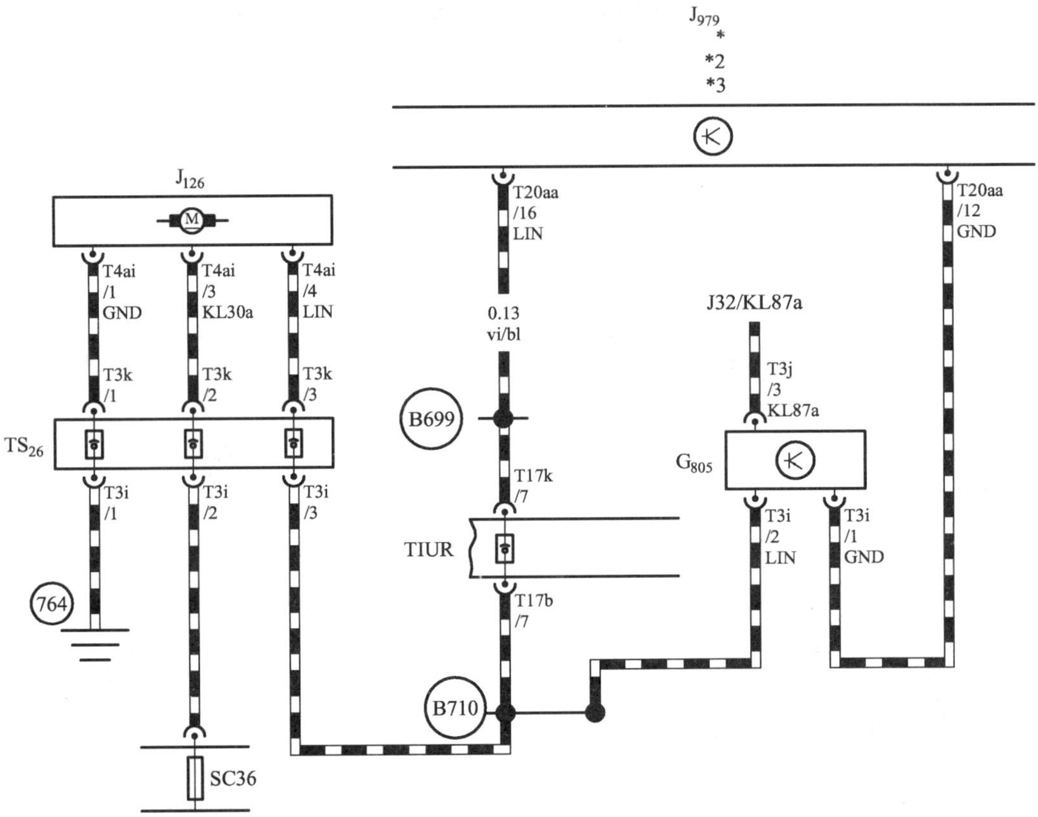

图 6-2-11　大众 ID4 鼓风机电路图

表 6-2-3　大众 ID4 鼓风机故障诊断流程

序号	检测对象	检测方法	测量值	标准值	检测示意图	结论
1	T3k/2 对 T3k/1 电压	断开蓄电池负极，拔下 T3k 插接器，连接蓄电池负极，打开点火开关，用万用表测量 T3k/2 对 T3k/1 电压	14.32 V	12 V		正常

续表

序号	检测对象	检测方法	测量值	标准值	检测示意图	结论
2	中间连接器 LIN 线 T3k/3 对地波形	断开蓄电池负极，拔下 T3k 插接器，连接蓄电池负极，打开点火开关，打开鼓风机开关，用示波器测量 T3k/3 对地波形	无波形	矩形波		异常
3	J979 端 LIN 线 T20aa/16 对地波形	打开鼓风机开关，用示波器 T20aa/16 对地波形	矩形波	矩形波	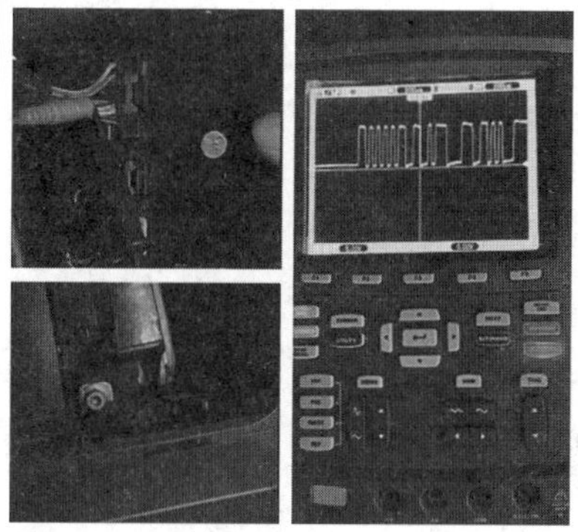	正常
4	中间连接器 LIN 线 T17b/7 对地波形	打开鼓风机开关，用示波器测量 T17b/7 对地波形	矩形波	矩形波	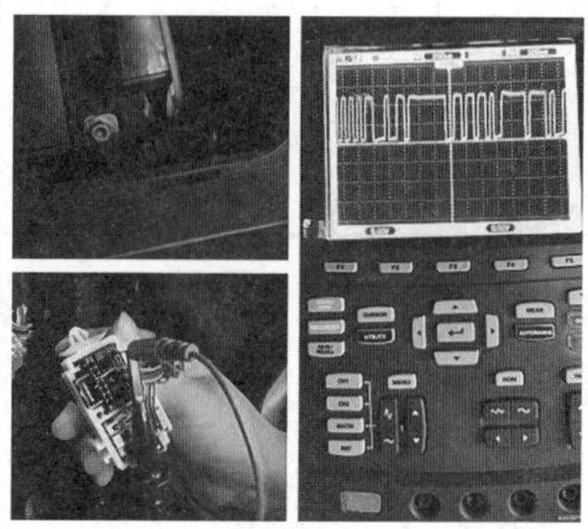	正常

续表

序号	检测对象	检测方法	测量值	标准值	检测示意图	结论
5	T17b/7 与 T3k/3 之间的电阻	断开蓄电池负极，拔下 T17b 与 T3k 插接器，用万用表测量 T17b/7 与 T3k/3 之间的电阻	无穷大	0 Ω	 	T17b/7 与 T3k/3 之间线束断路
6	T17b/7 与 G805 端的 T3j/2 之间的电阻	断开蓄电池负极，拔下 G805 端的 T3j/2 插接器，用万用表测量 T17b/7 与 T3j/2 之间的电阻	1.1 Ω	0 Ω	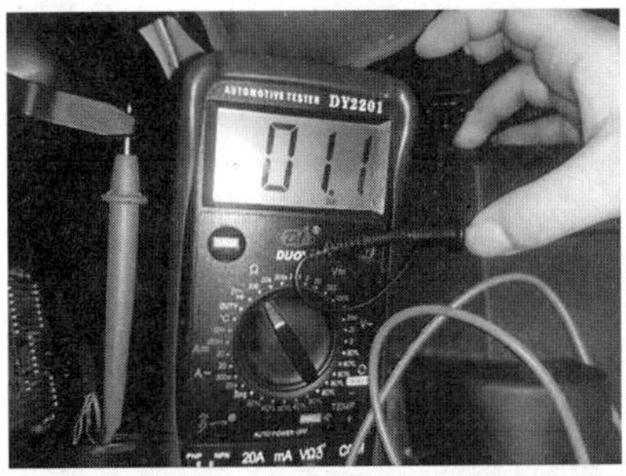 	T3k/3 与 B710 节点之间线束断路

任务实施

一、任务准备

（1）绝缘工具套装。
（2）万用表、故障诊断仪、转接线。
（3）比亚迪 E5、大众 ID4 新能源汽车电路图。
（4）比亚迪 E5、大众 ID4 新能源汽车维修手册。
（5）比亚迪 E5、大众 ID4 新能源汽车整车。

二、任务实施过程

根据现场实操任务，完成表 6-2-4。

表 6-2-4　新能源空调系统检测及故障诊断工单

<table>
<tr><td colspan="5">1. 准备工作</td></tr>
<tr><td colspan="3">设置隔离栏</td><td colspan="2">□ 是　　□ 否</td></tr>
<tr><td colspan="3">放置安全警示牌</td><td colspan="2">□ 是　　□ 否</td></tr>
<tr><td colspan="3">检查灭火器</td><td colspan="2">□ 是　　□ 否</td></tr>
<tr><td colspan="3">检查个人防护用品</td><td colspan="2">□ 是　　□ 否</td></tr>
<tr><td colspan="3">检查测量工具</td><td colspan="2">□ 是　　□ 否</td></tr>
<tr><td colspan="3">放置车轮挡块</td><td colspan="2">□ 是　　□ 否</td></tr>
<tr><td colspan="3">安装翼子板布和驾驶室内防护套装</td><td colspan="2">□ 是　　□ 否</td></tr>
<tr><td colspan="5">2. 车辆基本信息采集</td></tr>
<tr><td rowspan="2">记录车辆信息</td><td>品牌</td><td></td><td>动力电池工作电压</td><td></td></tr>
<tr><td>VIN 码</td><td></td><td>驱动电机型号</td><td></td></tr>
<tr><td rowspan="2">车辆基本检查</td><td colspan="2">辅助蓄电池电压：__________ V</td><td colspan="2">□ 正常　　□ 异常</td></tr>
<tr><td colspan="2">高压部件安装及连接器连接情况：</td><td colspan="2">□ 正常　　□ 异常</td></tr>
<tr><td colspan="5">3. 故障诊断
（由教师根据实际情况针空调系统相关线路设置故障）</td></tr>
<tr><td colspan="5">（1）确认故障现象</td></tr>
<tr><td colspan="2">故障现象初步判定</td><td colspan="3"></td></tr>
</table>

续表

(2) 读取故障相关信息					
数据流					
故障码					
(3) 分析故障范围					
(4) 绘制空调系统相关线路图					
(5) 故障测量					
序号	测量对象	测量条件	实测值	标准值	结论
1					
2					
3					
....					
(6) 确定故障点					
(7) 故障恢复					
相关用电设备是否能正常工作			□ 是	□ 否	
车辆是否能高压上电			□ 是	□ 否	
4. 场地恢复					
复位工具、仪器			□ 是	□ 否	
恢复翼子板布和驾驶室内防护套装			□ 是	□ 否	
恢复车轮挡块			□ 是	□ 否	
清洁工作场地			□ 是	□ 否	
恢复安全警示牌			□ 是	□ 否	
恢复隔离栏			□ 是	□ 否	

强化提升

结合教材相关内容、网络文字资料、视频资源，完成表 6-2-5。

表 6-2-5　资讯与决策工单

1. 知识强化

（1）室内温度传感器的作用：____。

（2）室外温度传感器的作用：____。

（3）开启压缩机的同时，空调控制器检测系统压力值，向主控请求电子风扇挡位，当空调系统压力 < 2.7MPa 时，发送______________；当空调系统压力 ≥ 2.7 MPa 时，发送________________。

（4）比亚迪 E5 空调系统压力传感器是_______线的，每根线束的含义是____。

（5）比亚迪 E5 压力传感器由________________供电，电压为___________V。

____。

（6）比亚迪 E5 空调控制器采集压力传感器信号的端子是___________，通过_____（线束类型）连接，正常电压值为______________。

（7）请根据电路图绘制比亚迪 E5 鼓风机电路图。

（8）请简述制冷剂截止阀的作用：____。

（9）根据大众 ID4 自动空调电路图回答问题。

① 系统中采用 LIN 连接至控制模块的传感器是________________________

② 系统中采用 LIN 连接至控制模块的执行元件是________________________

③ J126 模块有_______连接线束，每根线束的含义是____。

④ J126 模块 LIN 线的电压是________________发出的。（J126/J979）

（10）仪表上点亮红色雪花图标表示什么含义____。

2. 实战训练

（1）所需资料、工具。

（2）小组成员分工。

（3）任务计划。

任务考评

考核内容		考核评分		
项目	内容	配分	得分	批注
工作准备（30%）	能够正确理解工作任务内容、范围及工作指令	5		
	能够查阅汽车维修手册，填写车辆基本信息	5		
	能够正确穿戴防护及劳保用品	5		
	准备工作场地，能够识别工作场所的安全隐患	5		
	准备任务所需的工具和检具	10		
实施程序（50%）	正确采集车辆信息	5		
	正确完成拆卸及安装大众 ID4 雨刮器	5		
	正确绘制大众 ID4 雨刮器电路图	5		
	正确测量大众 ID4 雨刮器相关线路数据	5		
	正确确认故障现象	5		
	正确读取故障信息	5		
	正确分析故障范围	5		
	正确绘制相关电路图	5		
	正确进行故障测量	5		
	正确确定故障点并排除	5		
完工清理（20%）	车辆复位	5		
	工位清洁垃圾、清洁和整理工作区域	5		
	全程规范操作，无工具或零件跌落	5		
	作业工单填写规范，字迹工整	5		
考核评语		考核成绩		
	考核人员 | | 日期 | 年　月　日			

续表

组内学生互评				
评价项目	评价内容			得分
	优秀（90～100分）	良好（80～89分）	加油（0～79分）	
沟通交流能力	能够有效地运用多种交流形式	基本能运用多种交流形式	很难运用多种交流形式	
合作交往能力	尊重他人，能与他人良好合作交流	基本上能做到与他人合作交流	不能与他人良好地合作交流	
观察事物能力	观察能力强，细致全面，观察深刻	按要求观察，能发现事物一些特征	无观察目的，不能把握事物特征	
动手操作能力	能积极主动按项目指引完成操作	能按要求完成操作	不能完成操作	
想象创造能力	能够有拓展性地完成工作任务	能够想到新的方式完成任务	按照课本要求完成基本工作	
小组评语	评价人签字：　　　　年　月　日		互评成绩	

企业导师评价			
评价项目	评价内容	评价成绩	备注
工作准备	任务领会、资讯查询、器材准备	□A □B □C □D □E	
知识储备	系统认知、原理分析、技术参数	□A □B □C □D □E	
计划决策	任务分析、任务流程、实施方案	□A □B □C □D □E	
任务实施	专业能力、沟通能力、实施结果	□A □B □C □D □E	
职业道德	纪律素养、安全卫生、器材维护	□A □B □C □D □E	
其他评价			
导师签字：		日期　　年　月　日	

注：在选项“□”里打“√”，其中A为90～100分；B为80～89分；C为70～79分；D为60～69分；E不合格。

参考文献

[1] 胡振川，王超，王阳，等. 新能源汽车电气构造与维修[M]. 重庆：重庆大学出版社，2021.
[2] 吴立新. 新能源汽车电气技术[M]. 北京：机械工业出版社，2018.
[3] 赵慧颖，胡克晓. 新能源汽车电气技术[M]. 北京：机械工业出版社，2020.
[4] 唐勇，王亮. 新能源汽车电气技术[M]. 北京：人民交通出版社，2017.
[5] 王显廷. 新能源汽车电气系统检修[M]. 北京：机械工业出版社，2016.
[6] 万艳红. 新能源汽车电气系统检修[M]. 北京：人民交通出版社，2019.
[7] 汪立亮. 电动汽车电气系统原理与检修[M]. 北京：化学工业出版社，2020.
[8] 吴正乾，罗和平，王赟. 新能源汽车电气设备检修[M]. 北京：北京理工大学出版社，2021.
[9] 赵振宁，李东兵. 新能源汽车电气系统原理与检修[M]. 北京：北京理工大学出版社，2019.
[10] 刘春晖. 汽车发动机维修技能与技巧点拨[M]. 北京：机械工业出版社，2021.
[11] 李土军. 新能源汽车电路图与电器元件位置速查手册[M]. 北京：化学工业出版社，2021.
[12] 陈社会. 新能源汽车结构与检修[M]. 北京：人民交通出版社，2016.
[13] 姜丽娟，张思扬. 新能源汽车故障诊断[M]. 北京：机械工业出版社，2017.
[14] 张勇斌. 汽车电气控制与检修[M]. 北京：化学工业出版社，2019.
[15] 崔金明，郑为民. 新能源汽车构造原理与维修[M]. 北京：化学工业出版社，2018.
[16] 瑞佩尔. 图解新型电动汽车结构、原理与维修[M]. 北京：化学工业出版社，2020.
[17] 段万普. 蓄电池使用和维护[M]. 北京：化学工业出版社，2021.
[18] 刘淼，习璐. 新能源汽车概论[M]. 上海：华东师范大学出版社，2021.
[19] 邹明森. 动力电池管理及维护技术[M]. 北京：高等教育出版社，2021.
[20] 吴伟斌，蔡兴旺. 汽车构造与原理（下册 电气设备 新能源汽车）[M]. 4 版. 北京：机械工业出版社，2022.
[21] 吴文琳. 电动汽车结构原理与使用维修[M]. 北京：化学工业出版社，2017.
[22] 刘建华，陈宏伟. 新能源电动汽车构造与原理[M]. 北京：北京交通大学出版社，2022.
[23] 黄辉镀，胡军钢. 新能源汽车维护[M]. 北京：人民交通出版社，2019.
[24] 徐斌. 新能源汽车维护与保养[M]. 北京：人民交通出版社，2020.